Wettfahrtregeln Segeln 2021–2024 World Sailing

FSC
www.fsc.org
MIX
Papier aus verantwortungsvollen Quellen
FSC® C128922

Bibliografische Information der Deutschen Nationalbibliothek
Die Deutsche Nationalbibliothek verzeichnet diese Publikation in der Deutschen Nationalbibliografie; detaillierte bibliografische Daten sind im Internet über http://dnb.dnb.de abrufbar.

1. Auflage
ISBN: 978-3-88412-507-6

Herausgeber: Delius Klasing Verlag GmbH

Neubearbeitung / Aktualisierung: Adrian Bauder, Helmut Czasny, Thorsten Döbbeler, Finn Mrugalla sowie Fabian Bach, Ulf Denecke, Hannes Diefenbach, Timo Haß, Manuel Hünsch
Layout: Andrea Perkons
Druck: Himmer GmbH, Augsburg
Printed in Germany 2021

Delius Klasing Verlag, Siekerwall 21, D - 33602 Bielefeld
Tel.: 0521/559-0, Fax: 0521/559-115
E-Mail: info@delius-klasing.de
www.delius-klasing.de

Wettfahrtregeln Segeln

2021–2024

World Sailing

Veröffentlicht durch World Sailing (UK) Limited, Southampton, UK

Juni 2020
Stand 1. Januar 2021

Contents

Inhalt

Hinweise DSV, OeSV und Swiss Sailing

1. Im Zweifelsfall ist der englische Text der Wettfahrtregeln Segeln maßgebend.

2. Folgende Anhänge sind deutsch und englisch abgedruckt:
   A, B, C, D, E, F, G, H, J, M, N, P, R, S und T.

3. Auf den Abdruck der Formulare für Anträge auf Durchführung einer Anhörung und für Anhörungsentscheidungen wurde verzichtet. Eine Kopiervorlage kann bei den Geschäftsstellen der Verbände angefordert werden (bzw. Download).

4. Das Wort „shall" hat zwingende Bedeutung (also „muss", nicht „soll"). Die Wörter „can" und „may" bedeuten „kann" bzw. „darf".

5. Die Vorschriften zu den Wettfahrtregeln Segeln der nationalen Verbände in Deutschland (DSV), Österreich (OeSV) und der Schweiz (Swiss Sailing) sind direkt nach den betreffenden Regeln eingefügt. Besteht ein Konflikt zwischen Sprachversionen hat für den DSV und den OeSV der deutsche Text dieser Vorschriften, für Swiss Sailing der englische Text Vorrang.

6. Aktuelle Änderungen von World Sailing sind den Websites der nationalen Verbände und von World Sailing zu entnehmen.

7. Aus Gründen der besseren Lesbarkeit wird im Text die männliche Form verwendet. Die Angaben beziehen sich jedoch immer auf alle Geschlechter.

8. Einzelne Fachausdrücke wurden anstelle einer wörtlichen Übersetzung eingedeutscht, da diese Lehn- bzw. Kunstwörter dem Leser ein besseres Verständnis vermitteln können (z.B. „Surfen" anstelle von „Wellenreiten") oder in der Fachsprache allgemeine Anwendung finden (z.B. Umpire oder Foilen). Ebenso wurde auf die Übersetzung der Titel von World Sailing Publikationen verzichtet (z.B. World Sailing Regulations oder Equipment Rules of Sailing).

ONLINE RULES DOCUMENTS

World Sailing has established a single internet address at which readers will find links to all the documents available on the World Sailing website that are mentioned in this book. Those documents are listed below. Links to other rules documents will also be provided at that address.

The address is: **sailing.org/racingrules/documents**

Document	***Mentioned in***
Guidelines for discretionary penalties	Introduction
Changes made to these rules after 1 January 2021	Introduction
World Sailing Regulatios	Introduction
The Case Book	Introduction
The Call Books for various disciplines	Introduction
World Sailing Regulations with the status of a *rule*	Definition *Rule* (b)
Interpretations of Rule 42, Propulsion	Rule 42
World Sailing Offshore Special Regulations	Rule 49.2
Equipment Rules of Sailing	Rule 55
Appendix TS, Traffic Separation Schemes	Rule 56.2
Hearing Request and Hearing Decision Forms	Part 5 Preamble
Rules for other windsurfing competition formats	Appendix B Preamble
Standard Notice of Race for Match Racing	Appendix C Preamble
Standard Sailing Instructions for Match Racing	Appendix C Preamble
Match Racing Rules for Blind Competitors	Appendix C Preamble
Test Rules for Umpired Radio Sailing	Appendix E Preamble
Rules for other kiteboarding competition formats	Appendix F Preamble
Up-to-date table of national sail letters	Appendix G
Notice of Race Guide	Appendix K Notice
Sailing Instructions Guide	Appendix L Notice
Guidance on conflicts of interest	Appendix M2.3
Guidance on misconduct	Appendix M5.8
World Sailing Judges Manual	Appendix T Preamble

Online-Regel-Dokumente

World Sailing hat eine einzelne Internetadresse eingerichtet, auf der Benutzer Links zu allen Online-Dokumenten finden, die in diesem Buch erwähnt sind. Diese Dokumente sind unten aufgelistet. Links zu weiteren Regel-Dokumenten werden ebenfalls auf dieser Seite bereitgestellt.

Die Adresse ist: **www.sailing.org/racingrules/documents.**

Dokument	*Erwähnt in*
Richtlinien für Ermessensstrafen	Einleitung
Änderungen zu diesen Regeln, die nach dem 1. Januar 2021 vorgenommen wurden	Einleitung
World Sailing Regulations	Einleitung
Case Book	Einleitung
Call Books für verschieden Disziplinen	Einleitung
World Sailing Regulations mit dem Status einer *Regel*	Definition *Regel* (b)
Auslegungen der Regel 42, Vortrieb	Regel 42
World Sailing Offshore Special Regulations	Regel 49.2
Equipment Rules of Sailing	Regel 55
Anhang TS, Verkehrstrennungsgebiete	Regel 56.2
Formulare für Anträge auf Durchführung einer Anhörung und für Anhörungsentscheidungen	Part 5 Preamble
Regeln für andere Windsurfing- Wettbewerbsformate	Anhang B Vorwort
Standard-Ausschreibung für Match-Racing	Anhang C Vorwort
Standard-Segelanweisungen für Match-Racing	Anhang C Vorwort
Match-Racing Regeln für blinde Teilnehmer	Anhang C Vorwort
Versuchsregeln für Umpired Radio-Sailing	Anhang E Vorwort
Regeln für andere Kiteboarding-Wettbewerbsformate	Anhang F Vorwort
Aktuelle Liste der Nationalitätsbuchstaben in Segeln	Anhang G
Leitfaden für eine Ausschreibung	Anhang K Anmerkung
Leitfaden für Segelanweisungen	Anhang L Anmerkung
Anleitung bei Interessenskonflikten	Anhang M2.3
Anleitung bei Fehlverhalten	Anhang M5.8
World Sailing Judges Manual	Anhang T Anmerkung

INTRODUCTION

The Racing Rules of Sailing includes two main sections. The first, Parts 1–7, contains rules that affect all competitors. The second, the appendices, provides details of rules, rules that apply to particular kinds of racing, and rules that affect only a small number of competitors or officials.

Terminology
A term used in the sense stated in the Definitions is printed in italics or, in preambles, in bold italics (for example, *racing* and ***racing***).

Each of the terms in the table below is used in *The Racing Rules of Sailing* with the meaning given.

Term	*Meaning*
Boat	A sailboat and the crew on board.
Competitor	A person who races or intends to race in the event.
National authority	A World Sailing member national authority.
Race committee	The race committee appointed under rule 89.2(c) and any other person or committee performing a race committee function.
Racing rule	A rule in *The Racing Rules of Sailing.*
Technical committee	The technical committee appointed under rule 89.2(c) and any other person or committee performing a technical committee function.
Vessel	Any boat or ship.

Other words and terms are used in the sense ordinarily understood in nautical or general use.

Hails
A language other than English may be used for a hail required by the rules provided that it is reasonable for it to be understood by all boats affected. However, a hail in English is always acceptable.

Einleitung

Die *Wettfahrtregeln Segeln* sind in zwei Hauptabschnitte unterteilt. Der erste Abschnitt, Teile 1–7, enthält Regeln, die alle Teilnehmer betreffen. Der zweite Abschnitt, die Anhänge, enthält Einzelheiten zu den Regeln, Regeln, die für bestimmte Arten des Wettsegelns gelten, sowie Regeln, die nur eine kleine Zahl von Teilnehmern oder Offiziellen betreffen.

Begriffsbestimmungen
Ein Begriff, der in dem in den Definitionen festgelegten Sinn verwendet wird, ist kursiv bzw. in den Vorworten kursiv und fett gedruckt (zum Beispiel „*in einer Wettfahrt*" und „***in einer Wettfahrt***").
Jeder der Begriffe in der unten stehenden Tabelle wird in den Wettfahrtregeln Segeln mit der dort gegebenen Bedeutung verwendet.

Begriff	***Bedeutung***
Boot	Ein Segelboot und die Besatzung an Bord.
Teilnehmer	Eine Person, die an einer Wettfahrt der Veranstaltung teilnimmt oder dies beabsichtigt.
Nationaler Verband	Ein nationaler Mitgliedsverband von World Sailing.
Wettfahrtkomitee	Das nach Regel 89.2(c) benannte Wettfahrtkomitee und jede Person oder jedes Komitee, das Wettfahrtkomiteeaufgaben ausführt.
Wettfahrtregel	Eine Regel in den *Wettfahrtregeln Segeln.*
Technisches Komitee	Das nach Regel 89.2(c) benannte technische Komitee und jede Person oder jedes Komitee, das Aufgaben des technischen Komitees ausführt.
Fahrzeug	Jedes Boot oder Schiff

Andere Wörter und Begriffe werden in dem Sinne verwendet, wie sie üblicherweise im seemännischen und allgemeinen Gebrauch verstanden werden.

Zurufe
Für die nach den Regeln vorgeschriebenen Zurufe darf eine andere Sprache als Englisch verwendet werden, vorausgesetzt, es kann von allen betroffenen Booten verstanden werden. Ein Zuruf auf Englisch ist jedoch immer zulässig.

Notation

The notation '[DP]' in a rule means that the penalty for a breach of the rule may, at the discretion of the protest committee, be less than disqualification. Guidelines for discretionary penalties are available on the World Sailing website.

Revision

The racing rules are revised and published every four years by World Sailing, the international authority for the sport. This edition becomes effective on 1 January 2021 except that for an event beginning in 2020 the date may be postponed by the notice of race or sailing instructions. Marginal markings indicate important changes to Parts 1–7 and the Definitions in the 2017–2020 edition. No changes are contemplated before 2025, but any changes determined to be urgent before then will be announced through national authorities and posted on the World Sailing website.

Appendices

When the rules of an appendix apply, they take precedence over any conflicting rules in Parts 1–7 and the Definitions.
Each appendix is identified by a letter. A reference to a rule in an appendix will contain the letter and the rule number (for example, 'rule A1'). The letters I, O and Q are not used to designate appendices in this book.

World Sailing Regulations

The Regulations are referred to in the definition *Rule* and in rule 6, but they are not included in this book because they can be changed at any time. The most recent versions of the Regulations are published on the World Sailing website; new versions will be announced through national authorities.

Note Swiss Sailing to the World Sailing Regulations: Swiss Sailing establishes implementary regulations to World Sailing Regulations.
(see https://www.swiss-sailing.ch/ or https://www.swiss-sailing.ch/fr).

Interpretations

World Sailing publishes the following authoritative interpretations of the racing rules:

- *The Case Book* – Interpretations of the Racing Rules,
- *The Call Books*, for various disciplines,
- Interpretations of Rule 42, Propulsion, and
- Interpretations of the Regulations, for those Regulations that are *rules*.

These publications are available on the World Sailing website. Other interpretations of the racing rules are not authoritative unless approved by World Sailing in accordance with Regulation 28.4.

Vermerk
Der Vermerk „[DP]“ in einer *Regel* bedeutet, dass die Strafe für einen Verstoß gegen diese Regel im Ermessen des Protestkomitees liegt und geringer sein kann als eine Disqualifikation. Ein Leitfaden für Ermessenstrafen ist auf der Webseite von World Sailing verfügbar.

Überarbeitung
Die Wettfahrtregeln werden alle vier Jahre von World Sailing, dem internationalen Dachverband für diesen Sport, überarbeitet und veröffentlicht. Die vorliegende Ausgabe tritt am 1. Januar 2021 in Kraft, mit der Ausnahme, dass für eine Veranstaltung, die 2020 beginnt, diese Datum durch die Ausschreibung oder die Segelanweisungen verschoben werden kann. Markierungen am Rand weisen auf wichtige Änderungen in den Teilen 1–7 und den Definitionen gegenüber der Ausgabe 2017–2020 hin. (Anmerkung: In diesem Buch wird auf diese Markierungen verzichtet.) Vor 2025 sind keine Änderungen vorgesehen, es werden jedoch alle Änderungen, die bis dahin als dringlich angesehen werden, durch die nationalen Verbände bekannt gegeben und auf der World Sailing Website veröffentlicht.

Anhänge
Wenn die Regeln eines Anhangs gelten, haben sie Vorrang vor jeder ihnen widersprechenden Regel in den Teilen 1–7 und den Definitionen. Jeder Anhang ist durch einen Buchstaben gekennzeichnet. Ein Verweis auf eine Regel in einem Anhang enthält den Buchstaben und die Regelnummer (z.B.: „Regel A1“). Die Buchstaben I, O und Q werden in diesem Buch nicht zur Bezeichnung von Anhängen verwendet.

World Sailing Regulations
Auf die Regulations wird in der Definition *Regel* und in Regel 6 Bezug genommen, diese sind jedoch nicht in diesem Buch enthalten, da sie jederzeit geändert werden können. Die neuesten Fassungen der Regulations werden auf der der Word Sailing Website veröffentlicht; neue Fassungen werden durch die nationalen Verbände bekanntgegeben.

Anmerkung Swiss Sailing zu World Sailing Regulations: Swiss Sailing erlässt Ausführungsbestimmungen zu World Sailing Regulations (siehe https://www.swiss-sailing.ch/ oder https://www.swiss-sailing.ch/fr).

Auslegungen
World Sailing veröffentlich die folgenden verbindlichen Auslegungen der Wettfahrtregeln:

- *The Case Book – Interpretations of the Racing Rules,*
- *The Call Books* für verschiedene Disziplinen
- Auslegungen von Regel 42, Vortrieb, und
- Auslegungen der Regulations, für solche Reglulations, die Regeln sind.

Diese Veröffentlichungen sind auf der Website von World Sailing verfügbar. Andere Auslegungen der Wettfahrtregeln sind nicht verbindlich, außer sie werden von World Sailing gemäß Regulation 28.4 genehmigt.

DEFINITIONS

A term used as stated below is shown in italic type or, in preambles, in bold italic type. The meaning of several other terms is given in Terminology in the Introduction.

Abandon

A race that a race committee or protest committee *abandons* is void but may be resailed.

Clear Astern and Clear Ahead; Overlap

One boat is *clear astern* of another when her hull and equipment in normal position are behind a line abeam from the aftermost point of the other boat's hull and equipment in normal position. The other boat is *clear ahead*. They *overlap* when neither is *clear astern*. However, they also *overlap* when a boat between them *overlaps* both. These terms always apply to boats on the same *tack*. They apply to boats on opposite *tacks* only when rule 18 applies between them or when both boats are sailing more than ninety degrees from the true wind.

Conflict of Interest

A person has a *conflict of interest* if he

(a) may gain or lose as a result of a decision to which he contributes,

(b) may reasonably appear to have a personal or financial interest which could affect his ability to be impartial, or

(c) has a close personal interest in a decision.

Fetching

A boat is *fetching* a *mark* when she is in a position to pass to windward of it and leave it on the required side without changing *tack*.

Finish

A boat *finishes* when, after *starting*, any part of her hull crosses the finishing line from the course side. However, she has not *finished* if after crossing the finishing line she

(a) takes a penalty under rule 44.2,

(b) corrects an error in *sailing the course* made at the line, or

(c) continues to *sail the course.*

Definitionen

Wird ein Begriff wie nachfolgend festgelegt benutzt, wird er im Text kursiv gedruckt, in einem Vorwort kursiv und fett. Die Bedeutung weiterer Begriffe ist in der Einleitung unter Begriffsbestimmungen aufgeführt.

Abbruch

Eine Wettfahrt, die vom Wettfahrtkomitee oder Protestkomitee *abgebrochen* wird, ist ungültig, kann aber erneut gesegelt werden.

Klar achteraus und Klar voraus; Überlappen

Ein Boot ist *klar achteraus* eines anderen Bootes, wenn sich sein Rumpf und seine in normaler Lage befindliche Ausrüstung hinter einer geraden Linie befinden, die querab zum achterlichsten Punkt des Rumpfes oder der in normaler Lage befindlichen Ausrüstung des anderen Bootes verläuft. Das andere Boot ist dann *klar voraus*. Sie *überlappen*, wenn keines von ihnen *klar achteraus* ist. Sie *überlappen* außerdem, wenn ein zwischen ihnen liegendes Boot beide *überlappt*. Diese Definitionen gelten immer für Boote auf gleichem *Schlag*. Sie gelten zwischen Booten auf entgegengesetztem *Schlag* nur, wenn Regel 18 zwischen ihnen gilt oder beide tiefer als 90 Grad zum wahren Wind segeln.

Interessenkonflikt

Eine Person hat einen *Interessenkonflikt*, wenn

(a) sie durch das Ergebnis der Entscheidung, zu der sie beiträgt, gewinnen oder verlieren könnte,

(b) es vernünftigerweise den Anschein haben könnte, dass sie ein persönliches oder finanzielles Interesse hat, das ihre Unparteilichkeit beeinflussen könnte, oder

(c) sie ein ausgeprägtes persönliches Interesse an einer Entscheidung hat.

Anliegen

Ein Boot *liegt eine Bahnmarke an*, wenn es sich in einer Position befindet, aus der es diese in Luv und auf der vorgeschriebenen Seite passieren kann, ohne den *Schlag* zu wechseln.

Zieldurchgang

Ein Boot *geht durchs Ziel*, sobald, nachdem es *gestartet* ist, irgendein Teil seines Rumpfes die Ziellinie von der Bahnseite her überquert. Jedoch ist es noch nicht *durchs Ziel gegangen*, wenn es nach Überquerung der Ziellinie

(a) eine Strafe nach Regel 44.2 annimmt,

(b) einen an der Ziellinie begangen Fehler beim *Absegeln der Bahn* berichtigt, oder

(c) weiter *die Bahn absegelt.*

Keep Clear

A boat *keeps clear* of a right-of-way boat

(a) if the right-of-way boat can sail her course with no need to take avoiding action and,

(b) when the boats are *overlapped*, if the right-of-way boat can also change course in both directions without immediately making contact.

Leeward and Windward

A boat's *leeward* side is the side that is or, when she is head to wind, was away from the wind. However, when sailing by the lee or directly downwind, her *leeward* side is the side on which her mainsail lies. The other side is her *windward* side. When two boats on the same *tack overlap*, the one on the *leeward* side of the other is the *leeward* boat. The other is the *windward* boat.

Mark

An object the sailing instructions require a boat to leave on a specified side, a race committee vessel surrounded by navigable water from which the starting or finishing line extends, and an object intentionally attached to the object or vessel. However, an anchor line is not part of the *mark*.

Mark-Room

Room for a boat to leave a *mark* on the required side. Also,

(a) *room* to sail to the *mark* when her *proper course* is to sail close to it, and

(b) *room* to round or pass the *mark* as necessary to *sail the course* without touching the *mark*.

However, *mark-room* for a boat does not include *room* to tack unless she is *overlapped* inside and to *windward* of the boat required to give *mark-room* and she would be *fetching* the *mark* after her tack.

Obstruction

An object that a boat could not pass without changing course substantially, if she were sailing directly towards it and one of her hull lengths from it. An object that can be safely passed on only one side and an object, area or line so designated by the sailing instructions are also *obstructions*. However, a boat *racing* is not an *obstruction* to other boats unless they are required to *keep clear* of her or, if rule 22 applies, avoid her. A vessel under way, including a boat *racing*, is never a continuing *obstruction*.

Freihalten

Ein Boot *hält* sich von einem Wegerechtboot *frei*,

(a) wenn das Wegerechtboot seinen Kurs segeln kann, ohne Ausweichmaßnahmen ergreifen zu müssen und

(b) bei *überlappenden* Booten, wenn das Wegerechtboot außerdem den Kurs in beide Richtungen ändern kann, ohne dass es sofort zur Berührung kommt.

Lee und Luv

Die *Lee*seite eines Bootes ist die Seite, die vom Wind abgewandt ist oder, wenn es im Wind ist, abgewandt war. Segelt es jedoch direkt vor dem Wind oder tiefer, ist die *Lee*seite die Seite, auf der sein Großsegel steht, die andere Seite ist seine *Luv*seite. Wenn zwei Boote *auf gleichem Schlag überlappen*, so ist das auf der *Lee*seite des anderen liegende Boot das *Lee*boot. Das andere ist das *Luv*boot.

Bahnmarke

Ein Gegenstand, bei dem die Segelanweisungen verlangen, dass ein Boot ihn auf einer festgelegten Seite lassen muss, ein Fahrzeug des Wettfahrtkomitees, das von schiffbarem Wasser umgeben und Start- oder Ziellinienbegrenzung ist, und ein absichtlich am Gegenstand oder Fahrzeug befestigter Gegenstand. Eine Ankerleine jedoch ist kein Teil der *Bahnmarke*.

Bahnmarken-Raum

Bahnmarken-Raum ist der *Raum* für ein Boot um eine *Bahnmarke* auf der vorgeschriebenen Seite zu lassen. Außerdem

(a) der *Raum* um zur *Bahnmarke* zu segeln, wenn sein *richtiger Kurs* ist, nahe an der *Bahnmarke* zu segeln und

(b) der *Raum* um die *Bahnmarke* zu runden oder zu passieren, wie es *zum Absegeln der Bahn* notwendig ist, ohne die *Bahnmarke* zu berühren.

Jedoch schließt *Bahnmarken-Raum* nicht den *Raum* zum Wenden für ein Boot ein, außer es *überlappt* innen und in *Luv* mit einem Boot, das ihm *Bahnmarken-Raum* geben muss, und wenn es nach der Wende die *Bahnmarke anliegen* würde.

Hindernis

Ein Gegenstand, den ein Boot, wenn es direkt darauf zu segeln würde und eine seiner Rumpflängen davon entfernt wäre, nicht passieren könnte, ohne den Kurs erheblich zu ändern. Ein Gegenstand, der nur an einer Seite sicher passiert werden kann, ein Gegenstand, ein Gebiet oder eine Linie, die in den Segelanweisungen so gekennzeichnet sind, sind ebenfalls *Hindernisse*. Jedoch ist ein Boot, das sich *in einer Wettfahrt* befindet, kein *Hindernis* für andere Boote, außer wenn diese verpflichtet sind, sich von ihm *freizuhalten* oder, wenn Regel 22 gilt, ihm auszuweichen. Ein in Fahrt befindliches Fahrzeug, einschließlich eines *in einer Wettfahrt befindlichen* Bootes, ist niemals ein ausgedehntes *Hindernis*.

Overlap

See *Clear Astern* and *Clear Ahead; Overlap.*

Party

A *party* to a hearing is

(a) for a protest hearing: a protestor, a protestee;

(b) for a redress hearing: a boat requesting redress or for which redress is requested; a boat for which a hearing is called to consider redress under rule 60.3(b); a race committee acting under rule 60.2(b); a technical committee acting under rule 60.4(b);

(c) for a redress hearing under rule 62.1(a): the body alleged to have made an improper action or omission;

(d) a person against whom an allegation of a breach of rule 69.1(a) is made; a person presenting an allegation under rule 69.2(e)(1);

(e) a *support person* subject to a hearing under rule 60.3(d) or 69; any boat that person supports; a person appointed to present an allegation under rule 60.3(d).

However, the protest committee is never a *party.*

Postpone

A *postponed* race is delayed before its scheduled start but may be started or *abandoned* later.

Proper Course

A course a boat would choose in order to *sail the course* and *finish* as soon as possible in the absence of the other boats referred to in the rule using the term. A boat has no *proper course* before her starting signal.

Protest

An allegation made under rule 61.2 by a boat, a race committee, a technical committee or a protest committee that a boat has broken a *rule.*

Racing

A boat is *racing* from her preparatory signal until she *finishes* and clears the finishing line and *marks* or retires, or until the race committee signals a general recall, *postponement* or *abandonment.*

Überlappung

Siehe *Klar achteraus* und *Klar voraus; Überlappen*

Partei

Partei in einer Anhörung ist

(a) bei einer Protestanhörung: ein Protestführer, ein Protestgegner;

(b) bei einer Anhörung für Wiedergutmachung: ein Boot, das Wiedergutmachung beantragt oder für das Wiedergutmachung beantragt wird; ein Boot für das eine Anhörung anberaumt wurde, um Wiedergutmachung nach Regel 60.3(b) zu erwägen; ein Wettfahrtkomitee, das nach Regel 60.2(b) handelt; ein technisches Komitee, das nach Regel 60.4(b) handelt;

(c) bei einer Anhörung für Wiedergutmachung nach Regel 62.1(a): Das Gremium, dem vorgeworfen wird, dass es eine unsachgemäße Handlung oder Unterlassung vorgenommen hat;

(d) eine Person, der vorgeworfen wird, einen Verstoß gegen Regel 69.1(a) begangen zu haben; eine Person, die einen Vorwurf nach Regel 69.2(e)(1) präsentiert;

(e) eine *unterstützende Person* in einer Anhörung nach Regel 60.3(d) oder 69; jedes Boot, das von dieser Person unterstützt wird; eine Person, die ernannt wurde, einen Vorwurf nach Regel 60.3(d) zu präsentieren.

Das Protestkomitee ist jedoch niemals eine *Partei.*

Verschiebung

Eine *verschobene* Wettfahrt wird vor ihrem geplanten Start aufgeschoben, kann aber später gestartet oder *abgebrochen* werden.

Richtiger Kurs

Ein Kurs, den ein Boot wählen würde, um in Abwesenheit der anderen Boote, auf die sich die Regel mit diesem Begriff bezieht, die *Bahn abzusegeln* und so schnell wie möglich *durchs Ziel zu gehen.* Vor seinem Startsignal hat ein Boot keinen *richtigen Kurs.*

Protest

Der nach Regel 61.2 erhobene Vorwurf eines Bootes, eines Wettfahrtkomitees, technischen Komitees oder Protestkomitees, dass ein Boot gegen eine *Regel* verstoßen hat.

In einer Wettfahrt befindlich

Ein Boot *befindet sich in einer Wettfahrt* von seinem Vorbereitungssignal an, bis es entweder *durchs Ziel gegangen* und klar von der Ziellinie und den *-bahnmarken* ist oder aufgegeben hat oder bis das Wettfahrtkomitee einen allgemeinen Rückruf, eine *Verschiebung* oder einen *Abbruch* signalisiert.

Room

The space a boat needs in the existing conditions, including space to comply with her obligations under the rules of Part 2 and rule 31, while manoeuvring promptly in a seamanlike way.

Rule

(a) The rules in this book, including the Definitions, Race Signals, Introduction, preambles and the rules of relevant appendices, but not titles;

(b) World Sailing Regulations that have been designated by World Sailing as having the status of a *rule* and are published on the World Sailing website;

(c) the prescriptions of the national authority, unless they are changed by the notice of race or sailing instructions in compliance with the national authority's prescription, if any, to rule 88.2;

(d) the class rules (for a boat racing under a handicap or rating system, the rules of that system are 'class rules');

(e) the notice of race;

(f) the sailing instructions; and

(g) any other documents that govern the event.

Sail the Course

A boat *sails the course* provided that a string representing her track from the time she begins to approach the starting line from its prestart side to *start* until she *finishes*, when drawn taut,

(a) passes each *mark* of the course for the race on the required side and in the correct order,

(b) touches each *mark* designated in the sailing instructions to be a rounding *mark*, and

(c) passes between the *marks* of a gate from the direction of the course from the previous *mark*.

Start

A boat *starts* when, her hull having been entirely on the pre-start side of the starting line at or after her starting signal, and having complied with rule 30.1 if it applies, any part of her hull crosses the starting line from the pre-start side to the course side.

Raum

Der Platz, den ein Boot unter den gegebenen Umständen benötigt, einschließlich dem Platz, den es benötigt, um seine Verpflichtungen nach den Regeln des Teils 2 und Regel 31 zu erfüllen, wenn es unverzüglich in guter Seemannschaft manövriert.

Regel

(a) Die Regeln in diesem Buch, einschließlich der Definitionen, Wettfahrtsignale, Einleitung, Vorworte und der Regeln der relevanten Anhänge, aber nicht der Überschriften;

(b) World Sailing Regulations, denen von World Sailing der Status einer *Regel* gegeben wurde und die auf der World Sailing Webseite publiziert sind.

(c) die Vorschriften des nationalen Verbandes, außer sie sind durch die Ausschreibung oder die Segelanweisungen in Übereinstimmung mit eventuellen Vorschriften des nationalen Verbandes zu Regel 88.2 geändert;

(d) die Klassenregeln (für ein Boot, das eine Wettfahrt nach den Regeln für Ausgleichs- oder Rennwertsysteme segelt, sind diese Regeln „Klassenregeln“);

(e) die Ausschreibung;

(f) die Segelanweisungen; und

(g) alle weiteren für die Veranstaltung geltenden Dokumente.

Absegeln der Bahn

Ein Boot *segelt die Bahn ab*, vorausgesetzt, dass wenn eine Schnur, die die Spur eines Bootes von dem Zeitpunkt an darstellt, an dem es beginnt sich der Startlinie von seiner Vorstartseite zu nähern um *zu starten*, bis es *durchs Ziel geht*, straffgezogen wird,

(a) jede *Bahnmarke* der Bahn in der Wettfahrt auf der richtigen Seite und in der richtigen Reihenfolge passiert,

(b) jede in den Segelanweisungen als zu rundend festgelegte *Bahnmarke* berührt, und

(c) zwischen den *Bahnmarken* eines Tores, aus der Richtung der Bahn von der vorherigen *Bahnmarke* kommend, hindurchführt.

Starten

Ein Boot *startet*, wenn sein Rumpf bei oder nach seinem Startsignal vollständig auf der Vorstartseite der Startlinie war und anschließend irgendein Teil seines Rumpfes die Startlinie von Vorstartseite auf die Bahnseite überquert und Regel 30.1 befolgt hat, wenn diese gilt.

Support Person

Any person who

(a) provides, or may provide, physical or advisory support to a competitor, including any coach, trainer, manager, team staff, medic, paramedic or any other person working with, treating or assisting a competitor in or preparing for the competition, or

(b) is the parent or guardian of a competitor.

Tack, Starboard or Port

A boat is on the *tack, starboard* or *port*, corresponding to her *windward* side.

Windward

See ***Leeward* and *Windward*.**

Zone

The area around a *mark* within a distance of three hull lengths of the boat nearer to it. A boat is in the *zone* when any part of her hull is in the *zone*.

Unterstützende Person

Jede Person, die

(a) eine physische oder beratende Unterstützung für einen Teilnehmer bereitstellt oder bereitstellen könnte, einschließlich eines Coaches, Trainers, Managers, Team-Mitarbeiters, Mediziners, Sanitäters oder jeglicher anderer Person, die mit einem Teilnehmer beim Wettbewerb oder seiner Vorbereitung zusammenarbeitet, ihn behandelt oder ihm behilflich ist, oder

(b) Elternteil oder Aufsichtsperson eines Teilnehmers ist.

Schlag, Steuerbord oder Backbord

Ein Boot ist auf dem *Schlag, Steuerbord* (Wind von Steuerbord) oder *Backbord* (Wind von Backbord), der seiner *Luvseite* entspricht.

Luv

Siehe ***Lee* und *Luv***

Zone

Der Bereich um eine *Bahnmarke* innerhalb eines Abstandes von drei Rumpflängen des Bootes, das ihr näher ist. Ein Boot ist in der *Zone,* wenn irgendein Teil seines Rumpfes in der *Zone* ist.

BASIC PRINCIPLES

SPORTSMANSHIP AND THE RULES

Competitors in the sport of sailing are governed by a body of *rules* that they are expected to follow and enforce. A fundamental principle of sportsmanship is that when a boat breaks a *rule* and is not exonerated she will promptly take an appropriate penalty or action, which may be to retire.

ENVIRONMENTAL RESPONSIBILITY

Participants are encouraged to minimize any adverse environmental impact of the sport of sailing.

Grundprinzipien

Sportliches Verhalten und die Regeln
Für Teilnehmer am Segelsport gilt ein *Regel*werk und es wird erwartet, dass sie es befolgen und ihm Geltung verschaffen. Ein Grundsatz sportlichen Verhaltens ist, dass wenn ein Boot gegen eine *Regel* verstößt und nicht entlastet wird, es unverzüglich eine entsprechende Strafe annimmt oder entsprechende Maßnahmen ergreift, was auch das Aufgeben der Wettfahrt sein kann.

Verantwortung für die Umwelt
Alle Beteiligten am Segelsport sind angehalten, jegliche nachteilige Belastung der Umwelt durch den Segelsport so gering wie möglich zu halten.

PART 1
FUNDAMENTAL RULES

1 SAFETY

1.1 Helping Those in Danger

A boat, competitor or *support person* shall give all possible help to any person or vessel in danger.

1.2 Life-Saving Equipment and Personal Flotation Devices

A boat shall carry adequate life-saving equipment for all persons on board, including one item ready for immediate use, unless her class rules make some other provision. Each competitor is individually responsible for wearing a personal flotation device adequate for the conditions.

2 FAIR SAILING

A boat and her owner shall compete in compliance with recognized principles of sportsmanship and fair play. A boat may be penalized under this rule only if it is clearly established that these principles have been violated. The penalty shall be a disqualification that is not excludable.

3 DECISION TO RACE

The responsibility for a boat's decision to participate in a race or to continue *racing* is hers alone.

4 ACCEPTANCE OF THE RULES

4.1 (a) By participating or intending to participate in an event conducted under the *rules*, each competitor and boat owner agrees to accept the *rules*.

(b) A *support person* by providing support, or a parent or guardian by permitting their child to enter an event, agrees to accept the *rules*.

4.2 Each competitor and boat owner agrees, on behalf of their *support persons*, that such *support persons* are bound by the *rules*.

4.3 Acceptance of the *rules* includes agreement

(a) to be governed by the *rules;*

Teil 1
Grundregeln

1 Sicherheit

1.1 Hilfeleistung bei Gefahr

Ein Boot, ein Teilnehmer oder eine *unterstützende Person* müssen allen in Gefahr befindlichen Personen oder Fahrzeugen jede mögliche Hilfe leisten.

1.2 Rettungsausrüstung und persönliche Auftriebsmittel

Ein Boot muss ausreichende Rettungsmittel für alle Personen an Bord mitführen, einschließlich eines für den sofortigen Gebrauch, außer seine Klassenregeln schreiben etwas anderes vor. Jeder Teilnehmer ist für das Tragen eines den Bedingungen angemessenen persönlichen Auftriebsmittels selbst verantwortlich.

2 Faires Segeln

Ein Boot und sein Eigner müssen in Übereinstimmung mit anerkannten Grundsätzen für sportliches Verhalten und Fair Play an einem Wettbewerb teilnehmen. Ein Boot kann nach dieser Regel nur bestraft werden, wenn eindeutig festgestellt wird, dass diese Grundsätze verletzt wurden. Die Strafe muss eine Disqualifikation sein, die nicht ausgenommen werden darf.

3 Entscheidung zur Teilnahme an einer Wettfahrt

Die Verantwortung für die Entscheidung eines Bootes, an einer Wettfahrt teilzunehmen oder eine *Wettfahrt* fortzusetzen, liegt allein bei ihm.

4 Anerkennung der Regeln

4.1 (a) Indem er an einer Veranstaltung, die nach den *Regeln* durchgeführt wird, teilnimmt oder beabsichtigt teilzunehmen, stimmt jeder Teilnehmer und jeder Bootseigner zu, die *Regeln* anzuerkennen.

(b) Eine *unterstützende Person*, indem sie Unterstützung leistet, oder ein Elternteil oder eine Aufsichtsperson, indem sie ihrem Kind erlauben, an einer Veranstaltung teilzunehmen, stimmt zu, diese *Regeln* anzuerkennen.

4.2 Jeder Teilnehmer und Bootseigner stimmt im Namen seiner *unterstützenden Personen* zu, dass solche *unterstützenden Personen* an diese *Regeln* gebunden sind.

4.3 Die Anerkennung der *Regeln* schließt die Zustimmung ein

(a) sich diesen *Regeln* zu unterwerfen;

(b) to accept the penalties imposed and other action taken under the *rules*, subject to the appeal and review procedures provided in them, as the final determination of any matter arising under the *rules*;

(c) with respect to any such determination, not to resort to any court of law or tribunal not provided for in the *rules*; and

(d) by each competitor and boat owner to ensure that their *support persons* are aware of the *rules*.

4.4 The person in charge of each boat shall ensure that all competitors in the crew and the boat's owner are aware of their responsibilities under this rule.

4.5 This rule may be changed by a prescription of the national authority of the venue.

5 RULES GOVERNING ORGANIZING AUTHORITIES AND OFFICIALS

The organizing authority, race committee, technical committee, protest committee and other race officials shall be governed by the *rules* in the conduct and judging of the event.

6 WORLD SAILING REGULATIONS

6.1 Each competitor, boat owner and *support person* shall comply with the World Sailing Regulations that have been designated by World Sailing as having the status of a *rule*. These regulations as of 30 June 2020 are the World Sailing:

- Advertising Code
- Anti-Doping Code
- Betting and Anti-Corruption Code
- Disciplinary Code
- Eligibility Code
- Sailor Categorization Code

6.2 Rule 63.1 does not apply unless *protests* are permitted in the Regulation alleged to have been broken.

(b) die nach diesen *Regeln* verhängten Strafen und sonstigen Maßnahmen als endgültige Entscheidung jeder sich aus diesen *Regeln* ergebenden Angelegenheit zu akzeptieren, vorbehaltlich der in diesen *Regeln* vorgesehenen Berufungs- und Überprüfungsverfahren;

(c) in Anerkennung jeder solchen Entscheidung kein in den *Regeln* nicht vorgesehenes, ordentliches Gericht oder anderes Tribunal anzurufen; und

(d) für jeden Teilnehmer und Bootseigner sicherzustellen, dass ihre *unterstützenden Personen* sich der *Regeln* bewusst sind.

4.4 Die verantwortliche Person jedes Bootes muss sicherstellen, dass alle Teilnehmer in der Besatzung und der Bootseigner sich ihrer Verantwortlichkeiten nach dieser Regel bewusst sind.

4.5 Diese Regel kann durch die Vorschrift des nationalen Verbandes des Veranstaltungsortes geändert werden.

5 Maßgebliche Regeln für Veranstalter und Offizielle

Der Veranstalter, das Wettfahrtkomitee, technische Komitee, Protestkomitee und weitere Wettfahrtoffizielle sind bei der Durchführung und Beurteilung einer Veranstaltung an die *Regeln* gebunden.

6 World Sailing Regulations

6.1 Jeder Teilnehmer, Bootseigner und jede *unterstützende Person* muss die World Sailing Regulations einhalten, denen von World Sailing der Status einer *Regel* zugemessen wurde. Zum Zeitpunkt 30. Juni 2020 sind das der World Sailing:

- Advertising Code
- Anti-Doping Code
- Betting and Anti-Corruption Code
- Disciplinary Code
- Eligibility Code
- Sailor Categorization Code

6.2 Regel 63.1 gilt nicht, außer *Proteste* sind in einer Regulation für vorgeworfene Verstöße zugelassen.

PART 2
WHEN BOATS MEET

The rules of Part 2 apply between boats that are sailing in or near the racing area and intend to ***race****, are* ***racing****, or have been* ***racing****.*
However, a boat not ***racing*** *shall not be penalized for breaking one of these rules, except rule 14 when the incident resulted in injury or serious damage, or rule 23.1.*

When a boat sailing under these rules meets a vessel that is not, she shall comply with the International Regulations for Preventing Collisions at Sea (IRPCAS) *or government right-of-way rules. If the notice of race so states, the rules of Part 2 are replaced by the right-of-way rules of the* IRPCAS *or by government right-of-way rules.*

SECTION A
RIGHT OF WAY

A boat has right of way over another boat when the other boat is required to ***keep clear*** *of her. However, some rules in Sections B, C and D limit the actions of a right-of-way boat.*

10 ON OPPOSITE TACKS

When boats are on opposite *tacks*, a *port-tack* boat shall *keep clear* of a *starboard-tack* boat.

11 ON THE SAME TACK, OVERLAPPED

When boats are on the same *tack* and *overlapped*, a *windward* boat shall *keep* clear of a *leeward* boat.

12 ON THE SAME TACK, NOT OVERLAPPED

When boats are on the same *tack* and not *overlapped*, a boat *clear astern* shall *keep clear* of a boat *clear ahead.*

13 WHILE TACKING

After a boat passes head to wind, she shall *keep clear* of other boats until she is on a close-hauled course. During that time rules 10, 11 and 12 do not apply. If two boats are subject to this rule at the same time, the one on the other's port side or the one astern shall *keep clear.*

Teil 2
Begegnung von Booten

Die Regeln von Teil 2 gelten zwischen Booten, die im Wettfahrtgebiet oder in dessen Nähe segeln und an einer ***Wettfahrt teilnehmen*** *wollen, sich* ***in der Wettfahrt*** *befinden oder befunden haben. Ein nicht* ***in einer Wettfahrt befindliches*** *Boot darf jedoch nicht für Verstöße gegen eine dieser Regeln bestraft werden, mit Ausnahme von Regel 14, wenn der Vorfall zu Verletzung oder ernsthaftem Schaden geführt hat, oder Regel 23.1.*

Begegnet ein nach diesen Regeln segelndes Boot einem Fahrzeug, das dies nicht tut, muss es die Internationalen Regeln zur Verhütung von Zusammenstößen auf See (KVR, Kollisionsverhütungsregeln) *oder amtlichen Wegerechtsvorschriften einhalten. Wenn die Ausschreibung dies so festlegt, werden die Regeln von Teil 2 durch die Ausweichregeln der* KVR *oder durch amtliche Wegerechtsvorschriften ersetzt.*

Abschnitt A
Wegerecht

Ein Boot hat Wegerecht gegenüber einem anderen Boot, wenn das andere Boot verpflichtet ist, sich von ihm ***freizuhalten****. Einige Regeln in den Abschnitten B, C und D schränken jedoch die Handlungen eines Wegerechtbootes ein.*

10 Auf entgegengesetztem Schlag

Befinden sich Booten auf entgegengesetztem *Schlag*, muss sich ein Boot auf *Backbordschlag* (Wind von Backbord) von einem Boot auf *Steuerbordschlag* (Wind von Steuerbord) freihalten.

11 Auf gleichem Schlag mit Überlappung

Befinden sich Booten auf gleichem *Schlag* und *überlappen* diese, muss sich ein *Luv*boot von einem *Lee*boot freihalten.

12 Auf gleichem Schlag ohne Überlappung

Befinden sich Booten auf gleichem *Schlag* und *überlappen* diese nicht, muss sich ein Boot *klar achteraus* von einem Boot *klar voraus freihalten.*

13 Während des Wendens

Nachdem ein Boot mit dem Bug durch den Wind gegangen ist, muss es sich von anderen Booten *freihalten*, bis es auf einen Am-Wind-Kurs abgefallen ist. Während dieser Zeit gelten die Regeln 10, 11 und 12 nicht. Unterliegen zwei Boote zur gleichen Zeit dieser Regel, muss sich das auf der Backbordseite des anderen oder das achteraus befindliche Boot *freihalten.*

SECTION B
GENERAL LIMITATIONS

14 AVOIDING CONTACT

A boat shall avoid contact with another boat if reasonably possible. However, a right-of-way boat, or one sailing within the *room* or *mark-room* to which she is entitled, need not act to avoid contact until it is clear that the other boat is not *keeping clear* or giving *room* or *mark-room*.

15 ACQUIRING RIGHT OF WAY

When a boat acquires right of way, she shall initially give the other boat *room* to *keep clear,* unless she acquires right of way because of the other boat's actions.

16 CHANGING COURSE

16.1 When a right-of-way boat changes course, she shall give the other boat *room* to *keep clear.*

16.2 In addition, on a beat to windward when a *port-tack* boat is *keeping clear* by sailing to pass to leeward of a *starboard-tack* boat, the *starboard-tack* boat shall not bear away if as a result the *port-tack* boat must change course immediately to continue *keeping clear.*

17 ON THE SAME TACK; PROPER COURSE

If a boat *clear astern* becomes *overlapped* within two of her hull lengths to *leeward* of a boat on the same *tack*, she shall not sail above her *proper course* while they remain on the same *tack* and *overlapped* within that distance, unless in doing so she promptly sails astern of the other boat. This rule does not apply if the *overlap* begins while the *windward* boat is required by rule 13 to *keep clear.*

Abschnitt B
Allgemeine Einschränkungen

14 Berührung vermeiden

Wenn es vernünftigerweise möglich ist, muss ein Boot eine Berührung mit einem anderen Boot vermeiden. Ein Boot, das Wegerecht hat oder innerhalb des *Raums* oder *Bahnmarken-Raums* segelt, auf den es Anspruch hat, braucht jedoch nicht zu handeln, um eine Berührung zu vermeiden, bis klar ist, dass das andere Boot sich nicht freihält oder keinen *Raum* oder *Bahnmarken-Raum* gibt.

15 Wegerecht erlangen

Erlangt ein Boot Wegerecht, muss es anfangs dem anderen Boot *Raum* zum *Freihalten* geben, außer es erlangt das Wegerecht durch Handlungen des anderen Bootes.

16 Kurs ändern

16.1 Ändert ein Boot mit Wegerecht den Kurs, muss es dem anderen Boot *Raum* zum *Freihalten* geben.

16.2 Zudem darf ein Boot auf *Steuerbordschlag* (Wind von Steuerbord) auf einer Kreuz nach Luv nicht abfallen, wenn sich ein Boot auf *Backbordschlag* (Wind von Backbord) dadurch freihält, dass es in Lee von ihm passiert, und das Boot auf *Backbordschlag* infolgedessen seinen Kurs sofort ändern müsste, um sich weiterhin *freizuhalten.*

17 Auf gleichem Schlag; richtiger Kurs

Wenn ein zuvor *klar achteraus* liegendes Boot mit einem Boot auf gleichem *Schlag* innerhalb eines Abstandes von zwei seiner Rumpflängen in *Lee überlappt*, darf es nicht höher als seinen *richtigen Kurs* segeln, solange die Boote auf gleichem *Schlag* und innerhalb dieses Abstands *überlappt* bleiben, außer es segelt dadurch unverzüglich achteraus des anderen Bootes. Diese Regel gilt nicht, wenn die *Überlappung* beginnt, während das *Luv*boot verpflichtet ist, sich nach Regel 13 *freizuhalten.*

SECTION C
AT MARKS AND OBSTRUCTIONS

Section C rules do not apply at a starting ***mark*** *surrounded by navigable water or at its anchor line from the time boats are approaching them to* ***start*** *until they have passed them.*

18 MARK-ROOM

18.1 When Rule 18 Applies

Rule 18 applies between boats when they are required to leave a *mark* on the same side and at least one of them is in the *zone*. However, it does not apply

(a) between boats on opposite *tacks* on a beat to windward,

(b) between boats on opposite *tacks* when the *proper course* at the *mark* for one but not both of them is to tack,

(c) between a boat approaching a *mark* and one leaving it, or

(d) if the *mark* is a continuing *obstruction*, in which case rule 19 applies.

Rule 18 no longer applies between boats when *mark-room* has been given.

18.2 Giving Mark-Room

(a) When boats are *overlapped* the outside boat shall give the inside boat *mark-room*, unless rule 18.2(b) applies.

(b) If boats are *overlapped* when the first of them reaches the *zone*, the outside boat at that moment shall thereafter give the inside boat *mark-room*. If a boat is *clear ahead* when she reaches the *zone*, the boat *clear astern* at that moment shall thereafter give her *mark-room*.

(c) When a boat is required to give *mark-room* by rule 18.2(b),

(1) she shall continue to do so even if later an *overlap* is broken or a new *overlap* begins;

(2) if she becomes *overlapped* inside the boat entitled to *mark-room*, she shall also give that boat room to sail her *proper course* while they remain *overlapped*.

(d) Rules 18.2(b) and (c) cease to apply if the boat entitled to *mark-room* passes head to wind or leaves the *zone*.

Abschnitt C
An Bahnmarken und Hindernissen

*Die Regeln von Abschnitt C gelten nicht an einer von schiffbarem Wasser umgebenen Start-**Bahnmarke** oder ihrer Ankerleine von der Zeit an, ab der die Boote sich ihr nähern, um zu **starten,** bis sie diese passiert haben.*

18 Bahnmarken-Raum

18.1 Geltungsbereich der Regel 18

Regel 18 gilt zwischen Booten, wenn sie verpflichtet sind, eine *Bahnmarke* an der gleichen Seite zu lassen und mindestens eines von ihnen in der *Zone* ist. Sie gilt jedoch nicht

(a) zwischen Booten auf entgegengesetztem *Schlag* auf einer Kreuz nach Luv,

(b) zwischen Booten auf entgegengesetztem *Schlag*, wenn der *richtige Kurs* an der *Bahnmarke* für eines von ihnen, aber nicht für beide, eine Wende erfordert,

(c) zwischen einem Boot, das sich der *Bahnmarke* nähert, und einem, das sich von dieser entfernt, oder

(d) wenn die *Bahnmarke* ein ausgedehntes *Hindernis* ist; in diesem Fall gilt Regel 19.

Regel 18 gilt nicht mehr zwischen Booten, wenn Bahnmarken-Raum gegeben worden ist.

18.2 Bahnmarken-Raum geben

(a) *Überlappen* Boote, muss das außen liegende Boot dem innen liegenden Boot *Bahnmarken-Raum* geben, außer wenn Regel 18.2(b) gilt.

(b) *Überlappen* Boote, wenn das erste von ihnen die *Zone* erreicht, muss das zu diesem Zeitpunkt außen liegende Boot anschließend dem innen liegenden Boot *Bahnmarken-Raum* geben. Ist ein Boot *klar voraus*, wenn es die *Zone* erreicht, muss das zu diesem Zeitpunkt *klar achteraus* liegende Boot anschließend *Bahnmarken-Raum* geben.

(c) Wenn ein Boot nach Regel 18.2(b) verpflichtet ist, *Bahnmarken-Raum* zu geben,

  (1) muss es dies weiterhin tun, auch wenn eine *Überlappung* später gelöst wird oder eine neue *Überlappung* entsteht;

  (2) wenn es zu dem Boot mit Anspruch auf *Bahnmarken-Raum* eine innere *Überlappung* erhält, muss es diesem Boot auch *Raum* zum Segeln seines *richtigen Kurses* geben, solange die *Überlappung* besteht.

(d) Die Regeln 18.2(b) und (c) hören auf zu gelten, wenn das Boot mit Anspruch auf *Bahnmarken-Raum* mit dem Bug durch den Wind geht oder die *Zone* verlässt.

(e) If there is reasonable doubt that a boat obtained or broke an *overlap* in time, it shall be presumed that she did not.

(f) If a boat obtained an inside *overlap* from *clear astern* or by tacking to *windward* of the other boat and, from the time the *overlap* began, the outside boat has been unable to give *mark-room*, she is not required to give it.

18.3 Passing Head to Wind in the Zone

If a boat in the *zone* of a *mark* to be left to *port* passes head to wind from port to *starboard* tack and is then *fetching* the *mark*, she shall not cause a boat that has been on *starboard tack* since entering the *zone* to sail above close-hauled to avoid contact and she shall give *mark-room* if that boat becomes *overlapped* inside her. When this rule applies between boats, rule 18.2 does not apply between them.

18.4 Gybing

When an inside *overlapped* right-of-way boat must gybe at a *mark* to sail her *proper course*, until she gybes she shall sail no farther from the *mark* than needed to sail that course. Rule 18.4 does not apply at a gate *mark*.

19 ROOM TO PASS AN OBSTRUCTION

19.1 When Rule 19 Applies

Rule 19 applies between two boats at an *obstruction* except

(a) when the *obstruction* is a *mark* the boats are required to leave on the same side, or

(b) when rule 18 applies between the boats and the *obstruction* is another boat *overlapped* with each of them.

However, at a continuing *obstruction*, rule 19 always applies and rule 18 does not.

19.2 Giving Room at an Obstruction

(a) A right-of-way boat may choose to pass an *obstruction* on either side.

(b) When boats are *overlapped*, the outside boat shall give the inside boat *room* between her and the *obstruction*, unless she has been unable to do so from the time the *overlap* began.

(e) Gibt es berechtigten Zweifel, dass ein Boot eine *Überlappung* rechtzeitig erlangt oder gelöst hat, ist anzunehmen, dass es dies nicht tat.

(f) Erlangte ein Boot von *klar achteraus* oder durch eine Wende auf der *Luvseite* des anderen Bootes eine innere *Überlappung* und ist ab dem Zeitpunkt des Entstehens der *Überlappung* das außen liegende Boot nicht in der Lage, *Bahnmarken-Raum* zu geben, so ist es nicht verpflichtet, diesen zu geben.

18.3 Mit dem Bug durch den Wind gehen in der Zone

Wenn ein Boot in der *Zone* einer *Bahnmarke*, die an Backbord zu lassen ist, mit dem Bug durch den Wind von *Backbordschlag* (Wind von Backbord) auf *Steuerbordschlag* (Wind von Steuerbord) geht und danach die *Bahnmarke anliegt*, darf es ein Boot, das seit Erreichen der Zone auf *Steuerbordschlag* (Wind von Steuerbord) war, nicht veranlassen, höher als am Wind zu segeln, um eine Berührung zu vermeiden, und es muss *Bahnmarken-Raum* geben, wenn dieses Boot eine innere *Überlappung* zu ihm erhält. Wenn diese Regel zwischen Booten gilt, gilt Regel 18.2 nicht zwischen ihnen.

18.4 Halsen

Muss ein innen *überlappendes* Boot mit Wegerecht an einer *Bahnmarke* halsen, um seinen *richtigen Kurs* zu segeln, darf es bis zum Halsen nicht weiter an der *Bahnmarke* vorbeisegeln, als es für das Segeln dieses Kurses notwendig ist. Regel 18.4 gilt nicht an einer Tor-*Bahnmarke*.

19 Raum zum Passieren eines Hindernisses

19.1 Geltungsbereich der Regel 19

Regel 19 gilt zwischen zwei Booten an einem *Hindernis*, außer

(a) wenn das *Hindernis* eine *Bahnmarke* ist, die die Boote an der gleichen Seite lassen müssen, oder

(b) wenn Regel 18 zwischen den Booten gilt und das *Hindernis* ein anderes Boot ist, das mit jedem von ihnen *überlappt*.

Allerdings gilt an einem ausgedehnten *Hindernis* immer Regel 19 und nicht Regel 18.

19.2 Raum geben an einem Hindernis

(a) Ein Boot mit Wegerecht kann wählen, auf welcher Seite es ein *Hindernis* passieren will.

(b) *Überlappen* Boote, muss das außen liegende Boot dem innen liegenden Boot *Raum* zum Passieren zwischen ihm und dem *Hindernis* geben, außer es ist ab dem Zeitpunkt der Entstehung der *Überlappung* dazu nicht in der Lage gewesen.

(c) While boats are passing a continuing *obstruction*, if a boat that was *clear astern* and required to *keep clear* becomes *overlapped* between the other boat and the *obstruction* and, at the moment the *overlap* begins, there is not *room* for her to pass between them,

(1) she is not entitled to *room* under rule 19.2(b), and

(2) while the boats remain *overlapped*, she shall *keep clear* and rules 10 and 11 do not apply.

20 ROOM TO TACK AT AN OBSTRUCTION

20.1 Hailing

A boat may hail for *room* to tack and avoid a boat on the same *tack*. However, she shall not hail unless

(a) she is approaching an *obstruction* and will soon need to make a substantial course change to avoid it safely, and

(b) she is sailing close-hauled or above.

In addition, she shall not hail if the *obstruction* is a *mark* and a boat that is *fetching* it would be required to change course as a result of the hail.

20.2 Responding

(a) After a boat hails, she shall give a hailed boat time to respond.

(b) A hailed boat shall respond even if the hail breaks rule 20.1.

(c) A hailed boat shall respond either by tacking as soon as possible, or by immediately replying 'You tack' and then giving the hailing boat *room* to tack and avoid her.

(d) When a hailed boat responds, the hailing boat shall tack as soon as possible.

(e) From the time a boat hails until she has tacked and avoided a hailed boat, rule 18.2 does not apply between them.

20.3 Passing On a Hail to an Additional Boat

When a boat has been hailed for *room* to tack and she intends to respond by tacking, she may hail another boat on the same *tack* for *room* to tack and avoid her. She may hail even if her hail does not meet the conditions of rule 20.1. Rule 20.2 applies between her and a boat she hails.

(c) Passieren Boote ein ausgedehntes *Hindernis* und erhält ein Boot, das *klar achteraus* und verpflichtet war, sich *freizuhalten*, eine *Überlappung* zwischen dem anderen Boot und dem *Hindernis* und ist zum Zeitpunkt des Beginns der *Überlappung* kein Raum für es, um dazwischen zu passieren,

   (1) hat es keinen Anspruch auf *Raum* nach Regel 19.2(b) und

   (2) muss es sich *freihalten*, während die Boote weiterhin *überlappen* und die Regeln 10 und 11 gelten nicht.

20 Raum zum Wenden an einem Hindernis

20.1 Zuruf

Ein Boot kann durch Zurufen *Raum* verlangen, um zu wenden und einem auf gleichem *Schlag* segelnden Boot auszuweichen. Es darf jedoch nicht rufen, außer wenn

(a) es sich einem *Hindernis* nähert und bald eine wesentliche Kursänderung vornehmen muss, um ihm sicher auszuweichen und

(b) es am Wind oder höher segelt.

Zudem darf es nicht rufen, wenn das *Hindernis* eine *Bahnmarke* ist und ein Boot, das die *Bahnmarke anliegt*, infolge des Zurufs verpflichtet wäre, seinen Kurs zu ändern.

20.2 Reaktion

(a) Nachdem ein Boot gerufen hat, muss es einem angerufenen Boot Zeit geben, um zu reagieren.

(b) Ein angerufenes Boot muss auch dann reagieren, wenn der Zuruf gegen Regel 20.1 verstößt.

(c) Ein angerufenes Boot muss reagieren, indem es entweder so bald wie möglich wendet oder sofort antwortet: „Wenden Sie", und dann dem rufenden Boot den *Raum* gibt, um zu wenden und ihm auszuweichen.

(d) Wenn ein angerufenes Boot entsprechend reagiert, muss das rufende Boot sobald wie möglich wenden.

(e) Von dem Zeitpunkt, an dem ein Boot gerufen hat, bis zu dem Zeitpunkt, an dem es gewendet hat und dem angerufenen Boot ausgewichen ist, gilt Regel 18.2 nicht zwischen diesen Booten.

20.3 Weitergabe eines Zurufs an ein weiteres Boot

Wenn ein Boot angerufen wurde, um von ihm *Raum* zum Wenden zu verlangen, und es beabsichtigt durch eine Wende zu reagieren, darf es seinerseits von einem anderen Boot auf gleichem *Schlag* durch Zurufen *Raum* verlangen, um zu wenden und ihm auszuweichen. Es darf auch rufen, wenn sein Ruf die Voraussetzung nach Regel 20.1 nicht erfüllt. Regel 20.2 gilt zwischen ihm und einem angerufenen Boot.

20.4 Additional Requirements for Hails

(a) When conditions are such that a hail may not be heard, the boat shall also make a signal that clearly indicates her need for *room* to tack or her response.

(b) The notice of race may specify an alternative communication for a boat to indicate her need for *room* to tack or her response, and require boats to use it.

SECTION D OTHER RULES

When rule 21 or 22 applies between two boats, Section A rules do not.

21 STARTING ERRORS; TAKING PENALTIES; BACKING A SAIL

21.1 A boat sailing towards the pre-start side of the starting line or one of its extensions after her starting signal to *start* or to comply with rule 30.1 shall *keep clear* of a boat not doing so until her hull is completely on the pre-start side.

21.2 A boat taking a penalty shall *keep clear* of one that is not.

21.3 A boat moving astern, or sideways to windward, through the water by backing a sail shall *keep clear* of one that is not.

22 CAPSIZED, ANCHORED OR AGROUND; RESCUING

If possible, a boat shall avoid a boat that is capsized or has not regained control after capsizing, is anchored or aground, or is trying to help a person or vessel in danger. A boat is capsized when her masthead is in the water.

23 INTERFERING WITH ANOTHER BOAT

23.1 If reasonably possible, a boat not *racing* shall not interfere with a boat that is *racing*.

23.2 If reasonably possible, a boat shall not interfere with a boat that is taking a penalty, sailing on another leg or subject to rule 21.1. However, after the starting signal this rule does not apply when the boat is sailing her *proper course*.

20.4 Zusätzliche Anforderungen für Zurufe

(a) Wenn die Bedingungen so sind, dass ein Zuruf möglicherweise nicht zu hören ist, muss das Boot zudem ein Signal geben, das sein Verlangen nach *Raum* zum Wenden oder seine Reaktion deutlich erkennen lässt.

(b) Die Ausschreibung kann eine alternative Art der Kommunikation festlegen, mit der ein Boot sein Verlangen nach *Raum* zum Wenden oder seine Reaktion anzeigt, sowie die Boote dazu verpflichten, diese zu verwenden.

Abschnitt D
Weitere Regeln

Wenn Regel 21 oder 22 zwischen zwei Booten gilt, gelten die Regeln des Abschnitts A nicht.

21 Startfehler; Strafen ausführen; Backhalten eines Segels

21.1 Ein Boot, das nach dem Startsignal auf die Vorstartseite der Startlinie oder eine ihrer Verlängerungen zusegelt, um zu *starten* oder um Regel 30.1 einzuhalten, muss sich von einem Boot, das dies nicht tut, *freihalten*, bis sein Rumpf vollständig auf der Vorstartseite ist.

21.2 Ein Boot, das eine Strafe annimmt, muss sich von einem Boot *freihalten*, das dies nicht tut.

21.3 Ein Boot, das sich durch Backhalten eines Segels rückwärts oder seitwärts nach Luv durchs Wasser bewegt, muss sich von einem Boot *freihalten*, das dies nicht tut.

22 Gekentert, geankert oder auf Grund gelaufen; Hilfe leistend

Wenn es dazu in der Lage ist, muss ein Boot einem anderen Boot ausweichen, das gekentert oder nach einer Kenterung noch nicht wieder unter Kontrolle ist, das ankert oder auf Grund gelaufen ist oder das versucht, einer Person oder einem Fahrzeug in Gefahr zu helfen. Ein Boot ist gekentert, wenn sich sein Masttopp im Wasser befindet.

23 Behinderung anderer Boote

23.1 Wenn es vernünftigerweise möglich ist, darf ein nicht in einer *Wettfahrt befindliches* Boot ein in einer *Wettfahrt befindliches* Boot nicht behindern.

23.2 Wenn es vernünftigerweise möglich ist, darf ein Boot ein anderes Boot nicht behindern, das eine Strafe annimmt, sich auf einem anderen Schenkel befindet oder Regel 21.1 unterliegt. Diese Regel gilt jedoch nicht nach dem Startsignal, wenn das Boot seinen *richtigen Kurs* segelt.

PART 3
CONDUCT OF A RACE

25 NOTICE OF RACE, SAILING INSTRUCTIONS AND SIGNALS

25.1 The notice of race shall be made available to each boat that enters an event before she enters. The sailing instructions shall be made available to each boat before a race begins.

25.2 The meanings of the visual and sound signals stated in Race Signals shall not be changed except under rule 86.1(b). The meanings of any other signals that may be used shall be stated in the notice of race or sailing instructions.

25.3 When the race committee is required to display a flag as a visual signal, it may use a flag or other object of a similar appearance.

26 STARTING RACES

Races shall be started by using the following signals. Times shall be taken from the visual signals; the absence of a sound signal shall be disregarded.

Minutes before starting signal	*Visual signal*	*Sound signal*	*Means*
5*	Class flag	One	Warning signal
4	P, I, Z, Z with I, U or black flag	One	Preparatory signal
1	Preparatory flag removed	One long	One minute
0	Class flag removed	One	Starting signal

*or as stated in the notice of race or sailing instructions

The warning signal for each succeeding class shall be made with or after the starting signal of the preceding class.

27 OTHER RACE COMMITTEE ACTIONS BEFORE THE STARTING SIGNAL

27.1 No later than the warning signal, the race committee shall signal or other-

Teil 3
Durchführung einer Wettfahrt

25 Ausschreibung, Segelanweisungen und Signale

25.1 Die Ausschreibung muss jedem Boot, das für eine Veranstaltung meldet, vor seiner Meldung zur Verfügung stehen. Die Segelanweisungen müssen jedem Boot vor dem Beginn einer Wettfahrt zur Verfügung stehen.

25.2 Die Bedeutungen der optischen Signale und der Schallsignale, die in „Wettfahrtsignale" festgelegt sind, dürfen nicht verändert werden, außer gemäß Regel 86.1(b). Die Bedeutungen anderer Signale, die benutzt werden können, müssen in der Ausschreibung oder den Segelanweisungen festgelegt werden.

25.3 Wenn das Wettfahrtkomitee verpflichtet ist, eine Flagge als optisches Signal zu zeigen, kann es entweder eine Flagge oder ein anderes Objekt von ähnlichem Aussehen verwenden.

26 Starten von Wettfahrten

Wettfahrten müssen unter Verwendung der folgenden Signale gestartet werden. Die Zeiten müssen von den optischen Signalen genommen werden. Das Ausbleiben eines Schallsignals ist nicht zu beachten.

Minuten vor Startsignal	*Optisches Signal*	*Schall-signal*	*Bedeutung*
5*	Klassenflagge	ein	Ankündigungssignal
4	P, I, Z, Z mit I,U, oder schwarze Flagge	ein	Vorbereitungs-signal
1	Vorbereitungssignal entfernt	ein langes	Eine Minute
0	Klassenflagge entfernt	ein	Startsignal

* oder wie in der Ausschreibung oder den Segelanweisungen festgelegt

Das Ankündigungssignal für jede folgende Klasse muss mit oder nach dem Startsignal der vorangehenden Klasse gegeben werden.

27 Weitere Maßnahmen des Wettfahrtkomitees vor dem Startsignal

27.1 Spätestens bis zum Ankündigungssignal muss das Wettfahrtkomitee die ab-

wise designate the course to be sailed if the sailing instructions have not stated the course, and it may replace one course signal with another and signal that wearing personal flotation devices is required (display flag Y with one sound).

27.2 No later than the preparatory signal, the race committee may move a starting *mark*.

27.3 Before the starting signal, the race committee may for any reason *postpone* (display flag AP, AP over H, or AP over A, with two sounds) or *abandon* the race (display flag N over H, or N over A, with three sounds).

28 SAILING THE RACE

28.1 A boat shall *start, sail the course* and then *finish*. While doing so, she may leave on either side a *mark* that does not begin, bound or end the leg she is sailing. After *finishing* she need not cross the finishing line completely.

28.2 A boat may correct any errors in *sailing the course,* provided she has not crossed the finishing line to *finish.*

29 RECALLS

29.1 Individual Recall
When at a boat's starting signal any part of her hull is on the course side of the starting line or she must comply with rule 30.1, the race committee shall promptly display flag X with one sound. The flag shall be displayed until the hull of each such boat has been completely on the pre-start side of the starting line or one of its extensions, and until all such boats have complied with rule 30.1 if it applies, but no later than four minutes after the starting signal or one minute before any later starting signal, whichever is earlier. If rule 29.2, 30.3 or 30.4 applies this rule does not.

29.2 General Recall
When at the starting signal the race committee is unable to identify boats that are on the course side of the starting line or to which rule 30 applies, or there has been an error in the starting procedure, the race committee may signal a general recall (display the First Substitute with two sounds). The warning signal for a new start for the recalled class shall be made one minute after the First Substitute is removed (one sound), and the starts for any succeeding classes shall follow the new start.

zusegelnde Bahn signalisieren oder anderweitig bekannt geben, wenn die Segelanweisungen die Bahn nicht festgelegt haben und sie darf ein Bahnsignal durch ein anderes ersetzen und anzeigen, dass persönliche Auftriebsmittel zu tragen sind (Zeigen der Flagge Y mit einem Schallsignal).

27.2 Spätestens bis zum Vorbereitungssignal darf das Wettfahrtkomitee eine Start-*Bahnmarke* verlegen.

27.3 Vor dem Startsignal darf das Wettfahrtkomitee eine Wettfahrt aus beliebigen Gründen *verschieben* (Zeigen der Flagge AP, AP über H oder AP über A, mit zwei Schallsignalen) oder *abbrechen* (Zeigen der Flagge N über H oder N über A, mit drei Schallsignalen).

28 Segeln der Wettfahrt

28.1 Ein Boot muss *starten*, *die Bahn absegeln* und dann *durchs Ziel gehen*. Während es das tut, darf es eine *Bahnmarke*, die den Schenkel auf dem es segelt weder beginnt, begrenzt noch beendet, an beliebiger Seite lassen. Nach dem *Zieldurchgang* muss es die Ziellinie nicht vollständig durchsegeln.

28.2 Ein Boot kann jeden Fehler korrigieren, den es beim *Absegeln der Bahn* gemacht hat, solange es die Ziellinie noch nicht überquert hat, um *durchs Ziel zu gehen*.

29 Rückrufe

29.1 Einzelrückruf

Befindet sich beim Startsignal eines Bootes irgendein Teil seines Rumpfes auf der Bahnseite der Startlinie oder muss es Regel 30.1 einhalten, muss das Wettfahrtkomitee unverzüglich die Flagge X mit einem Schallsignal zeigen. Die Flagge muss gezeigt bleiben, bis der Rumpf aller betroffenen Boote vollständig auf die Vorstartseite der Startlinie oder einer ihrer Verlängerungen gesegelt sind und, falls nötig, ihren Verpflichtungen nach Regel 30.1 nachgekommen sind, aber spätestens vier Minuten nach dem Startsignal oder eine Minute vor einem späteren Startsignal, je nachdem, was früher ist. Wenn Regel 29.2, 30.3 oder 30.4 gilt, gilt diese Regel nicht.

29.2 Allgemeiner Rückruf

Wenn das Wettfahrtkomitee beim Startsignal Boote, die auf der Bahnseite der Startlinie sind oder für die Regel 30 gilt, nicht identifizieren kann oder wenn ein Fehler im Startverfahren vorgekommen ist, kann das Wettfahrtkomitee einen allgemeinen Rückruf anzeigen (Zeigen des Ersten Hilfsstanders mit zwei Schallsignalen). Das Ankündigungssignal für einen neuen Start der zurückgerufenen Klasse muss 1 Minute nach dem Niederholen des Ersten Hilfsstanders gegeben werden (1 Schallsignal), und die Starts für nachfolgende Klassen folgen diesem neuen Start.

30 STARTING PENALTIES

30.1 I Flag Rule

If flag I has been displayed, and any part of a boat's hull is on the course side of the starting line or one of its extensions during the last minute before her starting signal, she shall sail across an extension so that her hull is completely on the pre-start side before she *starts.*

30.2 Z Flag Rule

If flag Z has been displayed, no part of a boat's hull shall be in the triangle formed by the ends of the starting line and the first *mark* during the last minute before her starting signal. If a boat breaks this rule and is identified, she shall receive, without a hearing, a 20% Scoring Penalty calculated as stated in rule 44.3(c). She shall be penalized even if the race is restarted or resailed, but not if it is *postponed* or *abandoned* before the starting signal. If she is similarly identified during a subsequent attempt to start the same race, she shall receive an additional 20% Scoring Penalty.

30.3 U Flag Rule

If flag U has been displayed, no part of a boat's hull shall be in the triangle formed by the ends of the starting line and the first *mark* during the last minute before her starting signal. If a boat breaks this rule and is identified, she shall be disqualified without a hearing, but not if the race is restarted or resailed.

30.4 Black Flag Rule

If a black flag has been displayed, no part of a boat's hull shall be in the triangle formed by the ends of the starting line and the first *mark* during the last minute before her starting signal. If a boat breaks this rule and is identified, she shall be disqualified without a hearing, even if the race is restarted or resailed, but not if it is *postponed* or *abandoned* before the starting signal. If a general recall is signalled or the race is *abandoned* after the starting signal, the race committee shall display her sail number before the next warning signal for that race, and if the race is restarted or resailed she shall not sail in it. If she does so, her disqualification shall not be excluded in calculating her series score.

31 TOUCHING A MARK

While *racing,* a boat shall not touch a starting *mark* before *starting,* a *mark* that begins, bounds or ends the leg of the course on which she is sailing, or a finishing *mark* after *finishing.*

30 Startstrafen

30.1 I-Flaggen-Regel

Wenn Flagge I gezeigt worden ist und irgendein Teil des Rumpfes eines Bootes befindet sich während der letzten Minute vor seinem Startsignal auf der Bahnseite der Startlinie oder einer ihrer Verlängerungen, muss das Boot über eine der Verlängerungen auf die Vorstartseite segeln, bevor es *startet*.

30.2 Z-Flaggen-Regel

War die Flagge Z gezeigt, darf ein Boot mit keinem Teil seines Rumpfes während der letzten Minute vor seinem Startsignal in dem Dreieck sein, das aus den Enden der Startlinie und der ersten *Bahnmarke* gebildet wird. Verstößt ein Boot gegen diese Regel und wird es erkannt, muss es ohne Anhörung eine 20%-Wertungsstrafe, wie in Regel 44.3(c) festgelegt, erhalten.
Auch wenn die Wettfahrt erneut gestartet oder erneut gesegelt wird, bleibt die Wertungsstrafe bestehen, jedoch nicht, wenn sie vor dem Startsignal *verschoben* oder *abgebrochen* wird. Wenn es in ähnlicher Weise bei einem folgenden Startversuch zur gleichen Wettfahrt erkannt wird, erhält es eine zusätzliche 20%-Wertungsstrafe.

30.3 U-Flaggen-Regel

Wenn Flagge U gezeigt worden ist, darf ein Boot mit keinem Teil seines Rumpfes während der letzten Minute vor seinem Startsignal in dem Dreieck sein, das aus den Enden der Startlinie und der ersten *Bahnmarke* gebildet wird. Verstößt ein Boot gegen diese Regel und wird es erkannt, muss es ohne Anhörung disqualifiziert werden, nicht aber wenn die Wettfahrt erneut gestartet oder erneut gesegelt wird.

30.4 Schwarze-Flaggen-Regel

Wenn eine schwarze Flagge gezeigt worden ist, darf ein Boot mit keinem Teil seines Rumpfes in der letzten Minute vor seinem Startsignal in dem Dreieck sein, das aus den Enden der Startlinie und der ersten *Bahnmarke* gebildet wird. Verstößt ein Boot gegen diese Regel und wird es erkannt, muss es ohne Anhörung disqualifiziert werden, auch wenn die Wettfahrt erneut gestartet oder erneut gesegelt wird, jedoch nicht, wenn sie vor dem Startsignal *verschoben* oder *abgebrochen* wird. Wird ein allgemeiner Rückruf angezeigt oder die Wettfahrt nach dem Startsignal *abgebrochen*, muss das Wettfahrtkomitee seine Segelnummer vor dem nächsten Ankündigungssignal für diese Wettfahrt anzeigen. Wird die Wettfahrt erneut gestartet oder erneut gesegelt, darf es nicht daran teilnehmen. Wenn es trotzdem teilnimmt, darf seine Disqualifikation von der Berechnung der Serienwertung nicht ausgenommen werden.

31 Berührung einer Bahnmarke

In einer Wettfahrt darf ein Boot eine Start-*Bahnmarke* vor dem *Starten* und eine *Bahnmarke*, die den Bahnschenkel, auf dem es segelt, beginnt, begrenzt oder beendet, sowie eine Ziel-*Bahnmarke* nach dem *Zieldurchgang* nicht berühren.

32 SHORTENING OR ABANDONING AFTER THE START

32.1 After the starting signal, the race committee may shorten the course (display flag S with two sounds) or *abandon* the race (display flag N, N over H, or N over A, with three sounds),

(a) because of foul weather,

(b) because of insufficient wind making it unlikely that any boat will *finish* within the race time limit,

(c) because a *mark* is missing or out of position, or

(d) for any other reason directly affecting the safety or fairness of the competition.

In addition, the race committee may shorten the course so that other scheduled races can be sailed, or *abandon* the race because of an error in the starting procedure. However, after one boat has *started, sailed the course* and *finished* within the race time limit, if any, the race committee shall not *abandon* the race without considering the consequences for all boats in the race or series.

32.2 If the race committee signals a shortened course (displays flag S with two sounds), the finishing line shall be,

(a) at a rounding *mark*, between the *mark* and a staff displaying flag S;

(b) a line the course requires boats to cross; or

(c) at a gate, between the gate *marks*.

The shortened course shall be signalled before the first boat crosses the finishing line.

33 CHANGING THE NEXT LEG OF THE COURSE

While boats are *racing*, the race committee may change a leg of the course that begins at a rounding *mark* or at a gate by changing the position of the next *mark* (or the finishing line) and signalling all boats before they begin the leg. The next *mark* need not be in position at that time.

(a) If the direction of the leg will be changed, the signal shall be the display of flag C with repetitive sounds and one or both of

(1) the new compass bearing,

32 Abkürzung oder Abbruch nach dem Start

32.1 Das Wettfahrtkomitee kann nach dem Startsignal die Bahn abkürzen (Zeigen der Flagge S mit zwei Schallsignalen) oder die Wettfahrt *abbrechen* (Zeigen der Flagge N, N über H oder N über A, mit 3 Schallsignalen),

(a) wegen schlechter Wetterbedingungen,

(b) wegen ungenügenden Windes, der es unwahrscheinlich macht, dass ein Boot innerhalb des Wettfahrtzeitlimits *durchs Ziel geht*,

(c) weil eine *Bahnmarke* fehlt oder nicht an der richtigen Position liegt, oder

(d) aus jedem anderen Grund, der unmittelbar die Sicherheit oder Fairness des Wettbewerbs beeinflusst.

Zudem kann das Wettfahrtkomitee die Bahn abkürzen, um weitere vorgesehene Wettfahrten segeln zu können oder die Wettfahrt wegen eines Fehlers im Startverfahren *abbrechen*. Wenn jedoch ein Boot gestartet ist, *die Bahn abgesegelt* hat und innerhalb eines evtl. vorgegebenen Wettfahrtzeitlimits *durchs Ziel gegangen* ist, darf das Wettfahrtkomitee die Wettfahrt nicht *abbrechen*, ohne die Konsequenzen für alle Boote in dieser Wettfahrt oder Serie abzuwägen.

32.2 Wenn das Wettfahrtkomitee eine Abkürzung der Bahn anzeigt (Zeigen der Flagge S mit zwei Schallsignalen), muss die Ziellinie

(a) an einer zu rundenden *Bahnmarke* die Linie zwischen der *Bahnmarke* und einem Stab sein, an dem Flagge S gezeigt wird;

(b) an einer Linie sein, von der die Bahn verlangt, dass sie überquert werden muss; oder

(c) an einem Tor die Linie zwischen den Tor-*Bahnmarken* sein.

Die abgekürzte Bahn muss angezeigt werden, bevor das erste Boot die Ziellinie überquert.

33 Änderung des nächsten Bahnschenkels

Während sich Boote *in einer Wettfahrt befinden*, kann das Wettfahrtkomitee einen Schenkel, der an einer zu rundenden *Bahnmarke* oder einem Tor beginnt, durch Verlegung der nächsten *Bahnmarke* (oder der Ziellinie) verändern und die Änderung allen Booten signalisieren, bevor sie den Schenkel abzusegeln beginnen. Die nächste *Bahnmarke* braucht zu diesem Zeitpunkt noch nicht auf Position zu liegen.

(a) Wird die Richtung des Schenkels geändert, ist das Signal dafür das Zeigen der Flagge C mit wiederholten Schallsignalen und einem oder beiden Zusatzsignalen

(1) der neuen Kompasspeilung,

(2) a green triangle for a change to starboard or a red rectangle for a change to port.

(b) If the length of the leg will be changed, the signal shall be the display of flag C with repetitive sounds and a '–' if the lengt hwill be decreased or a '+' if it will be increased.

(c) Subsequent legs may be changed without further signalling to maintain the course shape.

34 MARK MISSING

If a *mark* is missing or out of position while boats are *racing*, the race committee shall, if possible,

(a) replace it in its correct position or substitute a new one of similar appearance, or

(b) substitute an object displaying flag M and make repetitive sound signals.

35 RACE TIME LIMIT AND SCORES

If one boat *starts, sails the course* and *finishes* within the time limit for that race, if any, all boats that *finish* shall be scored according to their finishing places unless the race is *abandoned*. If no boat *finishes* within the race time limit, the race committee shall *abandon* the race.

36 RACES RESTARTED OR RESAILED

If a race is restarted or resailed, a breach of a *rule* in the original race, or in any previous restart or resail of that race, shall not

(a) prohibit a boat from competing unless she has broken rule 30.4; or

(b) cause a boat to be penalized except under rule 2, 30.2, 30.4 or 69 or under rule 14 when she has caused injury or serious damage.

37 SEARCH AND RESCUE INSTRUCTIONS

When the race committee displays flag V with one sound, all boats and official and support vessels shall, if possible, monitor the race committee communication channel for search and rescue instructions.

(2) eines grünen Dreiecks bei einer Verlegung nach steuerbord oder eines roten Rechtecks bei einer Verlegung nach backbord.

(b) Wird die Länge des Schenkels verändert, ist das Signal dafür das Zeigen der Flagge C mit wiederholten Schallsignalen und einem „-", wenn die Länge verkürzt wird, oder einem „+", wenn sie verlängert wird.

(c) Nachfolgende Schenkel können ohne weitere Signalisierung verändert werden, um die Form der Bahn zu erhalten.

34 Fehlende Bahnmarke

Wenn eine *Bahnmarke* entweder fehlt oder nicht auf Position liegt, während sich Boote *in der Wettfahrt befinden*, muss das Wettfahrtkomitee sie, wenn möglich,

(a) auf ihre richtige Position zurückbringen oder durch eine neue von ähnlichem Aussehen ersetzen, oder

(b) durch einen Gegenstand mit der Flagge M ersetzen und wiederholt Schallsignale geben.

35 Wettfahrtzeitlimit und Wertungen

Wenn ein Boot *startet*, *die Bahn absegelt* und innerhalb des evtl. vorgegebenen Wettfahrtzeitlimits *durchs Ziel geht,* müssen alle Boote, die *durchs Ziel gehen*, ihren Zielplätzen entsprechend gewertet werden, außer die Wettfahrt wird *abgebrochen*. Wenn kein Boot innerhalb des Wettfahrtzeitlimits *durchs Ziel geht*, muss das Wettfahrtkomitee die Wettfahrt *abbrechen*.

36 Erneut gestartete oder erneut gesegelte Wettfahrten

Wird eine Wettfahrt erneut gestartet oder erneut gesegelt, darf ein Verstoß gegen eine *Regel* in der ursprünglichen Wettfahrt, oder einer früheren Wiederholung eines Starts oder Segelns dieser Wettfahrt

(a) ein Boot nicht an der Teilnahme hindern, außer es hat gegen Regel 30.4 verstoßen; oder

(b) nicht Grund einer Bestrafung des Bootes sein, außer nach Regel 2, 30.2, 30.4 oder 69 oder nach Regel 14, wenn es eine Verletzung oder einen erheblichen Schaden verursacht hat.

37 Such- und Rettungsanweisungen

Wenn das Wettfahrtkomitee Flagge V mit einem Schallsignal zeigt, müssen alle Boote sowie offizielle und Begleitfahrzeuge wenn möglich den Kommunikationskanal des Wettfahrtkomitees für Such- und Rettungsanweisungen abhören.

PART 4
OTHER REQUIREMENTS WHEN RACING

Part 4 rules apply only to boats ***racing*** *unless the rule states otherwise.*

SECTION A
GENERAL REQUIREMENTS

40 PERSONAL FLOTATION DEVICES

40.1 Basic Rule

When rule 40.1 is made applicable by rule 40.2, each competitor shall wear a personal flotation device except briefly while changing or adjusting clothing or personal equipment. Wet suits and dry suits are not personal flotation devices.

40.2 When Rule 40.1 Applies

Rule 40.1 applies

(a) if flag Y was displayed afloat with one sound before or with the warning signal, while *racing* in that race; or

(b) if flag Y was displayed ashore with one sound, at all times while afloat that day.

However, rule 40.1 applies when so stated in the notice of race or sailing instructions.

41 OUTSIDE HELP

A boat shall not receive help from any outside source, except

(a) help for a crew member who is ill, injured or in danger;

(b) after a collision, help from the crew of the other vessel to get clear;

(c) help in the form of information freely available to all boats;

(d) unsolicited information from a disinterested source, which may be another boat in the same race.

42 PROPULSION

42.1 Basic Rule

Except when permitted in rule 42.3 or 45, a boat shall compete by using only the wind and water to increase, maintain or decrease her speed. Her crew may adjust the trim of sails and hull, and perform

Teil 4
Weitere Erfordernisse in einer Wettfahrt

Die Regeln von Teil 4 gelten nur für ***in einer Wettfahrt befindlichen*** *Boote, außer die Regel legt es anders fest.*

Abschnitt A
Allgemeine Erfordernisse

40 Persönliche Auftriebsmittel

40.1 Grundregel

Wird Regel 40.1 gemäß Regel 40.2 für anwendbar erklärt wird, muss jeder Teilnehmer persönliche Auftriebsmittel tragen, außer kurzfristig zum Wechseln oder Anpassen der Kleidung oder persönlichen Ausrüstung. Nass- und Trockenanzüge gelten nicht als persönliche Auftriebsmittel.

40.2 Geltungsbereich der Regel 40.1

Regel 40.1 gilt,

(a) wenn Flagge Y auf dem Wasser mit einem Schallsignal vor oder mit dem Ankündigungssignal gezeigt wurde, während der *Wettfahrt* in dieser Wettfahrt; oder

(b) wenn Flagge Y an Land mit einem Schallsignal gezeigt wurde, jederzeit an diesem Tag auf dem Wasser.

Außerdem gilt Regel 40.1, wenn dies in der Ausschreibung oder den Segelanweisungen so festgelegt ist.

41 Hilfe von außen

Ein Boot darf keinerlei Hilfe von außen erhalten, ausgenommen

(a) Hilfe für ein Besatzungsmitglied, das krank, verletzt oder in Gefahr ist;

(b) nach einer Kollision Hilfe von der Besatzung des anderen Fahrzeuges, um frei zu kommen;

(c) Hilfe in Form von Informationen, die allen Booten frei zur Verfügung stehen;

(d) unverlangte Informationen aus einer nicht interessierten Quelle, die ein anderes Boot in derselben Wettfahrt sein kann.

42 Vortrieb

42.1 Grundregel

Außer wenn nach Regel 42.3 oder 45 erlaubt, darf ein Boot im Wettbewerb nur Wind und Wasser nutzen, um seine Geschwindigkeit zu erhöhen, beizubehalten oder zu verringern. Seine Besatzung darf den Trimm von Segeln und Rumpf an-

other acts of seamanship, but shall not otherwise move their bodies to propel the boat.

42.2 Prohibited Actions

Without limiting the application of rule 42.1, these actions are prohibited:

(a) pumping: repeated fanning of any sail either by pulling in and releasing the sail or by vertical or athwartship body movement;

(b) rocking: repeated rolling of the boat, induced by

(1) body movement,

(2) repeated adjustment of the sails or centreboard, or

(3) steering;

(c) ooching: sudden forward body movement, stopped abruptly;

(d) sculling: repeated movement of the helm that is either forceful or that propels the boat forward or prevents her from moving astern;

(e) repeated tacks or gybes unrelated to changes in the wind or to tactical considerations.

42.3 Exceptions

(a) A boat may be rolled to facilitate steering.

(b) A boat's crew may move their bodies to exaggerate the rolling that facilitates steering the boat through a tack or a gybe, provided that, just after the tack or gybe is completed, the boat's speed is not greater than it would have been in the absence of the tack or gybe.

(c) When surfing (rapidly accelerating down the front of a wave), planing or foiling is possible

(1) to initiate surfing or planing, each sail may be pulled in only once for each wave or gust of wind, or

(2) to initiate foiling, each sail may be pulled in any number of times.

(d) When a boat is above a close-hauled course and either stationary or moving slowly, she may scull to turn to a close-hauled course.

(e) If a batten is inverted, the boat's crew may pump the sail until the batten is no longer inverted. This action is not permitted if it clearly propels the boat.

(f) A boat may reduce speed by repeatedly moving her helm.

passen und andere seemännische Handlungen ausführen, aber ansonsten ihre Körper nicht auf eine Weise bewegen, die das Boot vorantreibt.

42.2 Verbotene Handlungen

Ohne die Gültigkeit der Regel 42.1 einzuschränken sind diese Handlungen verboten:

(a) Pumpen: Wiederholtes Fächern eines Segels entweder durch Dichtholen und Fieren des Segels oder durch vertikale oder quer zum Schiff gerichtete Körperbewegungen;

(b) Rocking: Wiederholte Rollbewegungen des Bootes, die herbeigeführt werden durch

(1) Körperbewegung,

(2) wiederholtes Verstellen der Segel oder des Schwertes, oder

(3) Steuern;

(c) Ooching: Schnelle Körperbewegung nach vorn, die abrupt abgestoppt wird;

(d) Wriggen: Wiederholte Bewegung des Ruders, die entweder kraftvoll ist, oder das Boot vorantreibt oder verhindert, dass es sich rückwärts bewegt;

(e) wiederholtes Wenden oder Halsen, das nicht mit Windänderungen oder taktischen Erwägungen in Zusammenhang steht.

42.3 Ausnahmen

(a) Um das Steuern zu erleichtern, darf ein Boot Rollbewegungen ausführen.

(b) Die Besatzung eines Bootes darf Körperbewegungen ausführen, um Rollbewegungen zu verstärken, die das Steuern des Bootes im Verlauf einer Wende oder Halse erleichtern, sofern die Geschwindigkeit des Bootes direkt nachdem die Wende oder Halse abgeschlossen wurde, nicht größer ist, als dies ohne die Wende oder Halse der Fall gewesen wäre.

(c) Wenn Surfen (schnelles Beschleunigen abwärts auf der Vorderseite einer Welle), Gleiten oder Foilen möglich ist,

(1) darf zur Einleitung des Surfens und Gleitens jedes Segel nur einmal bei jeder Welle oder Bö dichtgeholt werden, oder

(2) darf zur Einleitung des Foilens jedes Segel beliebig oft dichtgeholt werden.

(d) Ist ein Boot höher als auf einem Am-Wind-Kurs und hat keine oder nur langsame Fahrt, darf es wriggen, um auf einen Am-Wind-Kurs zu drehen.

(e) Wenn eine Segellatte invertiert ist, darf die Besatzung das Segel pumpen, bis die Segellatte nicht länger invertiert ist. Diese Handlung ist nicht erlaubt, wenn sie das Boot klar vorantreibt.

(f) Ein Boot darf die Geschwindigkeit durch wiederholtes Bewegen des Ruders verringern.

(g) Any means of propulsion may be used to help a person or another vessel in danger.

(h) To get clear after grounding or colliding with a vessel or object, a boat may use force applied by her crew or the crew of the other vessel and any equipment other than a propulsion engine. However, the use of an engine may be permitted by rule 42.3(i).

(i) Sailing instructions may, in stated circumstances, permit propulsion using an engine or any other method, provided the boat does not gain a significant advantage in the race.

Note: Interpretations of rule 42 are available at the World Sailing website or by mail upon request.

43 EXONERATION

43.1 (a) When as a consequence of breaking a *rule* a boat has compelled another boat to break a *rule*, the other boat is exonerated for her breach.

(b) When a boat is sailing within the *room* or *mark-room* to which she is entitled and, as a consequence of an incident with a boat required to give her that *room* or *mark-room* she breaks a rule of Section A of Part 2, rule 15, 16, or 31, she is exonerated for her breach.

(c) A right-of-way boat, or one sailing within the *room* or *mark-room* to which she is entitled, is exonerated for breaking rule 14 if the contact does not cause damage or injury.

43.2 A boat exonerated for breaking a *rule* need not take a penalty and shall not be penalized for breaking that *rule*.

44 PENALTIES AT THE TIME OF AN INCIDENT

44.1 Taking a Penalty
A boat may take a Two-Turns Penalty when she may have broken one or more rules of Part 2 in an incident while *racing*. She may take a One-Turn Penalty when she may have broken rule 31. Alternatively, the notice of race or sailing instructions may specify the use of the Scoring Penalty or some other penalty, in which case the specified penalty shall replace the One-Turn and the Two-Turns Penalty.
However,

(a) when a boat may have broken a rule of Part 2 and rule 31 in the same incident she need not take the penalty for breaking rule 31;

(g) Jedes Mittel zum Vortrieb darf benutzt werden, um einer Person oder einem anderen Boot in Gefahr zu helfen.

(h) Um nach dem Auflaufen oder dem Zusammenstoß mit einem anderen Fahrzeug oder Gegenstand wieder freizukommen, darf ein Boot die Kräfte seiner Besatzung und der Besatzung des anderen Fahrzeugs und jegliche Ausrüstung außer eines Antriebsmotors benutzen. Jedoch kann die Nutzung eines Motors nach Regel 42.3(i) erlaubt sein.

(i) Segelanweisungen können, für festgelegte Umstände, Vortrieb durch einen Motor oder auf andere Weise erlauben, sofern das Boot dadurch keinen erheblichen Vorteil in der Wettfahrt erlangt.

Anmerkung: Auslegungen der Regel 42 sind auf der World Sailing Website oder auf Anforderung per Post oder Email verfügbar.

43 Entlastung

43.1 (a) Wenn ein Boot als Folge eines Verstoßes gegen eine *Regel* ein anderes Boot gezwungen hat, gegen eine *Regel* zu verstoßen, ist das andere Boot für seinen Verstoß entlastet.

(b) Wenn ein Boot innerhalb des ihm zustehenden *Raums* oder *Bahnmarken-Raums* segelt und es aufgrund eines Vorfalls mit einem Boot, das verpflichtet ist, ihm diesen *Raum* oder *Bahnmarken-Raum* zu geben, gegen eine Regel von Abschnitt A von Teil 2, Regel 15, 16 oder 31 verstößt, ist sie für seinen Verstoß entlastet.

(c) Ein Boot, das Wegerecht hat oder das innerhalb des ihm zustehenden *Raums* oder *Bahnmarken-Raums* segelt, ist für einen Verstoß gegen Regel 14 entlastet, wenn die Berührung keinen Schaden oder keine Verletzung verursacht.

43.2 Ein Boot, das für einen Verstoß gegen eine *Regel* entlastet wird, muss keine Strafe annehmen und darf nicht für den Verstoß gegen diese *Regel* bestraft werden.

44 Strafen zum Zeitpunkt eines Vorfalls

44.1 Annahme einer Strafe

Ein Boot kann eine Zwei-Drehungen-Strafe annehmen, wenn es *in einer Wettfahrt befindlich* gegen eine oder mehrere Regeln von Teil 2 verstoßen haben könnte. Es kann eine Eine-Drehung-Strafe annehmen, wenn es gegen Regel 31 verstoßen haben könnte. Die Ausschreibung oder die Segelanweisungen können den Gebrauch der Wertungsstrafe oder andere Formen der Strafe festlegen, wobei dann die festgelegte Strafe die Eine-Drehung-Strafe und die Zwei-Drehungen-Strafe ersetzt.

Wenn jedoch,

(a) ein Boot bei demselben Vorfall möglicherweise gegen eine Regel von Teil 2 und gegen Regel 31 verstoßen hat, muss es die Strafe für den Verstoß gegen Regel 31 nicht ausführen;

(b) if the boat caused injury or serious damage or, despite taking a penalty, gained a significant advantage in the race or series by her breach her penalty shall be to retire.

44.2 One-Turn and Two-Turns Penalties

After getting well clear of other boats as soon after the incident as possible, a boat takes a One-Turn or Two-Turns Penalty by promptly making the required number of turns in the same direction, each turn including one tack and one gybe. When a boat takes the penalty at or near the finishing line, her hull shall be completely on the course side of the line before she *finishes*.

44.3 Scoring Penalty

(a) A boat takes a Scoring Penalty by displaying a yellow flag at the first reasonable opportunity after the incident.

(b) When a boat has taken a Scoring Penalty, she shall keep the yellow flag displayed until *finishing* and call the race committee's attention to it at the finishing line. At that time she shall also inform the race committee of the identity of the other boat involved in the incident. If this is impracticable, she shall do so at the first reasonable opportunity and within the protest time limit.

(c) The race score for a boat that takes a Scoring Penalty shall be the score she would have received without that penalty, made worse by the number of places stated in the notice of race or sailing instructions. When the number of places is not stated, the penalty shall be 20% of the score for Did Not *Finish*, rounded to the nearest whole number (0.5 rounded upward). The scores of other boats shall not be changed; therefore, two boats may receive the same score. However, the penalty shall not cause the boat's score to be worse than the score for Did Not *Finish*.

45 HAULING OUT; MAKING FAST; ANCHORING

A boat shall be afloat and off moorings at her preparatory signal. Thereafter, she shall not be hauled out or made fast except to bail out, reef sails or make repairs. She may anchor or the crew may stand on the bottom. She shall recover the anchor before continuing in the race unless she is unable to do so.

46 PERSON IN CHARGE

A boat shall have on board a person in charge designated by the member or organization that entered the boat. See rule 75.

(b) das Boot durch seinen Verstoß eine Verletzung oder erheblichen Schaden verursacht oder trotz Annahme einer Strafe einen erheblichen Vorteil in einer Wettfahrt oder Wettfahrtserie erlangt hat, muss seine Strafe sein, die Wettfahrt aufzugeben.

44.2 Eine-Drehung- und Zwei-Drehungen-Strafen

Nachdem sich ein Boot so bald wie möglich nach dem Vorfall von anderen Booten freigesegelt hat, nimmt es eine Eine-Drehung- oder Zwei-Drehungen-Strafe an, indem es unverzüglich die geforderte Anzahl von Drehungen in der gleichen Richtung einschließlich einer Wende und einer Halse für jede Drehung ausführt. Wenn ein Boot die Strafe auf oder in der Nähe der Ziellinie ausführt, muss sich sein Rumpf vollständig auf der Bahnseite der Linie befinden, bevor es *durchs Ziel geht*.

44.3 Wertungsstrafe

(a) Ein Boot nimmt eine Wertungsstrafe an, wenn es bei der ersten zumutbaren Gelegenheit nach dem Vorfall eine gelbe Flagge zeigt.

(b) Hat ein Boot eine Wertungsstrafe angenommen, muss es die gelbe Flagge gezeigt lassen, bis es *durchs Ziel geht,* und das Wettfahrtkomitee an der Ziellinie darauf aufmerksam machen. Zu diesem Zeitpunkt muss es zudem das Wettfahrtkomitee informieren, welches andere Boot in den Vorfall verwickelt war. Ist das nicht durchführbar, muss es das bei der ersten zumutbaren Gelegenheit und innerhalb der Protestfrist tun.

(c) Die Wettfahrtwertung für ein Boot, das eine Wertungsstrafe annimmt, besteht in der Punktzahl, die es ohne Wertungsstrafe erhalten hätte, erhöht um die Anzahl der in der Ausschreibung oder den Segelanweisungen festgelegten Plätze. Ist die Anzahl der Plätze nicht festgelegt, muss die Strafe gleich 20 % der Wertung für ‚Nicht *durchs Ziel gegangen*' sein, gerundet auf die nächste ganze Zahl (ab 0,5 nach oben aufgerundet). Die Wertung der anderen Boote darf nicht verändert werden; deshalb können zwei Boote die gleiche Wertung erhalten. Allerdings darf die Strafe die Wertung des Bootes nicht schlechter machen als eine Wertung ‚Nicht *durchs Ziel gegangen*'.

45 Aus dem Wasser nehmen; Festmachen; Ankern

Ein Boot muss bei seinem Vorbereitungssignal schwimmen und die Festmacher los haben. Danach darf es außer zum Lenzen, zum Reffen von Segeln oder zur Durchführung von Reparaturen nicht aus dem Wasser genommen oder festgemacht werden. Es darf ankern oder die Besatzung darf auf Grund stehen. Es muss den Anker wieder an Bord nehmen, bevor es die Wettfahrt fortsetzt, außer wenn es dazu nicht in der Lage ist.

46 Verantwortliche Person

Ein Boot muss eine verantwortliche Person an Bord haben, benannt durch das Mitglied oder die Organisation, die das Boot gemeldet hat. Siehe Regel 75.

47 TRASH DISPOSAL

Competitors and *support persons* shall not intentionally put trash in the water. This rule applies at all times while afloat. The penalty for a breach of this rule may be less than disqualification.

SECTION B
EQUIPMENT-RELATED REQUIREMENTS

48 LIMITATIONS ON EQUIPMENT AND CREW

48.1 A boat shall use only the equipment on board at her preparatory signal.

48.2 No person on board shall intentionally leave, except when ill or injured, or to help a person or vessel in danger, or to swim. A person leaving the boat by accident or to swim shall be back in contact with the boat before the crew resumes sailing the boat to the next *mark*.

49 CREW POSITION; LIFELINES

49.1 Competitors shall use no device designed to position their bodies outboard, other than hiking straps and stiffeners worn under the thighs.

49.2 When lifelines are required by the class rules or any other *rule*, competitors shall not position any part of their torsos outside them, except briefly to perform a necessary task. On boats equipped with upper and lower lifelines, a competitor sitting facing outboard with his waist inside the lower lifeline may have the upper part of his body outside the upper lifeline. Unless a class rule or any other *rule* specifies a maximum deflection, lifelines shall be taut. If the class rules do not specify the material or minimum diameter of lifelines, they shall comply with the corresponding specifications in the *World Sailing Offshore Special Regulations.*

Note: Those regulations are available at the World Sailing website.

50 COMPETITOR CLOTHING AND EQUIPMENT

50.1 (a) Competitors shall not wear or carry clothing or equipment for the purpose of increasing their weight.

47 Abfallbeseitigung
Teilnehmer und *unterstützende Personen* dürfen keinen Abfall absichtlich ins Wasser geben. Diese Regel gilt jederzeit auf dem Wasser. Die Strafe für einen Verstoß gegen diese Regel kann geringer als eine Disqualifikation sein.

Abschnitt B
Ausrüstungsbezogene Erfordernisse

48 Einschränkungen bezüglich Ausrüstung und Besatzung

48.1 Ein Boot darf nur die Ausrüstung, die bei seinem Vorbereitungssignal an Bord war, benutzen.

48.2 Keine Person darf absichtlich das Boot verlassen, außer wenn sie krank oder verletzt ist oder um einer Person oder einem Fahrzeug in Gefahr zu helfen oder zum Schwimmen. Eine Person, die das Boot versehentlich oder zum Schwimmen verlässt, muss wieder Kontakt mit dem Boot haben, bevor die Besatzung damit fortfährt, das Boot in Richtung der nächsten *Bahnmarke* zu segeln.

49 Position der Besatzung, Relingsdurchzüge

49.1 Die Teilnehmer dürfen mit Ausnahme von Ausreitgurten und Versteifungen unter den Oberschenkeln keine anderen Vorrichtungen zur Verlagerung des Körpers nach außenbords verwenden.

49.2 Werden Relingsleinen durch die Klassenregeln oder andere *Regeln* gefordert, dürfen die Teilnehmer keinen Teil ihres Rumpfes außerhalb der Relingsleinen positionieren, außer kurzzeitig, um eine notwendige Aufgabe auszuführen. Bei Booten, die mit oberen und unteren Relingsleinen ausgerüstet sind, darf ein Besatzungsmitglied, das mit dem Gesicht nach außenbords und in Gürtelhöhe innenbords der unteren Relingsleine sitzt, sich mit dem Oberkörper außenbords der oberen Relingsleine befinden. Außer wenn die Klassenregeln oder andere *Regeln* einen maximalen Durchhang festlegen, müssen die Relingsleinen straff gespannt sein. Wenn die Klassenregeln das Material oder den Mindestdurchmesser der Relingsleinen nicht festlegen, müssen diese den entsprechenden Spezifikationen in den *World Sailing Offshore Special Regulations* entsprechen.

Anmerkung: Diese Regulations sind auf der World Sailing Website verfügbar.

50 Kleidung und Ausrüstung der Teilnehmer

50.1 (a) Teilnehmer dürfen keine Kleidung oder Ausrüstung zur Erhöhung ihres Gewichtes tragen oder mitführen.

(b) Furthermore, a competitor's clothing and equipment shall not weigh more than 8 kilograms, excluding a hiking or trapeze harness and clothing (including footwear) worn only below the knee. Class rules or the notice of race may specify a lower weight or a higher weight up to 10 kilograms. Class rules may include footwear and other clothing worn below the knee within that weight. A hiking or trapeze harness shall have positive buoyancy and shall not weigh more than 2 kilograms, except that class rules may specify a higher weight up to 4 kilograms. Weights shall be determined as required by Appendix H.

(c) A trapeze harness worn by a competitor which may be used to support the competitor on a trapeze shall be of the quick release variety complying with ISO 10862 which allows the competitor to detach from the hook or other method of attachment at any time. A class rule may change this rule to permit trapeze harnesses that are not of the quick release variety, but a class rule may not change the requirement that a quick release harness comply with ISO 10862.

Note: Rule 50.1(c) does not take effect until 1 January 2023.

50.2 Rules 50.1(b) and 50.1(c) do not apply to boats required to be equipped with lifelines.

51 MOVABLE BALLAST

All movable ballast, including sails that are not set, shall be properly stowed. Water, dead weight or ballast shall not be moved for the purpose of changing trim or stability. Floorboards, bulkheads, doors, stairs and water tanks shall be left in place and all cabin fixtures kept on board. However, bilge water may be bailed out.

52 MANUAL POWER

A boat's standing rigging, running rigging, spars and movable hull appendages shall be adjusted and operated only by the power provided by the crew.

53 SKIN FRICTION

A boat shall not eject or release a substance, such as a polymer, or have specially textured surfaces that could improve the character of the flow of water inside the boundary layer.

54 FORESTAYS AND HEADSAIL TACKS

Forestays and headsail tacks, except those of spinnaker staysails when the boat is not close-hauled, shall be attached approximately on a boat's centreline.

(b) Des Weiteren darf die Kleidung und Ausrüstung eines Teilnehmers ohne Ausreit- oder Trapezgurt und ohne die unterhalb des Knies getragene Bekleidung (einschließlich Fußbekleidung) nicht mehr als 8 kg wiegen. Klassenregeln oder die Ausschreibung können ein niedrigeres oder ein höheres Gewicht bis zu 10 kg festlegen. Klassenregeln können Fußbekleidung und andere unterhalb des Knies getragene Kleidung in dieses Gewicht einbeziehen. Ein Ausreit- oder Trapezgurt muss schwimmfähig sein und darf nicht mehr als 2 kg wiegen, wobei die Klassenregeln ein höheres Gewicht bis zu 4 kg festlegen können. Die Gewichte müssen wie in Anhang H vorgeschrieben ermittelt werden.

(c) Ein Trapezgurt, der von einem Teilnehmer getragen wird, um diesen am Trapez zu unterstützen, muss mit einem Schnellauslöseverschluss entsprechend ISO-Norm 10862 ausgestattet sein, der dem Teilnehmer ermöglicht, sich jederzeit vom Trapezhaken oder anderen Verbindungsmethode zu lösen. Klassenregeln können Trapezgurte erlauben, die über keinen Schnellauslöseverschluss verfügen, jedoch dürfen Klassenregeln das Erfordernis, dass ein Schnellauslöseverschluss ISO-Norm 10862 entsprechen muss, nicht ändern.

Anmerkung: Regel 50.1(c) tritt nicht vor 1. Janaur 2023 in Kraft.

50.2 Regeln 50.1(b) und 50.1(c) gelten nicht bei Booten, die mit Relingsdurchzügen ausgerüstet sein müssen.

51 Beweglicher Ballast

Jeder bewegliche Ballast einschließlich nicht gesetzter Segel muss fest gestaut sein. Wasser, totes Gewicht oder Ballast dürfen nicht zur Veränderung des Trimms oder der Stabilität verlagert werden. Bodenbretter, Schotten, Türen, Niedergänge und Wassertanks sind an ihrem Platz zu belassen und alle Kajüteinbauten müssen an Bord behalten werden. Jedoch darf Bilgenwasser gelenzt werden.

52 Körperkraft

Das stehende und laufende Gut eines Bootes sowie seine Spieren und alle beweglich mit dem Bootskörper verbundenen Teile dürfen ausschließlich durch die Kraft der Besatzung eingestellt und bedient werden.

53 Oberflächenreibung

Ein Boot darf keine Substanz wie zum Beispiel ein Polymer ausstoßen oder ablassen oder speziell strukturierte Oberflächen an Rumpf und Rumpfteilen besitzen, die den Charakter des Wasserflusses innerhalb der Grenzschicht verbessern könnten.

54 Vorstage und Vorsegelhälse

Vorstage und Vorsegelhälse, außer denen von Spinnaker-Stagsegeln, wenn das Boot nicht am Wind segelt, sind annähernd auf der Mittschiffslinie des Bootes zu befestigen.

55 SETTING AND SHEETING SAILS

55.1 Changing Sails

When headsails or spinnakers are being changed, a replacing sail may be fully set and trimmed before the replaced sail is lowered. However, only one mainsail and, except when changing, only one spinnaker shall be carried set at a time.

55.2 Spinnaker Poles; Whisker Poles

Only one spinnaker pole or whisker pole shall be used at a time except when gybing. When in use, it shall be attached to the foremost mast.

55.3 Sheeting Sails

No sail shall be sheeted over or through any device that exerts outward pressure on a sheet or clew of a sail at a point from which, with the boat upright, a vertical line would fall outside the hull or deck, except:

(a) a headsail clew may be connected (as defined in *The Equipment Rules of Sailing*) to a whisker pole, provided that a spinnaker is not set;

(b) any sail may be sheeted to or led above a boom that is regularly used for a sail and is permanently attached to the mast from which the head of the sail is set;

(c) a headsail may be sheeted to its own boom that requires no adjustment when tacking; and

(d) the boom of a sail may be sheeted to a bumkin.

55.4 Headsails and Spinnakers

For the purposes of rules 54 and 55 and Appendix G, the definitions of 'headsail' and 'spinnaker' in *The Equipment Rules of Sailing* shall be used.

Note: The Equipment Rules of Sailing *are available at the World Sailing website.*

56 FOG SIGNALS AND LIGHTS; TRAFFIC SEPARATION SCHEMES

56.1 When so equipped, a boat shall sound fog signals and show lights as required by the *International Regulations for Preventing Collisions at Sea (IRPCAS)* or applicable government rules.

56.2 A boat shall comply with rule 10, Traffic Separation Schemes, of the *IRPCAS*.

Note: Appendix TS, Traffic Separation Schemes, is available at the World Sailing website. The notice of race may change rule 56.2 by stating that Section A, Section B or Section C of Appendix TS applies.

55 Segel setzen und Schotführung

55.1 Segelwechsel

Werden Vorsegel oder Spinnaker gewechselt, darf ein ersetzendes Segel voll gesetzt und getrimmt werden, bevor das ersetzte Segel eingeholt wird. Jedoch darf nur ein Großsegel und, ausgenommen beim Wechseln, nur ein Spinnaker gleichzeitig gesetzt gefahren werden.

55.2 Spinnaker- und Auslegerbäume

Es darf nur ein Spinnakerbaum oder Auslegerbaum gleichzeitig verwendet werden, außer beim Halsen. Während des Gebrauchs muss er am vordersten Mast angeschlagen sein.

55.3 Schotführung

Kein Segel darf über oder durch eine Vorrichtung geschotet werden, die nach außen gerichteten Druck auf eine Schot oder ein Schothorn an einem Punkt ausübt, dessen Lotrechte bei aufrechter Lage des Bootes außerhalb des Rumpfes oder der Decksbeplankung fällt, ausgenommen:

(a) ein Vorsegelschothorn kann mit einem Auslegerbaum verbunden (wie in den *Equipment Rules of Sailing* definiert) sein, sofern kein Spinnaker gesetzt ist;

(b) jedes Segel darf durch oder über einen Baum geschotet werden, der für ein Segel regulär gebraucht wird und dauerhaft an dem Mast fest ist, an dem der Kopf des Segels befestigt ist;

(c) ein Vorsegel darf an seinem eigenen Baum geschotet werden, der beim Wenden keine Bedienung erfordert; und

(d) der Baum eines Segels kann über einen Heckausleger geschotet werden.

55.4 Vorsegel und Spinnaker

Für den Gebrauch in den Regeln 54 und 55 sowie Anhang G sind die Definitionen von ‚Vorsegel' und ‚Spinnaker' der *Equipment Rules of Sailing* anzuwenden.

Anmerkung: Die Equipment Rules of Sailing *sind auf der Word Sailing Website verfügbar.*

56 Nebelsignale und Lichterführung; Verkehrstrennungsgebiete

56.1 Sofern damit ausgestattet, muss jedes Boot Nebelsignale geben und Lichter führen, wie sie von den *Internationalen Regeln zur Verhütung von Zusammenstößen auf See (KVR)* oder geltenden behördlichen Vorschriften vorgeschrieben sind.

56.2 Ein Boot muss Regel 10 – Verkehrstrennungsgebiete - der *KVR* einhalten.

Anmerkung: Anhang TS, Verkehrstrennungsgebiete, ist auf der Webseite von World Sailing verfügbar. Die Ausschreibung kann Regel 56.2 ändern, wenn diese festlegt, dass Abschnitt A, Abschnitt B oder Abschnitt C des Anhangs TS gilt.

PART 5
PROTESTS, REDRESS, HEARINGS, MISCONDUCT AND APPEALS

The protest form that was included in previous editions of this book has been replaced by two forms, a hearing request form and a hearing decision form. The new forms, in various formats, are available at the World Sailing website at sailing.org/racingrules/documents. *They may be downloaded and printed.*

Note that The Racing Rules of Sailing *does not require a particular form to be used.*

Suggestions for improving these forms are welcome and should be sent to rules@sailing.org.

SECTION A
PROTESTS; REDRESS; RULE 69 ACTION

Prescription DSV, OesV und Swiss Sailing to part 5 section A: No fees shall be charged for any procedures by the protest committee under Part 5. Rule 64.4(e) remains thereby unaffected.

60 RIGHT TO PROTEST; RIGHT TO REQUEST REDRESS OR RULE 69 ACTION

60.1 A boat may

(a) protest another boat, but not for an alleged breach of a rule of Part 2 or rule 31 unless she was involved in or saw the incident;

(b) request redress; or

(c) report to the protest committee requesting action under rule 60.3(d) or 69.2(b).

60.2 A race committee may

(a) protest a boat, but not as a result of information arising from a request for redress or an invalid *protest*, or from a report from a person with a *conflict of interest* other than the representative of the boat herself;

(b) request redress for a boat; or

(c) report to the protest committee requesting action under rule 60.3(d) or 69.2(b).

Teil 5
Proteste, Wiedergutmachung, Anhörungen, Fehlverhalten und Berufungen

Das Protestformular, das in früheren Auflagen dieses Buches enthalten war, wurde durch zwei Formulare ersetzt – ein Formular für Anträge auf Durchführung einer Anhörung sowie ein Formular für Anhörungsentscheidungen. Die neuen Formulare sind in unterschiedlichen Dateiformaten auf der Webseite von World Sailing unter sailing.org/racingrules/documents *zum Herunterladen und Ausdrucken verfügbar.*

Beachten Sie, dass die Wettfahrtregeln Segeln *die Verwendung eines bestimmten Formulars nicht vorschreiben.*

Vorschläge zur Verbesserung dieser Formulare sind willkommen und können an rules@sailing.org *geschickt werden.*

Abschnitt A
Proteste; Wiedergutmachung; Maßnahmen nach Regel 69

Vorschrift DSV, OeSV und Swiss Sailing zu Teil 5 Abschnitt A: Für jegliche Verfahren durch das Protestkomitee nach Teil 5 dürfen keine Gebühren erhoben werden. Regel 64.4(e) bleibt davon unberührt.

60 Das Recht zu protestieren; das Recht, Wiedergutmachung zu beantragen; Maßnahmen nach Regel 69

60.1 Ein Boot kann

(a) gegen ein anderes Boot protestieren, jedoch nicht wegen eines vorgeworfenen Verstoßes gegen eine Regel von Teil 2 oder Regel 31, außer es war in den Vorfall verwickelt oder hat ihn gesehen; oder

(b) Wiedergutmachung beantragen; oder

(c) dem Protestkomitee berichten, um Maßnahmen gemäß Regel 60.3(d) oder 69.2(b) zu beantragen.

60.2 Ein Wettfahrtkomitee kann

(a) gegen ein Boot protestieren, aber nicht aufgrund von Informationen aus einem Antrag auf Wiedergutmachung oder aus einem ungültigen *Protest* oder aus einem Bericht von einer Person mit einem *Interessenkonflikt*, außer dem Vertreter des Bootes selbst;

(b) Wiedergutmachung für ein Boot beantragen; oder

(c) dem Protestkomitee berichten, um Maßnahmen gemäß Regel 60.3(d) oder 69.2(b) zu beantragen.

60.3 A protest committee may

(a) protest a boat, but not as a result of information arising from a request for redress or an invalid *protest*, or from a report from a person with a *conflict of interest* other than the representative of the boat herself. However, it may protest a boat

(1) if it learns of an incident involving her that may have resulted in injury or serious damage, or

(2) if during the hearing of a valid *protest* it learns that the boat, although not a *party* to the hearing, was involved in the incident and may have broken a *rule*;

(b) call a hearing to consider redress;

(c) act under rule 69.2(b); or

(d) call a hearing to consider whether a *support person* has broken a *rule*, based on its own observation or information received from any source, including evidence taken during a hearing.

60.4 A technical committee may

(a) protest a boat, but not as a result of information arising from a request for redress or an invalid *protest*, or from a report from a person with a *conflict of interest* other than the representative of the boat herself. However, it shall protest a boat if it decides that a boat or personal equipment does not comply with the class rules or with rule 50;

(b) request redress for a boat; or

(c) report to the protest committee requesting action under rule 60.3(d) or 69.2(b).

60.5 However, neither a boat nor a committee may protest for an alleged breach of rule 69 or a Regulation referred to in rule 6, unless permitted by the Regulation concerned.

61 PROTEST REQUIREMENTS

61.1 Informing the Protestee

(a) The protesting boat shall inform the other boat at the first reasonable opportunity. When her *protest* will concern an incident in the racing area, she shall hail 'Protest' and conspicuously display a red flag at the first reasonable opportunity for each. She shall display the flag until she is no longer *racing*. However,

60.3 Ein Protestkomitee kann

(a) gegen ein Boot protestieren, aber nicht aufgrund von Informationen aus einem Antrag auf Wiedergutmachung oder aus einem ungültigen *Protest* oder aus einem Bericht einer Person mit einem *Interessenkonflikt*, außer dem Vertreter des Bootes selbst. Es kann jedoch gegen ein Boot protestieren,

(1) wenn es von einem Vorfall erfährt, in den das Boot verwickelt war und der eine Verletzung oder einen erheblichen Schaden zur Folge gehabt haben könnte, oder

(2) wenn es während der Anhörung eines gültigen *Protestes* erfährt, dass ein Boot, obwohl es nicht *Partei* der Anhörung ist, in den Vorfall verwickelt war und gegen eine *Regel* verstoßen haben könnte,

(b) eine Anhörung anberaumen, um Wiedergutmachung zu erwägen;

(c) nach Regel 69.2(b) handeln; oder

(d) eine Anhörung anberaumen, um zu erwägen, ob eine *unterstützende Person* gegen eine *Regel* verstoßen hat, wenn dies auf eigenen Beobachtungen oder Informationen aus beliebiger Quelle, einschließlich in einer Anhörung erhobener Beweismittel, beruht.

60.4 Ein technisches Komitee kann

(a) gegen ein Boot protestieren, aber nicht aufgrund von Informationen aus einem Antrag auf Wiedergutmachung oder aus einem ungültigen *Protest* oder aus einem Bericht einer in einem *Interessenkonflikt* stehenden Person, außer dem Vertreter des Bootes selbst. Es muss jedoch gegen ein Boot protestieren, wenn es entscheidet, dass ein Boot oder die persönliche Ausrüstung nicht den Klassenregeln oder Regel 50 entsprechen;

(b) Wiedergutmachung für ein Boot beantragen; oder

(c) dem Protestkomitee berichten, um Maßnahmen gemäß Regel 60.3(d) oder 69.2(b) zu beantragen.

60.5 Jedoch darf weder ein Boot, noch ein Komitee aufgrund eines vorgeworfenen Verstoßes gegen Regel 69 oder einer Regulation, auf die in Regel 6 Bezug genommen wird, protestieren, außer dies ist durch die betreffende Regulation gestattet.

61 Protesterfordernisse

61.1 Benachrichtigung des Protestgegners

(a) Das protestierende Boot muss das andere Boot bei der ersten zumutbaren Gelegenheit informieren. Betrifft der *Protest* einen Vorfall im Wettfahrtgebiet, muss es „Protest“ rufen und deutlich sichtbar eine rote Flagge zeigen, wobei beide Handlungen bei der jeweils ersten zumutbaren Gelegenheit erfolgen müssen. Es muss die Flagge gezeigt lassen, bis es sich nicht mehr *in einer Wettfahrt befindet*. Wenn jedoch

(1) if the other boat is beyond hailing distance, the protesting boat need not hail but she shall inform the other boat at the first reasonable opportunity;

(2) if the hull length of the protesting boat is less than 6 metres, she need not display a red flag;

(3) if the incident was an error by the other boat in *sailing the course*, she need not hail or display a red flag but she shall inform the other boat either before or at the first reasonable opportunity after the other boat *finishes*;

(4) if at the time of the incident it is obvious to the protesting boat that a member of either crew is in danger, or that injury or serious damage resulted, the requirements of this rule do not apply to her, but she shall attempt to inform the other boat within the time limit of rule 61.3.

(b) If the race committee, technical committee or protest committee intends to protest a boat concerning an incident the committee observed in the racing area, it shall inform her after the race within the time limit of rule 61.3. In other cases the committee shall inform the boat of its intention to protest as soon as reasonably possible. A notice posted on the official notice board within the appropriate time limit satisfies this requirement.

(c) If the protest committee decides to protest a boat under rule 60.3(a)(2), it shall inform her as soon as reasonably possible, close the current hearing, proceed as required by rules 61.2 and 63, and hear the original and the new *protests* together.

61.2 Protest Contents

A *protest* shall be in writing and identify

(a) the protestor and protestee;

(b) the incident;

(c) where and when the incident occurred;

(d) any *rule* the protestor believes was broken; and

(e) the name of the protestor's representative.

However, if requirement (b) is met, requirement (a) may be met at any time before the hearing, and requirements (d) and (e) may be met before or during the hearing. Requirement (c) may also be met before or during the hearing, provided the protestee is allowed reasonable time to prepare for the hearing.

(1) das anderer Boot außer Rufweite ist, braucht das protestierende Boot nicht zu rufen, muss aber das andere Boote bei der ersten zumutbaren Gelegenheit informieren;

(2) seine Rumpflänge kleiner als 6 m ist, braucht das protestierende Boot keine rote Flagge zu zeigen;

(3) der Vorfall aus einem Fehler des anderen Bootes beim *Absegeln der Bahn* besteht, braucht es nicht zu rufen und eine rote Flagge zu zeigen, muss aber das andere Boote entweder vor oder bei der ersten zumutbaren Gelegenheit nachdem das andere Boot *durchs Ziel gegangen ist,* informieren.

(4) es zum Zeitpunkt des Vorfalls für das protestierende Boot offensichtlich ist, dass ein Mitglied einer der beteiligten Besatzungen in Gefahr ist oder eine Verletzung oder ein ernsthafter Schaden entstanden sind, gelten für dieses die Erfordernisse dieser Regel nicht. Allerdings muss es versuchen, das andere Boot innerhalb der Protestfrist nach Regel 61.3 zu informieren.

(b) Beabsichtigt das Wettfahrtkomitee, technische Komitee oder Protestkomitee gegen ein Boot wegen eines durch das Komitee beobachteten Vorfalls im Wettfahrtgebiet zu protestieren, muss es das Boot nach der Wettfahrt innerhalb der Protestfrist nach Regel 61.3 informieren. In anderen Fällen muss das Komitee das Boot sobald wie vernünftigerweise möglich über seine Protestabsicht informieren. Eine innerhalb der entsprechenden Protestfrist an der offiziellen Tafel für Bekanntmachungen veröffentlichte Bekanntmachung genügt diesen Erfordernissen.

(c) Entscheidet das Protestkomitee, gegen ein Boot nach Regel 60.3(a)(2) zu protestieren, muss es das Boot so bald wie vernünftigerweise möglich informieren, die laufende Anhörung schließen, wie durch die Regeln 61.2 und 63 vorgeschrieben vorgehen und den ursprünglichen mit dem neuen *Protest* zusammen anhören.

61.2 Inhalte des Protestes

Ein *Protest* muss schriftlich abgefasst sein und folgende Angaben enthalten:

(a) Protestführer und Protestgegner;

(b) den Vorfall;

(c) wo und wann der Vorfall stattfand;

(d) jede *Regel*, gegen die nach Meinung des Protestführers verstoßen wurde; und

(e) den Namen des Vertreters des Protestführers.

Ist jedoch das Erfordernis (b) erfüllt, kann das Erfordernis (a) jederzeit vor der Anhörung und können die Erfordernisse (d) und (e) vor oder während der Anhörung erfüllt werden. Erfordernis (c) kann ebenfalls vor oder während der Anhörung erfüllt werden, vorausgesetzt dass der Protestgegner eine angemessene Zeit für die Vorbereitung der Anhörung bekommt.

61.3 Protest Time Limit

A *protest* by a boat, or by the race committee, technical committee or protest committee about an incident observed in the racing area, shall be delivered to the race office within the protest time limit stated in the sailing instructions. If none is stated, the time limit is two hours after the last boat in the race *finishes*. Other *protests* shall be delivered to the race office no later than two hours after the protestor receives the relevant information. The protest committee shall extend the time if there is good reason to do so.

62 REDRESS

62.1 A request for redress or a protest committee's decision to consider redress shall be based on a claim or possibility that a boat's score or place in a race or series has been or may be, through no fault of her own, made significantly worse by

(a) an improper action or omission of the race committee, protest committee, organizing authority or technical committee for the event, but not by a protest committee decision when the boat was a *party* to the hearing;

(b) injury or physical damage because of the action of a boat that was breaking a rule of Part 2 and took an appropriate penalty or was penalized, or of a vessel not *racing* that was required to keep clear or is determined to be at fault under the *IRPCAS* or a government right-of-way rule;

(c) giving help (except to herself or her crew) in compliance with rule 1.1; or

(d) an action of another boat, or a crew member or *support person* of that boat, that resulted in a penalty under rule 2 or a penalty or warning under rule 69.

62.2 A request shall be in writing and identify the reason for making it. If the request is based on an incident in the racing area, it shall be delivered to the race office within the protest time limit or two hours after the incident, whichever is later. Other requests shall be delivered as soon as reasonably possible after learning of the reasons for making the request. The protest committee shall extend the time if there is good reason to do so. No red flag is required.

(a) However, on the last scheduled day of racing a request for redress based on a protest committee decision shall be delivered no later than 30 minutes after the decision was posted.

61.3 Protestfrist
Ein *Protest* eines Bootes oder des Wettfahrtkomitees, technischen Komitees oder Protestkomitees wegen eines im Wettfahrtgebiet beobachteten Vorfalls muss innerhalb der in den Segelanweisungen festgelegten Protestfrist im Wettfahrtbüro eingereicht werden. Ist nichts festgelegt, beträgt die Protestfrist zwei Stunden nach dem *Zieldurchgang* des letzten Bootes der Wettfahrt. Andere *Proteste* müssen spätestens zwei Stunden, nachdem der Protestführer die entsprechende Information erhalten hat, im Wettfahrtbüro eingereicht werden. Das Protestkomitee muss die Frist verlängern, wenn es dafür gute Gründe gibt.

62 Wiedergutmachung

62.1 Ein Antrag auf Wiedergutmachung oder die Entscheidung eines Protestkomitees, Wiedergutmachung zu erwägen, muss auf die Behauptung oder Möglichkeit gestützt werden, dass die Wertung oder Platzierung eines Bootes in einer Wettfahrt oder Serie ohne eigenes Verschulden erheblich verschlechtert wurde oder eventuell wird durch

(a) eine unsachgemäße Handlung oder Unterlassung des Wettfahrtkomitees, des Protestkomitees, des Veranstalters oder des technischen Komitees der Veranstaltung, jedoch nicht durch eine Entscheidung des Protestkomitees, wenn das Boot *Partei* der Anhörung war;

(b) eine Verletzung oder physischen Schaden durch die Handlung eines Bootes, das gegen eine Regel von Teil 2 verstoßen und eine entsprechende Strafe angenommen hat oder bestraft wurde, oder eines nicht *in einer Wettfahrt befindlichen* Fahrzeugs, das verpflichtet war, sich freizuhalten oder von dem festgestellt worden ist, dass es gegen die KVR oder amtlichen Wegerechtsvorschriften verstoßen hat;

(c) Hilfeleistung (ausgenommen für das Boot selbst und seine Besatzung) in Übereinstimmung mit Regel 1.1; oder

(d) die Handlung eines anderen Bootes oder eines seiner Besatzungsmitglieder oder einer *unterstützenden Person* dieses Bootes, die zu einer Strafe nach Regel 2 oder einer Strafe oder Verwarnung nach Regel 69 geführt hat.

62.2 Ein Antrag muss schriftlich verfasst sein und die Gründe für den Antrag enthalten. Wenn der Antrag sich auf einen Vorfall im Wettfahrtgebiet bezieht, muss er innerhalb der Protestfrist oder zwei Stunden nach dem entsprechenden Vorfall – je nachdem, was später ist – im Wettfahrtbüro eingereicht werden. Andere Anträge müssen so bald wie vernünftigerweise möglich nach Erfahren der Gründe für den Antrag eingereicht werden. Das Protestkomitee muss die Zeit verlängern, wenn es dafür gute Gründe gibt. Eine rote Flagge ist nicht erforderlich.

(a) Jedoch muss am letzten geplanten Wettfahrttag ein Antrag auf Wiedergutmachung, der auf eine Entscheidung des Protestkomitees gestützt wird, spätestens 30 Minuten nachdem die Entscheidung veröffentlicht wurde, eingereicht werden.

SECTION B
HEARINGS AND DECISIONS

63 HEARINGS

63.1 Requirement for a Hearing

A boat or competitor shall not be penalized without a protest hearing, except as provided in rules 30.2, 30.3, 30.4, 64.4(d), 64.5(b), 64.6, 69, 78.2, A5.1 and P2. A decision on redress shall not be made without a hearing. The protest committee shall hear all *protests* and requests for redress that have been delivered to the race office unless it allows a *protest* or request to be withdrawn.

63.2 Time and Place of the Hearing; Time for Parties to Prepare

All *parties* to the hearing shall be notified of the time and place of the hearing, the *protest* or redress information or the allegations shall be made available to them, and they shall be allowed reasonable time to prepare for the hearing. When two or more hearings arise from the same incident, or from very closely connected incidents, they may be heard together in one hearing. However, a hearing conducted under rule 69 shall not be combined with any other type of hearing.

63.3 Right to Be Present

(a) A representative of each *party* to the hearing has the right to be present throughout the hearing of all the evidence. When a *protest* claims a breach of a rule of Part 2, 3 or 4, the representatives of boats shall have been on board at the time of the incident, unless there is good reason for the protest committee to rule otherwise. Any witness, other than a member of the protest committee, shall be excluded except when giving evidence.

(b) If a *party* to a hearing does not come to the hearing, the protest committee may nevertheless proceed with the hearing. If the *party* was unavoidably absent, the committee may reopen the hearing.

63.4 Conflict of Interest

(a) A protest committee member shall declare any possible *conflict of interest* as soon as he is aware of it. A *party* to the hearing who believes a member of the protest committee has a *conflict of interest* shall object as soon as possible. A *conflict of interest* declared by a protest committee member shall be included in the written information provided under rule 65.2.

Abschnitt B
Anhörungen und Entscheidungen

63 Anhörungen

63.1 Erfordernis einer Anhörung

Ein Boot oder ein Teilnehmer darf nicht ohne Protestanhörung bestraft werden, ausgenommen gemäß Regeln 30.2, 30.3, 30.4, 64.4(d), 64.5(b), 64.6, 69, 78.2, A5.1 und P2. Eine Entscheidung über Wiedergutmachung darf nicht ohne Anhörung getroffen werden. Das Protestkomitee muss alle im Wettfahrtbüro eingereichten *Proteste* und Anträge auf Wiedergutmachung anhören, außer es gestattet, einen *Protest* oder Antrag zurückzuziehen.

63.2 Zeit und Ort der Anhörung; Vorbereitungszeit für die Parteien

Alle *Parteien* einer Anhörung müssen über Zeit und Ort der Anhörung informiert werden, es müssen Informationen über den *Protest*, die Wiedergutmachung oder die Vorwürfe für sie verfügbar sein und es muss ihnen ausreichend Zeit zur Vorbereitung auf die Anhörung gewährt werden. Wenn sich zwei oder mehr Anhörungen aus dem gleichen Vorfall oder sehr eng miteinander verbundenen Vorfällen ergeben, können diese in einer Anhörung zusammen gehört werden. Jedoch darf eine Anhörung nach Regel 69 nicht mit einer anderen Art von Anhörung verbunden werden.

63.3 Recht auf Anwesenheit

(a) Ein Vertreter jeder *Partei* der Anhörung hat das Recht, während der gesamten Anhörung zur Erhebung aller Beweismittel anwesend zu sein. Wird in einem *Protest* ein Verstoß gegen eine Regel des Teils 2, 3 oder 4 behauptet, müssen die Vertreter der Boote während der Zeit des Vorfalls an Bord gewesen sein, außer wenn es gute Gründe für das Protestkomitee gibt, anders zu entscheiden. Jeder Zeuge, ausgenommen ein Mitglied des Protestkomitees, ist außerhalb seiner Zeugenaussage auszuschließen.

(b) Wenn eine *Partei* einer Anhörung nicht zur Anhörung erscheint, kann das Protestkomitee dennoch mit der Anhörung fortfahren. War ihre Abwesenheit unvermeidbar, kann das Protestkomitee die Anhörung wiederaufnehmen.

63.4 Interessenkonflikt

(a) Ein Mitglied des Protestkomitees muss jeglichen möglichen *Interessenkonflikt* offenlegen, sobald es sich dessen bewusst ist. Eine *Partei* einer Anhörung, die der Meinung ist, dass ein Mitglied des Protestkomitees einen *Interessenkonflikt* hat, muss dies so bald wie möglich einwenden. Ein *Interessenkonflikt*, der durch ein Mitglied des Protestkomitees erklärt wurde, muss in den nach Regel 65.2 zur Verfügung gestellten schriftlichen Informationen aufgeführt sein.

(b) A member of a protest committee with a *conflict* of interest shall not be a member of the committee for the hearing, unless

(1) all *parties* consent, or

(2) the protest committee decides that the *conflict of interest* is not significant.

(c) When deciding whether a *conflict of interest* is significant, the protest committee shall consider the views of the *parties*, the level of the conflict, the level of the event, the importance to each *party*, and the overall perception of fairness.

(d) However, for World Sailing major events, or for other events as prescribed by the national authority of the venue, rule 63.4(b) does not apply and a person who has a *conflict of interest* shall not be a member of the protest committee.

63.5 Validity of the Protest or Request for Redress

At the beginning of the hearing the protest committee shall take any evidence it considers necessary to decide whether all requirements for the *protest* or request for redress have been met. If they have been met, the *protest* or request is valid and the hearing shall be continued. If not, the committee shall declare the *protest* or request invalid and close the hearing. If the *protest* has been made under rule 60.3(a)(1), the committee shall also determine whether or not injury or serious damage resulted from the incident in question. If not, the hearing shall be closed.

63.6 Taking Evidence and Finding Facts

(a) The protest committee shall take the evidence, including hearsay evidence, of the *parties* present at the hearing and of their witnesses and other evidence it considers necessary. However, the committee may exclude evidence which it considers to be irrelevant or unduly repetitive.

(b) A member of the protest committee who saw the incident shall, while the *parties* are present, state that fact and may give evidence.

(c) A *party* present at the hearing may question any person who gives evidence.

(d) The committee shall then give the weight it considers appropriate to the evidence presented, find the facts and base its decision on them.

63.7 Conflict Between Rules

If there is a conflict between two or more *rules* that must be resolved before the protest committee makes a decision, the committee shall apply the *rule*

(b) Ein Mitglied des Protestkomitees, das einen *Interessenkonflikt* hat, darf nicht Mitglied des Komitees der Anhörung sein, außer wenn

  (1) alle *Parteien* zustimmen, oder

  (2) das Protestkomitee entscheidet, dass der *Interessenkonflikt* nicht erheblich ist.

(c) Bei der Entscheidung ob ein *Interessenkonflikt* erheblich ist, muss das Protestkomitee die Ansichten der Parteien, das Ausmaß des Konfliktes, das Niveau der Veranstaltung, die Bedeutung für jede der *Parteien* und das allgemeine Empfinden von Fairness berücksichtigen.

(d) Für World Sailing Major Events oder für andere vom nationalen Verband des Veranstaltungsortes so festgelegte Veranstaltungen gilt Regel 63.4(b) nicht und eine Person, die einen *Interessenkonflikt* hat, darf nicht Mitglied des Protestkomitees sein.

63.5 Gültigkeit des Protestes oder des Antrags auf Wiedergutmachung

Das Protestkomitee muss zu Beginn der Anhörung alle ihm notwendig erscheinenden Beweise erheben, um zu entscheiden, ob alle Erfordernisse an den *Protest* oder den Antrag auf Wiedergutmachung erfüllt sind. Sind sie erfüllt, ist der *Protest* oder der Antrag gültig und die Anhörung muss fortgesetzt werden; wenn nicht, muss das Protestkomitee den *Protest* oder den Antrag für ungültig erklären und die Anhörung schließen. Ist der *Protest* nach Regel 60.3(a)(1) eingereicht worden, muss das Protestkomitee außerdem ermitteln, ob eine Verletzung oder ein ernsthafter Schaden durch den fraglichen Vorfall verursacht wurde. Wenn nicht, muss die Anhörung geschlossen werden.

63.6 Beweiserhebung und Feststellung des Sachverhalts

(a) Das Protestkomitee erhebt die Beweise der anwesenden *Parteien* und ihrer Zeugen, einschließlich Beweise vom Hörensagen, sowie andere Beweismittel, die es für notwendig erachtet. Jedoch darf es Beweismittel ausschließen, die es für irrelevant oder übermäßig wiederholend erachtet.

(b) Ein Mitglied des Protestkomitees, das den Vorfall gesehen hat, muss, während die *Parteien* anwesend sind, diese Tatsache darlegen und kann aussagen.

(c) Eine bei der Anhörung anwesende *Partei* darf jede Person befragen, die eine Aussage macht.

(d) Sodann muss das Komitee die vorgelegten Beweismittel in einer Weise gewichten, die es für angemessen erachtet, den Sachverhalt feststellen und seine Entscheidung darauf gründen.

63.7 Widerspruch zwischen Regeln

Besteht ein Widerspruch zwischen zwei oder mehreren *Regeln*, der gelöst werden muss, bevor das Protestkomitee eine Entscheidung trifft, muss das

that it believes will provide the fairest result for all boats affected. Rule 63.7 applies only if the conflict is between rules in the notice of race, the sailing instructions, or any of the other documents that govern the event under item (g) of the definition *Rule*.

63.8 Hearings Involving Parties in Different Events

A hearing involving *parties* in different events conducted by different organizing authorities shall be heard by a protest committee acceptable to those authorities.

63.9 Hearings under Rule 60.3(d) — Support Persons

If the protest committee decides to call a hearing under rule 60.3(d), it shall promptly follow the procedures in rules 63.2, 63.3, 63.4 and 63.6, except that the information given to the *parties* shall be details of the alleged breach and a person may be appointed by the protest committee to present the allegation.

64 DECISIONS

64.1 Standard of Proof, Majority Decisions and Reclassifying Requests

(a) A protest committee shall make its decision based on a balance of probabilities, unless provided for otherwise in the rule alleged to have been broken.

(b) Decisions of the protest committee shall be by simple majority vote of all members. When there is equal division of votes cast, the chairman may cast an additional vote.

(c) The protest committee shall proceed with each case, as a *protest*, request for redress or other type of request, based on the information in the written request or allegation and testimony during the hearing. This permits the type of case to be changed if appropriate.

64.2 Penalties

When the protest committee decides that a boat that is a *party* to a protest hearing has broken a *rule* and is not exonerated, it shall disqualify her unless some other penalty applies. A penalty shall be imposed whether or not the applicable *rule* was mentioned in the *protest*. If a boat has broken a *rule* when not *racing*, her penalty shall apply to the race sailed nearest in time to that of the incident. However,

Protestkomitee diejenige *Regel* anwenden, die seiner Meinung nach für alle betroffenen Boote zum fairsten Ergebnis führt. Regel 63.7 gilt nur, wenn der Widerspruch zwischen Regeln der Ausschreibung, der Segelanweisungen oder einem der weiteren für die Veranstaltung geltenden Dokumente nach Punkt (g) der Definition *Regel* besteht.

63.8 Anhörung unter Beteiligung von Parteien verschiedener Veranstaltungen
Eine Anhörung, an der *Parteien* beteiligt sind, die Teilnehmer verschiedener Veranstaltungen sind, die von verschiedenen Veranstaltern durchgeführt werden, muss durch ein von diesen Veranstaltern gebilligtes Protestkomitee durchgeführt werden.

63.9 Anhörungen nach Regel 60.3(d) – Unterstützende Personen
Wenn das Protestkomitee entscheidet, eine Anhörung nach Regel 60.3(d) anzuberaumen, muss es unverzüglich das Verfahren nach den Regeln 63.2, 63.3, 63.4 und 63.6 durchführen, mit den Ausnahmen, dass die den *Parteien* übermittelten Informationen Einzelheiten des vorgeworfenen Verstoßes enthalten müssen sowie vom Protestkomitee eine Person benannt werden kann, die den Vorwurf präsentiert.

64 Entscheidungen

64.1 Beweismaß, Mehrheitsentscheidungen und Neueinstufung von Anträgen

(a) Ein Protestkomitee muss seine Entscheidungen auf Grundlage überwiegender Wahrscheinlichkeiten treffen, außer es ist in der Regel, deren Verletzung vorgeworfen wird, anders bestimmt.

(b) Entscheidungen des Protestkomitees müssen mit einfacher Mehrheit aller Mitglieder getroffen werden. Bei gleicher Stimmverteilung kann der Vorsitzende eine zusätzliche Stimme abgeben.

(c) Das Protestkomitee muss mit jedem Fall als *Protest*, als Antrag auf Wiedergutmachung oder als anderem Antrag verfahren, abhängig von den Informationen im schriftlichen Antrag oder im Vorwurf und in der Aussage während der Anhörung. Dies erlaubt es, die Art des Falls zu ändern, wenn dies angemessen ist.

64.2 Strafen
Wenn das Protestkomitee entscheidet, dass ein Boot, das *Partei* einer Protestanhörung ist, gegen eine *Regel* verstoßen hat und nicht entlastet ist, muss es dieses Boot disqualifizieren, außer es ist eine andere Strafe anzuwenden. Eine Strafe muss unabhängig davon verhängt werden, ob die anzuwendende *Regel* im *Protest* erwähnt wurde. Hat ein Boot gegen eine *Regel* verstoßen, während es sich nicht *in einer Wettfahrt befand*, muss die Strafe für die Wettfahrt gelten, die von der Zeit her dem Vorfall am nächsten liegt. Wenn jedoch,

(a) if a boat has taken an applicable penalty, she shall not be further penalized under this rule unless the penalty for a *rule* she broke is a disqualification that is not excludable from her series score;

(b) if the race is restarted or resailed, rule 36 applies.

64.3 Decisions on Redress

When the protest committee decides that a boat is entitled to redress under rule 62, it shall make as fair an arrangement as possible for all boats affected, whether or not they asked for redress. This may be to adjust the scoring (see rule A9 for some examples) or finishing times of boats, to *abandon* the race, to let the results stand or to make some other arrangement. When in doubt about the facts or probable results of any arrangement for the race or series, especially before *abandoning* the race, the protest committee shall take evidence from appropriate sources.

64.4 Decisions on Protests Concerning Class Rules

(a) When the protest committee finds that deviations in excess of tolerances specified in the class rules were caused by damage or normal wear and do not improve the performance of the boat, it shall not penalize her. However, the boat shall not *race* again until the deviations have been corrected, except when the protest committee decides there is or has been no reasonable opportunity to do so.

(b) When the protest committee is in doubt about the meaning of a class rule, it shall refer its questions, together with the relevant facts, to an authority responsible for interpreting the rule. In making its decision, thecommittee shall be bound by the reply of the authority.

Prescription DSV, OeSV and Swiss Sailing to rule 64.4(b): Any measurer recognized by a national authority or World Sailing may be appointed to answer the questions. However, a measurer with a conflict of interest shall not be appointed unless all parties consent or the protest committee decides that the conflict of interest is not significant. If the measurer cannot answer the question or doubt remains the protest committee shall act as provided in rule 64.4(b).

(c) When a boat is penalized under a class rule and the protest committee decides that the boat also broke the same rule in earlier races in the same event, the penalty may be imposed for all such races. No further *protest* is necessary.

(a) ein Boot eine anzuwendende Strafe angenommen hat, darf es aufgrund dieser Regel nicht weiter bestraft werden, außer die Strafe für den von ihm begangenen Verstoß gegen eine *Regel* ist eine Disqualifikation, die in der Serienwertung nicht ausgenommen werden kann.

(b) wenn die Wettfahrt erneut gestartet oder erneut gesegelt wird, gilt Regel 36.

64.3 Entscheidungen über Wiedergutmachung

Wenn das Protestkomitee entscheidet, dass ein Boot Anspruch auf Wiedergutmachung nach Regel 62 hat, muss es eine Regelung treffen, die so fair wie möglich für alle betroffenen Boote ist, unabhängig davon, ob sie Wiedergutmachung beantragt haben oder nicht. Die Wiedergutmachung kann darin bestehen, die Wertung (siehe Regel A9 im Hinblick auf einige Beispiele) oder die Zieldurchgangszeiten von Booten anzupassen, die Wettfahrt *abzubrechen*, die Ergebnisse der Wettfahrt aufrecht zu erhalten oder eine andere Regelung zu treffen. Bestehen Zweifel über den Sachverhalt oder die vermutlichen Folgen einer Regelung für die Wettfahrt oder Serie, insbesondere vor einem *Abbruch* der Wettfahrt, so muss das Protestkomitee Beweise aus geeigneten Quellen erheben.

64.4 Entscheidungen von Protesten bezüglich Klassenregeln

(a) Wenn das Protestkomitee feststellt, dass Abweichungen über die in den Klassenregeln festgelegten Toleranzen hinaus durch Schaden oder normale Abnutzung verursacht wurden und diese die Leistung des Bootes nicht verbessern, darf es das Boot nicht bestrafen. Jedoch darf das Boot nicht wieder an *Wettfahrten* teilnehmen, bis die Abweichungen korrigiert wurden, außer das Protestkomitee stellt fest, dass es keine zumutbare Gelegenheit gibt oder gegeben hat, dies zu tun.

(b) Wenn das Protestkomitee Zweifel an der Bedeutung einer Klassenregel hat, muss es seine Fragen zusammen mit den entsprechenden Sachverhalten einer für die Auslegung der Regel zuständigen Stelle vorlegen. Das Protestkomitee ist bei seiner Entscheidung an die Antwort der zuständigen Stelle gebunden.

Vorschrift DSV, OeSV und Swiss Sailing zu Regel 64.4(b): Zur Beantwortung der Fragen, kann jeder von einem nationalen Verband oder World Sailing anerkannte Vermesser benannt werden. Jedoch darf ein Vermesser mit einem Interessenskonflikt nicht benannt werden, außer wenn alle Parteien zustimmen oder das Protestkomitee entscheidet, dass der Interessenkonflikt nicht erheblich ist. Kann der Vermesser die Fragen nicht beantworten oder verbleiben Zweifel, muss das Protestkomitee wie in Regel 64.4(b) vorgesehen handeln.

(c) Wenn ein Boot nach einer Klassenregel bestraft wird und das Protestkomitee entscheidet, dass das Boot gegen dieselbe Regel in früheren Wettfahrten derselben Veranstaltung ebenfalls verstoßen hat, kann diese Strafe für alle diese Wettfahrten verhängt werden. Es ist kein weiterer *Protest* notwendig.

(d) When a boat penalized under a class rule states in writing that she intends to appeal, she may compete in subsequent races without changes to the boat. However, if she fails to appeal or the appeal is decided against her, she shall be disqualified without a further hearing from all subsequent races in which she competed.

(e) Measurement costs arising from a *protest* involving a class rule shall be paid by the unsuccessful *party* unless the protest committee decides otherwise.

Prescription DSV, OeSV and Swiss Sailing to rule 64.4(e): In case of a protest concerning class rules, the payment of a deposit may be required to cover estimated measurement costs.

64.5 Decisions Concerning Support Persons

(a) When the protest committee decides that a *support person* who is a *party* to a hearing under rule 60.3(d) or 69 has broken a *rule*, it may

(1) issue a warning,

(2) exclude the person from the event or venue or remove any privileges or benefits, or

(3) take other action within its jurisdiction as provided by the *rules*.

(b) The protest committee may also penalize a boat that is a *party* to a hearing under *rule* 60.3(d) or 69 for the breach of a *rule* by a *support person* by changing the boat's score in a single race, up to and including disqualification, when the protest committee decides that

(1) the boat may have gained a competitive advantage as the result of the breach by the *support person*, or

(2) the *support person* committed a further breach after the protest committee warned the boat in writing, following a previous hearing, that a penalty may be imposed.

64.6 Discretionary Penalties

When a boat reports within the protest time limit that she has broken a *rule* subject to a discretionary penalty, the protest committee shall decide the appropriate penalty after taking evidence from the boat and any witnesses it decides are appropriate.

65 INFORMING THE PARTIES AND OTHERS

65.1 After making its decision, the protest committee shall promptly inform the

(d) Wenn ein Boot, das nach einer Klassenregel bestraft wurde, schriftlich versichert, dass es Berufung einlegen will, darf es ohne Veränderungen am Boot an den folgenden Wettfahrten teilnehmen. Wenn es jedoch keine Berufung einlegt oder der Berufung nicht stattgegeben wird, muss es ohne eine weitere Anhörung von allen folgenden Wettfahrten, an denen es teilgenommen hat, disqualifiziert werden.

(e) Vermessungskosten, die durch einen *Protest* im Zusammenhang mit einer Klassenregel entstehen, sind von der unterlegenen *Partei* zu tragen, außer das Protestkomitee entscheidet anders.

Vorschrift DSV, OeSV und Swiss Sailing zu Regel 64.4(e): Im Falle eines Protestes bezüglich Klassenregeln kann die Zahlung einer Kaution zur Deckung der voraussichtlichen Vermessungskosten verlangt werden.

64.5 Entscheidungen bezüglich unterstützender Personen

(a) Wenn das Protestkomitee entscheidet, dass eine *unterstützende Person*, die *Partei* einer Anhörung nach Regel 60.3(d) oder 69 war, gegen eine *Regel* verstoßen hat, kann es

(1) eine Verwarnung aussprechen,

(2) die Person von der Veranstaltung oder dem Veranstaltungsort ausschließen oder Sonderrechte oder persönliche Vorteile streichen, oder

(3) andere Maßnahmen innerhalb seines Zuständigkeitsbereiches im Rahmen der *Regeln* ergreifen.

(b) Das Protestkomitee kann auch ein Boot, das *Partei* einer Anhörung nach Regel 60.3(d) oder 69 war, für den Verstoß gegen eine *Regel* einer *unterstützenden Person* bestrafen, indem es die Wertung des Bootes in einer einzelnen Wett-fahrt bis einschließlich einer Disqualifikation verändert, wenn das Protestkomitee entscheidet, dass

(1) das Boot einen Wettbewerbsvorteil aufgrund des Verstoßes durch die *unterstützende Person* erlangt haben könnte, oder

(2) die *unterstützende Person* einen weiteren Verstoß begangen hat, nachdem das Protestkomitee das Boot nach einer vorangegangen Anhörung schriftlich verwarnt hat, dass eine Strafe verhängt werden könnte.

64.6 Ermessensstrafen

Wenn ein Boot innerhalb der Protestfrist berichtet, dass es gegen eine *Regel* verstoßen hat, die mit einer Ermessensstrafe belegt ist, muss das Protestkomitee über eine angemessene Strafe entscheiden, nachdem es die Beweise des Bootes sowie etwaiger Zeugen, die es für angemessen hält, erhoben hat.

65 Benachrichtigung der Parteien und Dritter

65.1 Nachdem das Protestkomitee seine Entscheidung getroffen hat, muss es den

parties to the hearing of the facts found, the applicable *rules*, the decision, the reasons for it, and any penalties imposed or redress given.

65.2 A *party* to the hearing is entitled to receive the above information in writing, provided she asks for it in writing from the protest committee no later than seven days after being informed of the decision. The committee shall then promptly provide the information, including, when relevant, a diagram of the incident prepared or endorsed by the committee.

Prescripiton DSV, OeSV and Swiss Sailing to rule 65.2: If a party to the hearing asks to receive the information listed in rule 65.1 in writing, this shall be done within 15 days. If this time limit will be exceeded, an appeal may be filed within additional 15 days without these documents. This changes rule R2.1(c).

65.3 Unless there is good reason not to do so, after any hearing, including a hearing under rule 69, the protest committee may publish the information set out in rule 65.1. The protest committee may direct that the information is to be confidential to the *parties*.

65.4 When the protest committee penalizes a boat under a class rule, it shall send the above information to the relevant class rule authorities.

66 REOPENING A HEARING

66.1 The protest committee may reopen a hearing when it decides that it may have made a significant error, or when significant new evidence becomes available within a reasonable time. It shall reopen a hearing when required by the national authority under rule 71.2 or R5.

66.2 A *party* to the hearing may request a reopening in writing no later than 24 hours after being informed of the decision.

(a) However, on the last scheduled day of racing the request shall be delivered

(1) within the protest time limit if the requesting *party* was informed of the decision on the previous day;

(2) no later than 30 minutes after the *party* was informed of the decision on that day.

66.3 The protest committee shall consider all requests to reopen. When a request to reopen is being considered or the hearing is reopened,

Parteien unverzüglich den ermittelten Sachverhalt, die angewandten *Regeln*, die Entscheidung, die Gründe dafür und die verhängten Strafen oder die gewährte Wiedergutmachung mitteilen.

65.2 Eine *Partei* einer Anhörung hat Anspruch darauf, die obigen Informationen schriftlich zu erhalten, wenn sie dies spätestens sieben Tage nach der Benachrichtigung über die Entscheidung schriftlich beim Protestkomitee beantragt. Das Komitee muss sodann unverzüglich diese Informationen zur Verfügung stellen, einschließlich einer vom Protestkomitee angefertigten oder bestätigten Skizze, falls sachdienlich.

Vorschrift DSV, OeSV und Swiss Sailing zu Regel 65.2: Falls eine Partei einer Anhörung beantragt, die in Regel 65.1 aufgelisteten Informationen schriftlich zu erhalten, muss dies innerhalb von 15 Tagen geschehen. Bei Überschreiten dieser Frist kann ohne diese Unterlagen innerhalb weiterer 15 Tage Berufung eingelegt werden. Dies ändert Regel R2.1(c).

65.3 Außer wenn es einen guten Grund gibt, dies nicht zu tun, darf das Protestkomitee nach jeder Anhörung, einschließlich einer Anhörung nach Regel 69, die in Regel 65.1 dargelegten Informationen veröffentlichen. Das Protestkomitee kann anordnen, dass diese Informationen gegenüber den *Parteien* vertraulich sind.

65.4 Wenn das Protestkomitee ein Boot nach einer Klassenregel bestraft, muss es die obigen Informationen den entsprechenden für Klassenregeln zuständigen Stellen zusenden.

66 Wiederaufnahme einer Anhörung

66.1 Das Protestkomitee kann eine Anhörung wiederaufnehmen, wenn es feststellt, dass ihm möglicherweise ein erheblicher Fehler unterlaufen ist, oder wenn innerhalb eines angemessenen Zeitraums erhebliche neue Beweismittel verfügbar werden. Es muss eine Anhörung wiederaufnehmen, wenn der nationale Verband dies nach Regel 71.2 oder R5 verlangt.

66.2 Eine *Partei* einer Anhörung kann eine Wiederaufnahme spätestens 24 Stunden nach der Benachrichtigung über die Entscheidung schriftlich beantragen.

(a) Jedoch muss der Antrag am letzten geplanten Wettfahrttag

(1) innerhalb der Protestfrist eingereicht werden, wenn die antragstellende *Partei* über die Entscheidung am Vortag informiert wurde;

(2) spätestens 30 Minuten nachdem die *Partei* an diesem Tag über die Entscheidung informiert wurde, eingereicht werden.

66.3 Das Protestkomitee muss alle Anträge auf Wiederaufnahme prüfen. Wenn ein Antrag auf Wiederaufnahme geprüft oder die Anhörung wiederaufgenommen wird,

(a) when based only on new evidence, a majority of the members of the protest committee shall, if practicable, be members of the original committee;

(b) when based on a significant error, the protest committee shall, if practicable, have at least one new member.

67 DAMAGES

The question of damages arising from a breach of any rule shall be governed by the prescriptions, if any, of the national authority.

Prescription DSV, OeSV and Swiss Sailing to rule 67: The owner's liability beyond the limitations of the Racing Rules of Sailing is governed by the prevailing national law. The participation in a race is at the competitor's own risk. Any liability of the organizing authority(ies) arising from the organization of the races is excluded. Race Committee or Protest Committee are not responsible for the settlement of indemnity claims.

The basic purpose of these rules is to avoid contact between boats. By participating in an event under these rules each competitor agrees to be responsible for any damage resulting from a culpable breach of a rule and that no exclusion of liability is connected with the participation in sailing events.

Note: There is no rule 68.

SECTION C
MISCONDUCT

69 MISCONDUCT

69.1 Obligation not to Commit Misconduct; Resolution

(a) A competitor, boat owner or *support person* shall not commit an act of misconduct.

(b) Misconduct is:

(1) conduct that is a breach of good manners, a breach of good sportsmanship, or unethical behaviour; or

(2) conduct that may bring, or has brought, the sport into disrepute.

(c) An allegation of a breach of rule 69.1(a) shall be resolved in accordance with the provisions of rule 69. It shall not be grounds for a *protest* and rule 63.1 does not apply.

(a) und dieser ausschließlich auf neuen Beweismitteln beruht, so muss das Protestkomitee mehrheitlich mit Mitgliedern des ursprünglichen Komitees besetzt sein, sofern dies praktikabel ist;

(b) und dieser auf einem erheblichen Fehler beruht, muss das Protestkomitee mindestens ein neues Mitglied haben, sofern dies praktikabel ist.

67 Schäden

Fragen zu Schäden, die sich durch einen Verstoß gegen irgendeine *Regel* ergeben, sind – soweit vorhanden – nach den Vorschriften des nationalen Verbandes zu regeln.

Vorschrift DSV, OeSV und Swiss Sailing zu Regel 67: Die Haftung des Eigners über die Wettfahrtregeln Segeln hinaus richtet sich nach bestehenden nationalen Gesetzen. Die Teilnahme an Wettfahrten erfolgt auf eigene Gefahr des Teilnehmers. Jede Haftung des oder der Veranstalter(s) aus der Durchführung der Wettfahrten ist ausgeschlossen. Das Wettfahrtkomitee oder Protestkomitee sind für die Regelung von Schadensersatzansprüchen nicht zuständig.

Grundlegender Zweck dieser Regeln ist die Vermeidung der Berührung zwischen Booten. Jeder Teilnehmer stimmt mit seiner Teilnahme an einer diesen Regeln unterliegenden Veranstaltung zu, dass er für Schäden aus jedem schuldhaften Verstoß gegen eine Regel haftet und keinerlei Haftungsausschluss mit der Teilnahme an Segelveranstaltungen verbunden ist.

Anmerkung: Es gibt keine Regel 68.

Abschnitt C
Fehlverhalten

69 Fehlverhalten

69.1 Verpflichtung, kein Fehlverhalten zu begehen; Beilegung

(a) Ein Teilnehmer, Bootseigner oder eine *unterstützende Person* dürfen kein Fehlverhalten begehen.

(b) Fehlverhalten ist:

(1) Verhalten, das gegen gute Sitten verstößt, unsportliches Verhalten, oder unmoralisches Verhalten; oder

(2) Verhalten, das den Sport in Verruf bringen kann oder gebracht hat.

(c) Ein Vorwurf eines Verstoßes gegen Regel 69.1(a) muss in Übereinstimmung mit den Bestimmungen von Regel 69 behandelt werden. Er darf kein Grund für einen *Protest* sein und Regel 63.1 gilt nicht.

69.2 Action by a Protest Committee

(a) A protest committee acting under this rule shall have at least three members.

(b) When a protest committee, from its own observation or from information received from any source, including evidence taken during a hearing, believes a person may have broken rule 69.1(a), it shall decide whether or not to call a hearing.

(c) When the protest committee needs more information to make the decision to call a hearing, it shall consider appointing a person or persons to conduct an investigation. These investigators shall not be members of the protest committee that will decide the matter.

(d) When an investigator is appointed, all relevant information he gathers, favourable or unfavourable, shall be disclosed to the protest committee, and if the protest committee decides to call a hearing, to the *parties*.

(e) If the protest committee decides to call a hearing, it shall promptly inform the person in writing of the alleged breach and of the time and place of the hearing and follow the procedures in rules 63.2, 63.3(a), 63.4, 63.6, 65.1, 65.2, 65.3 and 66, except that:

  (1) unless a person has been appointed by World Sailing, a person may be appointed by the protest committee to present the allegation.

  (2) a person against whom an allegation has been made under this rule shall be entitled to have an advisor and a representative with him who may act on his behalf.

(f) If the person

  (1) provides good reason why he is unable to come to the hearing at the scheduled time, the protest committee shall reschedule it; or

  (2) does not provide good reason and does not come to the hearing, the protest committee may conduct it without the person present.

(g) The standard of proof to be applied is the test of the comfortable satisfaction of the protest committee, bearing in mind the seriousness of the alleged misconduct. However, if the standard of proof in this rule conflicts with the laws of a country, the national authority may, with the approval of World Sailing, change it with a prescription to this rule.

69.2 Maßnahmen durch ein Protestkomitee

(a) Ein Protestkomitee, das nach dieser Regel handelt, muss aus mindestens drei Mitgliedern bestehen.

(b) Wenn ein Protestkomitee aufgrund eigener Beobachtung oder aufgrund von Informationen aus beliebiger Quelle, einschließlich in einer Anhörung erhobener Beweise, der Meinung ist, dass eine Person gegen Regel 69.1(a) verstoßen haben könnte, muss es entscheiden, ob eine Anhörung anberaumt wird oder nicht.

(c) Wenn das Protestkomitee mehr Informationen für die Entscheidung benötigt, eine Anhörung anzuberaumen, muss es erwägen, eine Person oder Personen zu benennen, die eine Ermittlung durchführen. Diese Ermittler dürfen nicht Mitglieder des Protestkomitees sein, das über die Angelegenheit entscheidet.

(d) Wenn ein Ermittler benannt wurde, müssen alle von ihm gesammelten relevanten Informationen, ob günstig oder ungünstig, dem Protestkomitee mitgeteilt werden und wenn das Protestkomitee entscheidet, eine Anhörung anzuberaumen, auch den *Parteien*.

(e) Wenn das Protestkomitee entscheidet, eine Anhörung anzuberaumen, muss es die Person unverzüglich schriftlich über den vorgeworfenen Verstoß und über Zeit und Ort der Anhörung informieren sowie das Verfahren nach den Regeln 63.2, 63.3(a), 63.4, 63.6, 65.1, 65.2, 65.3 und 66 durchführen, mit den Ausnahmen, dass:

   (1) außer wenn durch World Sailing eine Person benannt worden ist, eine Person vom Protestkomitee benannt werden kann, die den Vorwurf präsentiert.

   (2) eine Person, gegen die nach dieser Regel ein Vorwurf erhoben worden ist, berechtigt ist, einen Berater und einen Vertreter dabei zu haben, die in ihrem Namen handeln können.

(f) Wenn die Person

   (1) einen guten Grund angibt, weshalb sie nicht zur geplanten Zeit zu der Anhörung kommen kann, muss das Protestkomitee diese neu ansetzen; oder

   (2) keinen guten Grund angibt und der Anhörung fernbleibt, kann das Protestkomitee die Anhörung ohne Anwesenheit der Person durchführen.

(g) Das anzuwendende Beweismaß ist, dass das Protestkomitee unter Berücksichtigung der Ernsthaftigkeit des vorgeworfenen Fehlverhaltens zu einer sicheren Überzeugung kommen muss. Wenn jedoch das Beweismaß dieser Regel mit den Gesetzen des Landes in Widerspruch steht, kann der nationale Verband nach Genehmigung durch World Sailing dieses durch eine Vorschrift zu dieser Regel ändern.

(h) When the protest committee decides that a competitor or boat owner has broken rule 69.1(a), it may take one or more of the following actions

(1) issue a warning;

(2) change their boat's score in one or more races, including disqualification(s) that may or may not be excluded from her series score;

(3) exclude the person from the event or venue or remove any privileges or benefits; and

(4) take any other action within its jurisdiction as provided by the *rules.*

(i) When the protest committee decides that a *support person* has broken rule 69.1(a), rule 64.5 applies.

(j) If the protest committee

(1) imposes a penalty greater than one DNE;

(2) excludes the person from the event or venue; or

(3) in any other case if it considers it appropriate,
it shall report its findings, including the facts found, its conclusions and decision to the national authority of the person or, for specific international events listed in the World Sailing Regulations, to World Sailing. If the protest committee has acted under rule 69.2(f)(2), the report shall also include that fact and the reasons for it.

(k) If the protest committee decides not to conduct the hearing without the person present, or if the protest committee has left the event and a report alleging a breach of rule 69.1(a) is received, the race committee or organizing authority may appoint the same or a new protest committee to proceed under this rule. If it is impractical for the protest committee to conduct a hearing, it shall collect all available information and, if the allegation seems justified, make a report to the national authority of the person or, for specific international events listed in the World Sailing Regulations, to World Sailing.

69.3 Action by a National Authority and World Sailing

The disciplinary powers, procedures and responsibilities of national authorities and World Sailing that apply are specified in the World Sailing

(h) Wenn das Protestkomitee entscheidet, dass ein Teilnehmer oder Bootseigner gegen Regel 69.1(a) verstoßen hat, kann es eine oder mehrere der folgenden Maßnahmen treffen:

(1) Eine Verwarnung aussprechen; oder

(2) Die Wertung ihres Bootes in einer oder mehreren Wettfahrten verändern, einschließlich Disqualifikation(en), die aus Serienwertung ausgenommen werden können oder nicht;

(3) Die Person von der Veranstaltung oder dem Veranstaltungsort ausschließen oder ihr jegliche Sonderrechte oder persönliche Vorteile streichen, sowie

(4) Jede andere Maßnahme innerhalb seines Zuständigkeitsbereiches im Rahmen der *Regeln* ergreifen.

(i) Wenn das Protestkomitee entscheidet, dass eine *unterstützende Person* gegen Regel 69.1(a) verstoßen hat, gilt Regel 64.5.

(j) Wenn das Protestkomitee

(1) eine höhere Strafe als ein DNE auferlegt;

(2) die Person von der Veranstaltung oder dem Veranstaltungsort ausschließt; oder

(3) dies in irgendeinem anderen Fall für angemessen hält,

muss es seine Feststellungen, inklusive des festgestellten Sachverhalts, seinen Schlussfolgerungen und seiner Entscheidung, dem nationalen Verband der Person melden oder bei bestimmten internationalen Veranstaltungen, die in den World Sailing Regulations aufgelistet sind, an World Sailing melden. Wenn das Protestkomitee nach Regel 69.2(f)(2) gehandelt hat, muss der Bericht auch diese Tatsache sowie die Gründe dafür enthalten.

(k) Wenn das Protestkomitee entscheidet, bei Abwesenheit der Person keine Anhörung durchzuführen, oder wenn das Protestkomitee die Veranstaltung verlassen hat und ein Bericht über einen vorgeworfenen Verstoß gegen Regel 69.1(a) eingeht, kann das Wettfahrtkomitee oder der Veranstalter dasselbe oder ein anderes Protestkomitee benennen, um nach dieser Regel zu verfahren. Wenn es für das Protestkomitee nicht praktikabel ist, eine Anhörung durchzuführen, muss es alle zur Verfügung stehenden Informationen sammeln und, falls der Vorwurf als berechtigt erscheint, einen Bericht an den nationalen Verband der Person oder bei bestimmten internationalen Veranstaltungen, die in den World Sailing Regulations aufgelistet sind, an World Sailing erstatten.

69.3 Maßnahmen durch einen nationalen Verband und World Sailing

Die Disziplinargewalt, Verfahren und Verantwortlichkeiten der nationalen Verbände und von World Sailing sind im World Sailing Disciplinary Code festgelegt.

Disciplinary Code. National authorities and World Sailing may impose further penalties, including suspension of eligibility, under that code.

SECTION D
APPEALS

70 APPEALS AND REQUESTS TO A NATIONAL AUTHORITY

70.1 (a) Provided that the right of appeal has not been denied under rule 70.5, a *party* to a hearing may appeal a protest committee's decision or its procedures, but not the facts found.

(b) A boat may appeal when she is denied a hearing required by rule 63.1.

70.2 A protest committee may request confirmation or correction of its decision.

70.3 An appeal under rule 70.1 or a request by a protest committee under rule 70.2 shall be sent to the national authority with which the organizing authority is associated under rule 89.1. However, if boats will pass through the waters of more than one national authority while *racing*, an appeal or request shall be sent to the national authority where the finishing line is located, unless the sailing instructions identify another national authority.

70.4 A club or other organization affiliated to a national authority may request an interpretation of the *rules*, provided that no *protest* or request for redress that may be appealed is involved. The interpretation shall not be used for changing a previous protest committee decision.

70.5 There shall be no appeal from the decisions of an international jury constituted in compliance with Appendix N. Furthermore, if the notice of race or the sailing instructions so state, the right of appeal may be denied provided that

(a) it is essential to determine promptly the result of a race that will qualify a boat to compete in a later stage of an event or a subsequent event (a national authority may prescribe that its approval is required for such a procedure);

Prescription DSV, OeSV and Swiss Sailing to rule 70.5: The written approval of the appropriate national authority is required.

Nationale Verbände und World Sailing können weitere Strafen, einschließlich Aufhebung der Teilnahmeberechtigung nach diesem Code aussprechen.

Abschnitt D
Berufungen

70 Berufungen und Anträge an einen nationalen Verband

70.1 (a) Unter der Voraussetzung, dass das Recht auf Berufung nicht gemäß Regel 70.5 ausgeschlossen ist, kann eine *Partei* einer Anhörung gegen die Entscheidung eines Protestkomitees oder seine Verfahrensweise, nicht aber gegen den ermittelten Sachverhalt, Berufung einlegen.

(b) Ein Boot kann Berufung einlegen, wenn ihm eine nach Regel 63.1 vorgeschriebene Anhörung verweigert wurde.

70.2 Ein Protestkomitee kann eine Bestätigung oder Berichtigung seiner Entscheidung beantragen.

70.3 Eine Berufung nach Regel 70.1 oder ein Antrag durch das Protestkomitee nach Regel 70.2 muss an den nationalen Verband gesendet werden, dem der Veranstalter gemäß Regel 89.1 angegliedert ist. Wenn jedoch die Boote *in einer Wettfahrt* die Gewässer von mehr als einem nationalen Verband passieren, muss eine Berufung oder ein Antrag an den nationalen Verband gesendet werden, bei dem sich die Ziellinie befindet, außer die Segelanweisungen bestimmen einen anderen nationalen Verband.

70.4 Ein Verein oder eine andere Organisation, die einem nationalen Verband angeschlossen sind, kann eine Auslegung der *Regeln* beantragen, sofern kein *Protest* oder Antrag auf Wiedergutmachung damit zusammenhängt, gegen den Berufung möglich ist. Diese Auslegung darf nicht genutzt werden, um eine frühere Entscheidung des Protestkomitees abzuändern.

70.5 Es findet keine Berufung gegen Entscheidungen einer in Übereinstimmung mit Anhang N zusammengesetzten internationalen Jury statt. Weiterhin darf das Recht auf Berufung ausgeschlossen werden, wenn Ausschreibung oder Segelanweisungen dies so festlegen, und vorausgesetzt, dass

(a) es entscheidend ist, die Ergebnisse einer Wettfahrt unverzüglich festzulegen, weil davon die Qualifikation eines Bootes für eine spätere Stufe dieser Veranstaltung oder für eine folgende Veranstaltung abhängt (wobei ein nationaler Verband vorschreiben kann, dass seine Zustimmung für ein solches Verfahren erforderlich ist);

Vorschrift DSV, OeSV und Swiss Sailing zu Regel 70.5(a): Die schriftliche Genehmigung des zuständigen nationalen Verbandes ist erforderlich

(b) a national authority so approves for a particular event open only to boats entered by an organization affiliated to that national authority, a member of an organization affiliated to that national authority, or a personal member of that national authority; or

(c) a national authority after consultation with World Sailing so approves for a particular event, provided the protest committee is constituted as required by Appendix N, except that only two members of the protest committee need be International Judges.

70.6 Appeals and requests shall conform to Appendix R.

71 NATIONAL AUTHORITY DECISIONS

71.1 A person who has a *conflict of interest* or was a member of the protest committee shall not take any part in the discussion or decision on an appeal or a request for confirmation or correction.

71.2 The national authority may uphold, change or reverse a protest committee's decision including a decision on validity or a decision under rule 69. Alternatively, the national authority may order that a hearing be reopened, or that a new hearing be held by the same or a different protest committee. When the national authority decides that there shall be a new hearing, it may appoint the protest committee.

71.3 When from the facts found by the protest committee the national authority decides that a boat that was a *party* to a protest hearing broke a *rule* and is not exonerated, it shall penalize her, whether or not that boat or that *rule* was mentioned in the protest committee's decision.

71.4 The decision of the national authority shall be final. The national authority shall send its decision in writing to all *parties* to the hearing and the protest committee, who shall be bound by the decision.

(b) ein nationaler Verband dem für eine bestimmte Veranstaltung zustimmt, bei der ausschließlich Boote durch eine diesem nationalen Verband angeschlossene Organisation, durch ein Mitglied einer diesem nationalen Verband angeschlossenen Organisation oder durch ein persönliches Mitglied dieses nationalen Verbandes gemeldet werden; oder

(c) ein nationaler Verband es für eine bestimmte Veranstaltung nach Rücksprache mit World Sailing genehmigt, wobei das Protestkomitee wie nach Anhang N vorgeschrieben zusammengesetzt sein muss, mit dem Unterschied, dass nur zwei Mitglieder Internationale Schiedsrichter sein müssen.

70.6 Berufungen und Anträge müssen Anhang R entsprechen.

71 Entscheidungen eines nationalen Verbandes

71.1 Eine Person, die einen *Interessenkonflikt* hat oder ein Mitglied des Protestkomitees war, darf in keiner Weise an der Diskussion oder Entscheidung einer Berufung oder eines Antrags auf Bestätigung oder Berichtigung teilnehmen.

71.2 Der nationale Verband kann eine Entscheidung eines Protestkomitees bestätigen, abändern oder aufheben, einschließlich einer Entscheidung über die Gültigkeit oder einer Entscheidung nach Regel 69. Alternativ kann der nationale Verband eine Wiederaufnahme der Anhörung oder für eine neue Anhörung durch das gleiche oder ein anderes Protestkomitee anordnen. Wenn der nationale Verband entscheidet, dass eine erneute Anhörung durchgeführt werden muss, kann er das Protestkomitee benennen.

71.3 Wenn der nationale Verband aufgrund des vom Protestkomitee ermittelten Sachverhalts entscheidet, dass ein Boot, das *Partei* in einer *Protest*anhörung war, gegen eine *Regel* verstoßen hat und nicht entlastet wurde, muss er es bestrafen, unabhängig davon, ob dieses Boot oder diese *Regel* in der Entscheidung des Protestkomitees erwähnt wurde.

71.4 Die Entscheidung des nationalen Verbandes ist endgültig. Der nationale Verband muss seine Entscheidung schriftlich allen *Parteien* und dem Protestkomitee zustellen. Diese sind an die Entscheidung gebunden.

PART 6
ENTRY AND QUALIFICATION

75 ENTERING AN EVENT

To enter an event, a boat shall comply with the requirements of the organizing authority of the event. She shall be entered by

(a) a member of a club or other organization affiliated to a World Sailing member national authority,

(b) such a club or organization, or

(c) a member of a World Sailing member national authority.

76 EXCLUSION OF BOATS OR COMPETITORS

76.1 The organizing authority or the race committee may reject or cancel the entry of a boat or exclude a competitor, subject to rule 76.3, provided it does so before the start of the first race and states the reason for doing so. On request the boat shall promptly be given the reason in writing. The boat may request redress if she considers that the rejection or exclusion is improper.

76.2 The organizing authority or the race committee shall not reject or cancel the entry of a boat or exclude a competitor because of advertising, provided the boat or competitor complies with the World Sailing Advertising Code.

76.3 At world and continental championships no entry within stated quotas shall be rejected or cancelled without first obtaining the approval of the relevant World Sailing Class Association (or the Offshore Racing Council) or World Sailing.

77 IDENTIFICATION ON SAILS

A boat shall comply with the requirements of Appendix G governing class insignia, national letters and numbers on sails.

78 COMPLIANCE WITH CLASS RULES; CERTIFICATES

Prescription DSV, OeSV and Swiss Sailing to rule 78:The person in charge shall make sure that her/his boat complies with the applicable law.

Teil 6
Meldung und Qualifikation

75 Meldung für eine Veranstaltung

Um für eine Veranstaltung zu melden, muss ein Boot den Erfordernissen des Veranstalters der Veranstaltung entsprechen. Es muss gemeldet werden durch

(a) ein Mitglied eines Vereins oder einer anderen Organisation, die einem World Sailing angehörendem nationalen Verband angeschlossen ist,

(b) einen solchen Verein oder eine solche Organisation, oder

(c) ein Mitglied eines nationalen Verbandes, das Mitglied von World Sailing ist.

76 Ausschluss von Booten oder Teilnehmern

76.1 Der Veranstalter oder das Wettfahrtkomitee dürfen, vorbehaltlich Regel 76.3, die Meldung eines Bootes zurückweisen oder aufheben oder einen Teilnehmer ausschließen, sofern sie das vor dem Start zur ersten Wettfahrt tun und die Begründung dafür darlegen. Auf Antrag muss dem Boot die Begründung unverzüglich schriftlich gegeben werden. Das Boot kann Wiedergutmachung beantragen, wenn es die Zurückweisung oder den Ausschluss für unsachgemäß hält.

76.2 Der Veranstalter oder das Wettfahrtkomitee dürfen jedoch nicht aufgrund von Werbung die Meldung eines Bootes zurückweisen oder einen Teilnehmer ausschließen, wenn das Boot oder der Teilnehmer den World Sailing Advertising Code einhalten.

76.3 Bei Welt- und Kontinentalmeisterschaften darf jedoch keine Meldung innerhalb der festgelegten Quote ohne vorherigen Erhalt der Zustimmung der entsprechenden World Sailing Klassenvereinigung (oder des Offshore Racing Council) oder von World Sailing zurückgewiesen oder aufgehoben werden.

77 Kennzeichnung auf Segeln

Ein Boot muss den Erfordernissen des Anhangs G entsprechen, der Klassenzeichen, Nationalitätsbuchstaben und die Nummern auf Segeln regelt.

78 Einhaltung der Klassenregeln; Bescheinigungen

Vorschrift DSV, OeSV und Swiss Sailing zu Regel 78: Die verantwortliche Person muss sicherstellen, dass ihr Boot den geltenden gesetzlichen Bestimmungen entspricht.

78.1 While a boat is *racing*, her owner and any other person in charge shall ensure that the boat is maintained to comply with her class rules and that her measurement or rating certificate, if any, remains valid. In addition, the boat shall also comply at other times specified in the class rules, the notice of race or the sailing instructions.

78.2 When a *rule* requires a valid certificate to be produced or its existence verified before a boat *races*, and this cannot be done, the boat may *race* provided that the race committee receives a statement signed by the person in charge that a valid certificate exists. The boat shall produce the certificate or arrange for its existence to be verified by the race committee before the start of the last day of the event, or of the first series, whichever is earlier. The penalty for breaking this rule is disqualification without a hearing from all races of the event.

79 CATEGORIZATION

If the notice of race or class rules state that some or all competitors must satisfy categorization requirements, the categorization shall be carried out as described in the World Sailing Sailor Categorization Code.

80 RESCHEDULED EVENT

When an event is rescheduled to dates different from the dates stated in the notice of race, all boats entered shall be notified. The race committee may accept new entries that meet all the entry requirements except the original deadline for entries.

78.1 Während sich ein Boot *in einer Wettfahrt befindet*, müssen dessen Eigner und jede andere dafür verantwortliche Person sicherstellen, dass das Boot in einem Zustand gehalten wird, der den Klassenregeln entspricht, und dass Messbrief oder Rennwertbescheinigung des Bootes, sofern vorhanden, gültig bleiben. Zudem muss das Boot auch zu anderen in den Klassenregeln, der Ausschreibung oder den Segelanweisungen festgelegten Zeiten diesen Vorschriften entsprechen.

78.2 Erfordert eine *Regel*, dass eine gültige Bescheinigung vorgelegt oder ihr Vorhandensein nachgewiesen wird, bevor ein Boot *an Wettfahrten teilnimmt*, und ist dies nicht möglich, so kann das Boot *an Wettfahrten teilnehmen*, wenn das Wettfahrtkomitee eine vom verantwortlichen Person unterzeichnete Erklärung erhält, dass eine gültige Bescheinigung existiert. Das Boot muss die Bescheinigung vorlegen oder veranlassen, dass deren Existenz vor Beginn des letzten Tages der Veranstaltung oder der ersten Serie, je nachdem was früher ist, durch das Wettfahrtkomitee überprüft werden kann. Die Strafe für einen Verstoß gegen diesen Regel ist eine Disqualifikation ohne Anhörung von allen Wettfahrten der Veranstaltung.

79 Einstufung

Wenn die Ausschreibung oder die Klassenregeln festlegen, dass einige oder alle Teilnehmer Einstufungserfordernisse erfüllen müssen, muss die Einstufung wie im World Sailing Sailor Categorization Code beschrieben durchgeführt werden.

80 Neuansetzung einer Veranstaltung

Wird eine Veranstaltung neu angesetzt auf einen Termin, der von dem in der Ausschreibung festgelegten Termin abweicht, müssen alle gemeldeten Boote benachrichtigt werden. Das Wettfahrtkomitee darf neue Meldungen akzeptieren, die alle Meldebedingungen, mit Ausnahme der Einhaltung des ursprünglichen Meldeschlusses, erfüllen.

PART 7
RACE ORGANIZATION

85 CHANGES TO RULES

85.1 A change to a *rule* shall refer specifically to the *rule* and state the change. A change to a rule includes an addition to it or deletion of all or part of it.

85.2 A change to one of the following types of *rules* may be made only as shown below.

Type of rule	*Change only if permitted by*
Racing rule	Rule 86
Rule in a World Sailing code	A rule in the code
National authority prescription	Rule 88.2
Class rule	Rule 87
Rule in the notice of race Rule	89.2(b)
Rule in the sailing instructions	Rule 90.2(c)
Rule in any other document governing the event	A rule in the document itself

86 CHANGES TO THE RACING RULES

86.1 A racing rule shall not be changed unless permitted in the rule itself or as follows:

(a) Prescriptions of a national authority may change a racing rule, but not the Definitions; the Basic Principles; a rule in the Introduction; Part 1, 2 or 7; rule 42, 43, 47, 50, 63.4, 69, 70, 71, 75, 76.3 or 79; a rule of an appendix that changes one of these rules; Appendix H or N; or a rule in a World Sailing Code listed in rule 6.1.

(b) The notice of race or sailing instructions may change a racing rule, but not rule 76.1 or 76.2, Appendix R, or a rule listed in rule 86.1(a).

(c) Class rules may change only racing rules 42, 49, 51, 52, 53, 54, and 55.

Teil 7
Veranstaltung von Wettfahrten

85 Regeländerungen

85.1 Eine *Regel*änderung muss ausdrücklich auf die *Regel* Bezug nehmen und die Änderung festlegen. Eine *Regel*änderung schließt eine Ergänzung oder Streichung von Teilen oder der gesamten *Regel* ein.

85.2 Eine Änderung einer der folgenden *Regel*typen kann nur wie nachfolgend aufgeführt vorgenommen werden.

Regeltyp	***Änderung nur, wenn erlaubt durch***
Regel der WR	Regel 86
Regel eines World Sailing Code	Eine Regel im Code
Vorschriften eines nationalen Verbands	Regel 88.2
Klassenregeln	Regel 87
Regel in der Ausschreibung	Regel 89.2(b)
Regel in den Segelanweisungen	Regel 90.2(c)
Regeln in einem der weiteren Dokumenten, die für eine Veranstaltung gelten	Eine Regel im betroffenen Dokument

86 Änderungen an den Wettfahrtregeln Segeln

86.1 Eine Wettfahrtregel darf nicht geändert werden, außer es ist durch die Regel selbst oder wie folgt gestattet:

(a) Vorschriften des nationalen Verbandes können eine Wettfahrtregel abändern, jedoch nicht die Definitionen; die Grundprinzipien; eine Regel in der „Einleitung"; Teil 1, 2 oder 7; die Regeln 42, 43, 47, 50 63.4, 69, 70, 71, 75, 76.3 oder 79; eine Regel eines Anhangs, die eine von diesen Regeln ändert; Anhang H oder N; oder eine Regel in einem in Regel 6.1 aufgeführten World Sailing Code.

(b) Die Ausschreibung oder die Segelanweisungen können eine Wettfahrtregel ändern, nicht aber nicht Regel 76.1 oder 76.2, Anhang R oder eine Regel, die in Regel 86.1(a) aufgeführt ist.

(c) Klassenregeln können nur die Regeln 42, 49, 51, 52, 53, 54 und 55 ändern.

86.2 In exception to rule 86.1, World Sailing may in limited circumstances (see World Sailing Regulation 28.1.3) authorize changes to the racing rules for a specific international event. The authorization shall be stated in a letter of approval to the organizing authority and in the notice of race or sailing instructions, and the letter shall be posted on the official notice board.

86.3 If a national authority so prescribes, the restrictions in rule 86.1 do not apply if rules are changed to develop or test proposed rules. The national authority may prescribe that its approval is required for such changes.

Prescription DSV, OeSV and Swiss Sailing to rule 86.3: The restrictions of rule 86.1 do not apply if rules are changed for the purpose of rule 86.3. Such changes shall be approved in writing by the appropriate national authority. These changes shall be stated in the Notice of Race or the Sailing Instructions and the written approval shall be published on the official notice board.

87 CHANGES TO CLASS RULES

The notice of race may change a class rule only when the class rules permit the change, or when written permission of the class association for the change is posted on the official notice board.

88 NATIONAL PRESCRIPTIONS

88.1 Prescriptions that Apply

The prescriptions that apply to an event are the prescriptions of the national authority with which the organizing authority is associated under rule 89.1. However, if boats will pass through the waters of more than one national authority while *racing*, the notice of race shall identify the prescriptions that will apply and when they will apply.

88.2 Changes to Prescriptions

The notice of race or sailing instructions may change a prescription. However, a national authority may restrict changes to its prescriptions with a prescription to this rule, provided World Sailing approves its application to do so. The restricted prescriptions shall not be changed.

Prescription DSV, OeSV and Swiss Sailing to rule 88.2: The prescriptions to the Racing Rules of Sailing of these national authorities may only be changed with the written approval of the respective national authority. The restriction to change other prescriptions will be regulated in these prescriptions.

86.2 Unter eingeschränkten Umständen (siehe World Sailing Regulation 28.1.3) kann World Sailing als Ausnahme zu Regel 86.1 Änderungen der Wettfahrtregeln für eine bestimmte internationale Veranstaltung bewilligen. Die Bewilligung muss in einem Genehmigungsschreiben an den Veranstalter und in der Ausschreibung oder den Segelanweisungen angegeben sein. Das Genehmigungsschreiben muss an der offiziellen Tafel für Bekanntmachungen veröffentlicht werden.

86.3 Wenn ein nationaler Verband es vorschreibt, gelten die Einschränkungen in Regel 86.1 nicht für Regeländerungen zur Entwicklung und Erprobung vorgeschlagener Regeln. Der nationale Verband kann vorschreiben, dass seine Genehmigung solcher Änderungen erforderlich ist.

Vorschrift DSV, OeSV, Swiss Sailing zu Regel 86.3: Die Einschränkungen von Regel 86.1 gelten nicht, wenn Regeln im Sinne von Regel 86.3 geändert werden. Solche Änderungen müssen durch den zuständigen nationalen Verband schriftlich genehmigt werden. Diese Änderungen sind in der Ausschreibung oder den Segelanweisungen festzulegen und die schriftliche Genehmigung ist an der offiziellen Tafel für Bekanntmachungen zu veröffentlichen.

87 Änderung von Klassenregeln

Die Ausschreibung kann eine Klassenregel nur ändern, wenn die Klassenregeln diese Änderung zulassen oder wenn eine schriftliche Erlaubnis für diese Änderung durch die Klassenvereinigung an der offiziellen Tafel für Bekanntmachungen veröffentlicht wird.

88 Nationale Vorschriften

88.1 Geltende Vorschriften

Für eine Veranstaltung gelten die Vorschriften des nationalen Verbandes, dem der Veranstalter nach Regel 89.1 angehört. Wenn jedoch die Boote *während der Wettfahrt* die Gewässer von mehr als einem nationalen Verband passieren, muss die Ausschreibung angeben, welche Vorschriften gelten und wann sie gelten.

88.2 Änderung von Vorschriften

Die Ausschreibung oder Segelanweisungen können eine Vorschrift ändern. Ein nationaler Verband kann jedoch Änderungen seiner Vorschriften durch eine Vorschrift zu diese Regel einschränken, vorausgesetzt, World Sailing genehmigt den entsprechenden Antrag dazu. Die eingeschränkten Vorschriften dürfen nicht durch die Segelanweisungen geändert werden.

Vorschrift DSV, OeSV und Swiss Sailing zu Regel 88.2: Die Vorschriften dieser nationalen Verbände zu den Wettfahrtregeln Segeln dürfen nur mit schriftlicher Genehmigung des jeweiligen nationalen Verbands geändert werden. Die Einschränkung von Änderungen anderer Vorschriften wird in diesen Vorschriften selbst geregelt.

89 ORGANIZING AUTHORITY; NOTICE OF RACE; APPOINTMENT OF RACE OFFICIALS

89.1 Organizing Authority

Races shall be organized by an organizing authority, which shall be

(a) World Sailing;

(b) a member national authority of World Sailing;

(c) an affiliated club;

(d) an affiliated organization other than a club and, if so prescribed by the national authority, with the approval of the national authority or in conjunction with an affiliated club;

(e) an unaffiliated class association, either with the approval of the national authority or in conjunction with an affiliated club;

(f) two or more of the above organizations;

(g) an unaffiliated body in conjunction with an affiliated club where the body is owned and controlled by the club. The national authority of the club may prescribe that its approval is required for such an event; or

(h) if approved by World Sailing and the national authority of the club, an unaffiliated body in conjunction with an affiliated club where the body is not owned and controlled by the club.

In rule 89.1, an organization is affiliated if it is affiliated to the national authority of the venue; otherwise the organization is unaffiliated. However, if boats will pass through the waters of more than one national authority while *racing*, an organization is affiliated if it is affiliated to the national authority of one of the ports of call.

Prescription DSV to rule 89.1(c): Only ordinary members of the DSV are considered as affiliated organizations.

Prescription Swiss Sailing to rule 89.1(d) unless an affiliated organization is a full member of Swiss Sailing and (g): The written approval of Swiss Sailing is required.

Prescription DSV and OesV to rule 89.(d), (g): The written approval of the National Authority is required.

89.2 Notice of Race; Appointment of Race Officials

(a) The organizing authority shall publish a notice of race that conforms to rule J1.

89 Veranstalter; Ausschreibung; Benennung von Wettfahrtoffiziellen

89.1 Veranstalter

Wettfahrten müssen durch einen der folgenden Veranstalter organisiert werden. Dies muss sein:

(a) World Sailing;

(b) ein nationaler Verband, der Mitglied von World Sailing ist;

(c) ein angeschlossener Verein;

(d) eine angeschlossene Organisation, die kein Verein ist, mit der Zustimmung des nationalen Verbandes, wenn so vom nationalen Verband vorgeschrieben oder in Verbindung mit einem angeschlossenen Verein;

(e) eine nicht angeschlossene Klassenvereinigung, und zwar entweder mit Zustimmung eines nationalen Verbandes oder zusammen mit einem angeschlossenen Verein;

(f) zwei oder mehrere der oben angeführten Organisationen;

(g) eine nicht angeschlossene Körperschaft gemeinsam mit einem angeschlossenen Verein, wobei die Körperschaft dem Verein gehört und von ihm kontrolliert wird. Der nationale Verband des Vereins kann vorschreiben, dass seine Zustimmung für eine solche Veranstaltung erforderlich ist; oder

(h) eine nicht angeschlossene Körperschaft gemeinsam mit einem Mitgliedsverein, wobei die Körperschaft dem Verein nicht gehört und nicht von ihm kontrolliert wird, wenn es von World Sailing und dem nationalen Verband des Vereins genehmigt wird.

Im Sinne von Regel 89.1 ist eine Organisation angeschlossen, wenn sie dem nationalen Verband des Veranstaltungsortes angeschlossen ist, andernfalls ist die Organisation nicht angeschlossen. Wenn jedoch Boote *während der Wettfahrt* durch die Gewässer von mehr als einem nationalen Verband passieren, ist eine Organisation angeschlossen, wenn sie dem nationalen Verband von einem der angelaufenen Häfen angeschlossen ist.

Vorschrift DSV zu Regel 89.1(c): Als angeschlossener Verein gilt ausschließlich ein ordentliches Mitglied des DSV.

Vorschrift Swiss Sailing zu Regel 89.1(d) außer eine angeschlossene Organisation ist ein Vollmitglied von Swiss Sailing und (g): Die schriftliche Genehmigung von Swiss Sailing ist erforderlich.

Vorschrift DSV und OeSV zu Regel 89.1(d), (g): Die schriftliche Genehmigung des jeweiligen Nationalen Verbandes ist erforderlich.

89.2 Ausschreibung; Benennung von Wettfahrtoffiziellen

(a) Der Veranstalter muss eine Ausschreibung veröffentlichen, die Regel J1 entspricht.

(b) The notice of race may be changed provided adequate notice is given.

(c) The organizing authority shall appoint a race committee and, when appropriate, appoint a protest committee, a technical committee and umpires. However, the race committee, an international jury, a technical committee and umpires may be appointed by World Sailing as provided in its Regulations.

90 RACE COMMITTEE; SAILING INSTRUCTIONS; SCORING

90.1 Race Committee

The race committee shall conduct races as directed by the organizing authority and as required by the *rules*.

90.2 Sailing Instructions

(a) The race committee shall publish written sailing instructions that conform to rule J2.

(b) When appropriate, for an event where entries from other countries are expected, the sailing instructions shall include, in English, the applicable national prescriptions.

(c) The sailing instructions may be changed provided the change is in writing and posted on the official notice board before the time stated in the sailing instructions or, on the water, communicated to each boat before her warning signal. Oral changes may be given only on the water, and only if the procedure is stated in the sailing instructions.

90.3 Scoring

(a) The race committee shall score a race or series as provided in Appendix A unless the notice of race or sailing instructions specify some other system. A race shall be scored if it is not *abandoned* and if one boat *starts*, *sails the course* and *finishes* within the race time limit, if any, even if she retires after *finishing* or is disqualified.

(b) When a scoring system provides for excluding one or more race scores, any score that is a Disqualification Not Excludable (DNE) shall be included in a boat's series score.

(c) When the race committee determines from its own records or observations that it has scored a boat incorrectly, it shall correct the error and make the corrected scores available to competitors.

(b) Die Ausschreibung kann geändert werden vorausgesetzt, dass dies ausreichend bekannt gemacht wird.

(c) Der Veranstalter muss ein Wettfahrtkomitee benennen und, wenn angebracht, ein Protestkomitee, technisches Komitee und Umpires. Das Wettfahrtkomitee, eine internationale Jury, ein technisches Komitee und Umpires können jedoch, wie in den World Sailing Regulations vorgesehen, durch World Sailing benannt werden.

90 Wettfahrtkomitee; Segelanweisungen; Wertung

90.1 Wettfahrtkomitee

Das Wettfahrtkomitee muss Wettfahrten nach Weisung des Veranstalters und wie in den *Regeln* vorgeschrieben durchführen.

90.2 Segelanweisungen

(a) Das Wettfahrtkomitee muss schriftliche Segelanweisungen veröffentlichen, die Regel J2 entsprechen.

(b) Wenn angebracht, müssen bei einer Veranstaltung, zu der Meldungen aus anderen Ländern erwartet werden, die Segelanweisungen die anzuwendenden nationalen Vorschriften in englischer Sprache enthalten.

(c) Die Segelanweisungen können geändert werden, vorausgesetzt, dass die Änderung schriftlich erfolgt und vor dem in den Segelanweisungen festgelegten Zeitpunkt an der offiziellen Tafel für Bekanntmachungen veröffentlicht werden oder, auf dem Wasser, jedem Boot vor seinem Ankündigungssignal mitgeteilt werden. Mündlich dürfen Änderungen nur auf dem Wasser bekannt gegeben werden und auch nur, wenn das Verfahren in den Segelanweisungen festgelegt ist.

90.3 Wertung

(a) Das Wettfahrtkomitee muss eine Wettfahrt oder Serie gemäß Anhang A werten, außer die Ausschreibung oder Segelanweisungen legen ein anderes System fest. Eine Wettfahrt muss gewertet werden, falls sie nicht *abgebrochen* wird und wenn ein *Boot die Bahn abgesegelt* und innerhalb des Wettfahrtzeitlimits – sofern ein solches besteht – *durchs Ziel geht*, selbst wenn es aufgibt, nachdem es *durchs Ziel gegangen ist*, oder disqualifiziert wird.

(b) Sieht ein Wertungssystem vor, dass eine oder mehrere Wettfahrtwertungen ausgenommen werden, muss jede Wertung, die eine Disqualifikation, die nicht ausgenommen werden kann (DNE) ist, in der Serienwertung eines Bootes enthalten sein.

(c) Wenn das Wettfahrtkomitee aufgrund eigener Aufzeichnungen oder Beobachtungen entscheidet, dass sie ein Boot falsch gewertet hat, muss es den Fehler berichtigen und die berichtigten Wertungen den Teilnehmern zugänglich machen.

(d) The race committee shall implement scoring changes directed by the protest committee or national authority as a result of decisions made in accordance with the *rules*.

(e) When so stated in the notice of race, notwithstanding the provisions of rules 90.3(a), (b), (c) and (d), there shall be no changes to race or series scores resulting from action, including the correction of errors, initiated more than 24 hours after

(1) the protest time limit for the last race of the series (including a single-race series);

(2) being informed of a protest committee decision after the last race of the series (including a single-race series); or

(3) the results are published.

However, in exception, changes to scores shall be made resulting from a decision under rules 6, 69 or 70. The notice of race may change '24 hours' to a different time.

91 PROTEST COMMITTEE

A protest committee shall be

(a) a committee appointed by the organizing authority or race committee;

(b) an international jury appointed by the organizing authority or as prescribed in the World Sailing Regulations. It shall be composed as required by rule N1 and have the authority and responsibilities stated in rule N2. A national authority may prescribe that its approval is required for the appointment of international juries for races within its jurisdiction, except World Sailing events or when international juries are appointed by World Sailing under rule 89.2(c); or

(c) a committee appointed by the national authority under rule 71.2.

Prescritption of DSV and OeSV to Rule 91.2(b): The written approval of the respective National Authority is required.

92 TECHNICAL COMMITTEE

92.1 A technical committee shall be a committee of at least one member and be appointed by the organizing authority or the race committee or as prescribed in the World Sailing Regulations.

92.2 The technical committee shall conduct equipment inspection and event measurement as directed by the organizing authority and as required by the *rules*.

(d) Das Wettfahrtkomitee muss Änderungen der Wertungen ausführen, die das Protestkomitee oder ein nationalen Verband aufgrund einer Entscheidung in Übereinstimmung mit den *Regeln* angeordnet haben.

(e) Wenn die Ausschreibung dies so festlegt, dürfen ungeachtet der Bestimmungen in den Regeln 90.3(a), (b), (c) und (d) keine Änderungen an den Wettfahrt- oder Serienwertungen vorgenommen werden, die sich aus Maßnahmen – einschließlich der Korrektur von Fehlern – ergeben, die später als 24 Stunden
   (1) nach der Protestfrist für die letzte Wettfahrt der Serie (einschließlich einer Serie, die aus einem einzigen Wettfahrt besteht) eingeleitet wurden;
   (2) nach der Mitteilung einer Entscheidung des Protestkomitees nach der letzten Wettfahrt der Serie (einschließlich einer Serie, die aus einem einzigen Wettfahrt besteht) eingeleitet wurden; oder
   (3) nachdem die Ergebnisse veröffentlicht wurden, eingeleitet wurden.

In Ausnahmefällen müssen jedoch Änderungen der Wertungen aufgrund von Entscheidungen nach den Regeln 6, 69 oder 70 vorgenommen werden. Die Ausschreibung kann „24 Stunden" zu einer anderen Zeitspanne ändern.

91 Protestkomitee

Ein Protestkomitee muss

(a) ein durch den Veranstalter oder das Wettfahrtkomitee benanntes Komitee sein;

(b) ein durch den Veranstalter oder gemäß der World Sailing Regulations benannte internationale Jury sein. Sie muss wie nach Regel N1 vorgeschrieben zusammengesetzt sein und die in Regel N2 festgelegten Befugnisse und Verantwortlichkeiten haben. Ein nationaler Verband kann vorschreiben, dass seine Zustimmung für die Benennung von internationalen Jurys für Wettfahrten innerhalb seines Zuständigkeitsbereiches erforderlich ist, mit Ausnahme von World Sailing Veranstaltungen oder wenn eine internationale Jury nach Regel 89.2(c) von World Sailing benannt wurde; oder

(c) ein durch den nationalen Verband nach Regel 71.2 benanntes Komitee sein.

Vorschrift DSV und OeSV zu Regel 91 (b): Die schriftliche Genehmigung des entsprechenden Nationalen Verbandes ist erforderlich.

92 Technisches Komitee

92.1 Ein technisches Komitee muss ein Komitee mit mindestens einem Mitglied sein und vom Veranstalter oder vom Wettfahrtkomitee oder wie in den World Sailing Regulations vorgeschrieben benannt werden.

92.2 Das technische Komitee muss Ausrüstungskontrollen und die Veranstaltungsvermessung durchführen, wie vom Veranstalter angewiesen und von den *Regeln* gefordert.

APPENDIX A SCORING

See rule 90.3.

A1 NUMBER OF RACES

The number of races scheduled and the number required to be completed to constitute a series shall be stated in the notice of race or sailing instructions.

A2 SERIES SCORES

A2.1 Each boat's series score shall, subject to rule 90.3(b), be the total of her race scores excluding her worst score. However, the notice of race or sailing instructions may make a different arrangement by providing, for example, that no score will be excluded, that two or more scores will be excluded, or that a specified number of scores will be excluded if a specified number of races are completed. A race is completed if scored; see rule 90.3(a). If a boat has two or more equal worst scores, the score(s) for the race(s) sailed earliest in the series shall be excluded. The boat with the lowest series score wins and others shall be ranked accordingly.

A2.2 If a boat has entered any race in a series, she shall be scored for the whole series.

A3 STARTING TIMES AND FINISHING PLACES

The time of a boat's starting signal shall be her starting time, and the order in which boats *finish* a race shall determine their finishing places. However, when a handicap or rating system is used a boat's corrected time shall determine her finishing place.

A4 SCORING SYSTEM

This Low Point System will apply unless the notice of race or sailing instructions specify another system; see rule 90.3(a).

Each boat *starting* and *finishing* and not thereafter retiring, being penalized or given redress shall be scored points as follows:

Anhang A
Wertung

Siehe Regel 90.3

A1 Anzahl der Wettfahrten
Die Anzahl der geplanten Wettfahrten und die für die Gültigkeit einer Serie notwendige Anzahl abgeschlossener Wettfahrten müssen in der Ausschreibung oder den Segelanweisungen festgelegt sein.

A2 Serienwertungen

A2.1 Die Serienwertung eines Bootes muss, nach Regel 90.3(b) die Summe seiner Wettfahrtwertungen ausgenommen seine schlechteste Wertung sein. Jedoch können die Ausschreibung oder Segelanweisungen verschiedene Möglichkeiten vorsehen, z.B. dass keine Wettfahrt ausgenommen wird, dass zwei oder mehr Wertungen ausgenommen werden oder dass eine festgelegte Anzahl von Wertungen ausgenommen wird, falls eine festgelegte Anzahl von Wettfahrten abgeschlossen ist. Eine Wettfahrt ist abgeschlossen, wenn sie gewertet ist; siehe Regel 90.3(a). Wenn ein Boot zwei oder mehr gleiche schlechteste Wertungen hat, so werden die ausgenommen, die früher in der Serie gesegelt wurden. Das Boot mit der niedrigsten Serienwertung gewinnt, die anderen werden entsprechend platziert.

A2.2 Wenn ein Boot für irgendeine Wettfahrt in einer Serie gemeldet hat, muss es für die gesamte Serie gewertet werden.

A3 Startzeiten und Zielplätze
Die Zeit des Startsignals für ein Boot ist seine Startzeit, und die Reihenfolge, in der die Boote *durchs Ziel gehen*, bestimmt ihre Zielplätze. Gilt jedoch ein Ausgleichs- oder Rennwertsystem, legt die korrigierte Zeit eines Bootes seinen Zielplatz fest.

A4 Wertung
Dieses Low-Point-System gilt, außer die Ausschreibung oder Segelanweisungen legen ein anderes System fest; siehe Regel 90.3(a).

Jedes Boot, das *startet* und *durchs Ziel geht* und danach weder aufgibt, bestraft wird oder Wiedergutmachung bekommt, erhält folgende Punkte:

Finishing place	*Points*
First	1
Second	2
Third	3
Fourth	4
Fifth	5
Sixth	6
Seventh	7
Each place thereafter	Add 1 point

A5 SCORES DETERMINED BY THE RACE COMMITTEE

A5.1 A boat that did not *start, sail the course* or *finish*, or comply with rule 30.2, 30.3, 30.4 or 78.2, or that retires or takes a penalty under rule 44.3(a), shall be scored accordingly by the race committee without a hearing. Only the protest committee may take other scoring actions that worsen a boat's score.

A5.2 A boat that did not *start*, did not *sail the course*, did not *finish*, retired or was disqualified shall be scored points for the finishing place one more than the number of boats entered in the series. A boat that is penalized under rule 30.2 or that takes a penalty under rule 44.3(a) shall be scored points as provided in rule 44.3(c).

A5.3 If the notice of race or sailing instructions state that rule A5.3 will apply, rule A5.2 is changed so that a boat that came to the starting area but did not *start*, did not *sail the course*, did not *finish*, retired or was disqualified shall be scored points for the finishing place one more than the number of boats that came to the starting area, and a boat that did not come to the starting area shall be scored points for the finishing place one more than the number of boats entered in the series.

A6 CHANGES IN PLACES AND SCORES OF OTHER BOATS

A6.1 If a boat is disqualified from a race or retires after *finishing*, each boat with a worse finishing place shall be moved up one place.

Zielplatz	*Punkte*
Erster	1
Zweiter	2
Dritter	3
Vierter	4
Fünfter	5
Sechster	6
Siebter	7
jeder folgende Platz	füge einen Punkt hinzu

A5 Wertungen, die durch das Wettfahrtkomitee festgelegt werden

A5.1 Ein Boot, das nicht *gestartet* ist, nicht *die Bahn abgesegelt* hat oder nicht *durchs Ziel gegangen* ist, das Regel 30.2, 30.3, 30.4 oder 78.2 nicht eingehalten hat, das aufgibt oder das eine Strafe nach Regel 44.3(a) annimmt, muss vom Wettfahrtkomitee ohne Anhörung entsprechend gewertet werden. Nur das Protestkomitee kann andere Maßnahmen ergreifen, die die Wertung eines Bootes verschlechtern.

A5.2 Ein Boot, das nicht *gestartet* ist, nicht *die Bahn abgesegelt* hat, nicht *durchs Ziel gegangen* ist, aufgegeben hat oder disqualifiziert wurde, muss Punkte für den Zielplatz erhalten, die um eins größer sind als die Anzahl der für die Serie gemeldeten Boote. Ein Boot, das nach Regel 30.2 bestraft wird oder eine Strafe nach Regel 44.3(a) annimmt, muss mit Punkten wie in Regel 44.3(c) vorgesehen gewertet werden.

A5.3 Wenn die Ausschreibung oder die Segelanweisungen festlegen, dass Regel A5.3 gilt, wird Regel A5.2 so geändert, dass ein Boot, das ins Startgebiet gekommen ist, aber nicht *gestartet* ist, nicht *die Bahn abgesegelt* hat oder nicht *durchs Ziel gegangen* ist, aufgegeben hat oder disqualifiziert wurde, Punkte für den Zielplatz erhalten muss, die um eins größer sind als die Anzahl der Boote, die ins Startgebiet gekommen sind, und ein Boot, das nicht ins Startgebiet gekommen ist, Punkte für den Zielplatz erhalten muss, die um eins größer sind als die Anzahl der für die Serie gemeldeten Boote.

A6 Änderungen von Plätzen und Wertungen anderer Boote

A 6.1 Wenn ein Boot disqualifiziert wird oder aufgibt, nachdem es *durchs Ziel gegangen* ist, rücken alle Boote mit einem schlechteren Zielplatz um einen Platz nach vorne.

A10 SCORING ABBREVIATIONS

These scoring abbreviations shall be used for recording the circumstances described:

DNC	Did not *start*; did not come to the starting area
DNS	Did not *start* (other than DNC and OCS)
OCS	Did not *start*; on the course side of the starting line at her starting signal and failed to start, or broke rule 30.1
ZFP	20% penalty under rule 30.2
UFD	Disqualification under rule 30.3
BFD	Disqualification under rule 30.4
SCP	Scoring Penalty applied
NSC	Did not *sail the course*
DNF	Did not *finish*
RET	Retired
DSQ	Disqualification
DNE	Disqualification that is not excludable
RDG	Redress given
DPI	Discretionary penalty imposed

A10 Abkürzungen für Wertungen

Diese Abkürzungen für Wertungen müssen für die Aufzeichnung der beschriebenen Umstände verwendet werden:

DNC	Nicht *gestartet*; nicht ins Startgebiet gekommen
DNS	Nicht *gestartet* (aber nicht DNC oder OCS)
OCS	Nicht *gestartet*; auf der Bahnseite der Linie beim Startsignal und nicht gestartet oder Regel 30.1 verletzt
ZFP	20-%-Strafe nach Regel 30.2
UFD	Disqualifikation nach Regel 30.3
BFD	Disqualifikation nach Regel 30.4
SCP	Wertungsstrafe angewandt
NSC	Nicht *die Bahn abgesegelt*
DNF	Nicht *durchs Ziel gegangen*
RET	Aufgegeben
DSQ	Disqualifikation
DNE	Disqualifikation, die nicht ausgenommen werden kann
RDG	Wiedergutmachung gewährt
DPI	Ermessensstrafe verhängt

APPENDIX B
WINDSURFING FLEET RACING RULES

Windsurfing fleet races (including marathon races) shall be sailed under The Racing Rules of Sailing as changed by this appendix. The term 'boat' elsewhere in the racing rules means 'board' or 'boat' as appropriate. A marathon race is a race intended to last more than one hour.

Note: Rules for Slalom, Expression (including Wave and Freestyle) and Speed disciplines are not included in this appendix. These are available at the World Sailing website.

CHANGES TO THE DEFINITIONS

The definitions *Mark-Room*, and *Tack, Starboard* or *Port* are changed to:

Mark-Room

Mark-Room for a board is *room* to sail her *proper course* to round or pass the *mark*. However, *mark-room* for a board does not include *room* to tack unless she is *overlapped* inside and to *windward* of the board required to give *mark-room* and she would be *fetching* the *mark* after her tack.

Tack, Starboard or Port

A board is on the *tack*, *starboard* or *port*, corresponding to the competitor's hand that would be nearer the mast if the competitor were in normal sailing position with both hands on the wishbone and arms not crossed. A board is on *starboard tack* when the competitor's right hand would be nearer the mast and is on *port tack* when the competitor's left hand would be nearer the mast.

The definition *Zone* is deleted.

Add the following definitions:

Capsized

A board is *capsized* when she is not under control because her sail or the competitor is in the water.

Anhang B
Windsurfing Fleet Racing Regeln

Windsurf-Fleet Races (einschließlich Marathon-Wettfahrten) müssen nach den Wettfahrtregeln Segeln mit den Änderungen dieses Anhangs gesegelt werden. Der Ausdruck „Boot“ an anderen Stellen der Wettfahrtregeln Segeln bedeutet „Board“ oder „Boot“ entsprechend der Sachlage. Eine Marathon-Wettfahrt ist eine Wettfahrt, deren Dauer mehr als eine Stunde betragen soll.

Anmerkung: Die Regeln für Slalom, Expression (einschließlich Wave und Freestyle) und Speed Disziplinen sind nicht in diesem Anhang enthalten. Diese sind auf der World Sailing Website erhältlich.

Änderungen von Definitionen

Die Definitionen *Bahnmarken-Raum* und *Schlag, Steuerbord* oder *Backbord* werden geändert in:

Bahnmarken-Raum

Bahnmarken-Raum für ein Board ist *Raum* um seinen *richtigen Kurs* zum Runden oder Passieren der *Bahnmarke* zu segeln. Jedoch schließt *Bahnmarken-Raum* für ein Board nicht den *Raum* zum Wenden ein, außer es *überlappt* innen und in *Luv* eines Boards, das ihm *Bahnmarken-Raum* geben muss und wenn es nach der Wende die *Bahnmarke* anliegen kann.

Schlag, Steuerbord oder Backbord

Ein Board ist auf dem *Schlag, Steuerbord* (Wind von Steuerbord) oder *Backbord* (Wind von Backbord), entsprechend der Hand des Teilnehmers, die näher am Mast ist, wenn der Teilnehmer in normaler Segel-Position mit beiden Händen am Gabelbaum segelt und die Arme nicht überkreuzt hat. Ein Board ist auf *Steuerbordschlag* (Wind von Steuerbord) wenn die rechte Hand des Teilnehmers näher am Mast wäre und auf einem *Backbordschlag* (Wind von Backbord), wenn die linke Hand des Teilnehmers näher am Mast wäre.

Die Definition *Zone* ist gelöscht.

Füge die folgenden Definitionen hinzu:

Gekentert

Ein Board ist *gekentert*, wenn es nicht unter Kontrolle ist, weil sein Segel oder der Körper des Teilnehmers im Wasser ist.

Rounding or Passing

A board is *rounding or passing a mark* from the time her *proper course* is to begin to manoeuvre to round or pass it, until the *mark* has been rounded or passed.

B1 CHANGES TO THE RULES OF PART 1

[No changes.]

B2 CHANGES TO THE RULES OF PART 2

13 WHILE TACKING

Rule 13 is changed to:

After a board passes head to wind, she shall *keep clear* of other boards until her sail has filled. During that time rules 10, 11 and 12 do not apply. If two boards are subject to this rule at the same time, the one on the other's port side or the one astern shall *keep clear*.

17 ON THE SAME TACK BEFORE A REACHING START

Rule 17 is changed to:

When, at the warning signal, the course to the first *mark* is approximately ninety degrees from the true wind, a board *overlapped* to *leeward* of another board on the same *tack* during the last 30 seconds before her starting signal shall not sail above the shortest course to the first *mark* while they remain *overlapped* if as a result the other board would need to take action to avoid contact, unless in doing so she promptly sails astern of the other board.

18 MARK-ROOM

Rule 18 is changed as follows:

The first sentence of rule 18.1 is changed to:

Rule 18 applies between boards when they are required to leave a *mark* on the same side and at least one of them is *rounding* or *passing* it.

Rule 18.2(b) is changed to:

(b) If boards are *overlapped* when the first of them is *rounding or passing* the *mark*, the outside board at that moment shall thereafter give the inside board *mark-room*. If a board is *clear ahead* when she is *rounding or passing* the *mark*, the board *clear astern* at that moment shall thereafter give her *mark-room*.

Runden oder Passieren

Ein Board ist dabei, *eine Bahnmarke zu runden* oder *zu passieren*, wenn sein *richtiger Kurs* ist, das Manöver zum Runden oder Passieren zu beginnen, bis es die *Bahnmarke* gerundet oder passiert hat.

B1 Änderungen von Regeln des Teils 1

[keine Änderungen]

B2 Änderungen von Regeln des Teils 2

13 Während des Wendens

Regel 13 ist geändert in:

Nachdem ein Board mit dem Bug durch den Wind gegangen ist, muss es sich von anderen Boards *freihalten*, bis sich sein Segel gefüllt hat. Während dieser Zeit sind die Regeln 10, 11 und 12 nicht anwendbar. Wenn zwei Boards zur gleichen Zeit unter diese Regel fallen, muss sich das auf der Backbordseite des anderen oder das achteraus befindliche Board *freihalten*.

17 Auf gleichem Schlag vor einem Halbwind-Start

Regel 17 ist geändert in:

Wenn beim Ankündigungssignal der Kurs zur ersten *Bahnmarke* ungefähr neunzig Grad zum wahren Wind liegt, darf ein in *Lee überlappendes* Board auf gleichem *Schlag*, in den letzten 30 Sekunden vor seinem Startsignal, nicht über seinen kürzesten Kurs zur ersten *Bahnmarke* segeln so lange die *Überlappung* besteht, und wenn das andere Board als Ergebnis ausweichen muss, um eine Berührung zu vermeiden, außer es segelt dadurch unverzüglich achteraus des anderen Boards.

18 Bahnmarken-Raum

Regel 18 ist wie folgt geändert:

Der erste Satz von Regel 18.1 ist geändert in:

Regel 18 gilt zwischen Boards, wenn sie eine *Bahnmarke* auf der gleichen Seite lassen müssen und mindestens eines von ihnen diese *rundet* oder *passiert*.

Regel 18.2(b) ist geändert in:

(b) *Überlappen* Boards, wenn das erste von ihnen die *Bahnmarke rundet* oder *passiert*, muss das zu diesem Zeitpunkt außen liegende Board dem innen liegenden Board danach *Bahnmarken-Raum* geben. Ist ein Board *klar voraus*, wenn es die *Bahnmarke rundet* oder *passiert*, muss das zu diesem Zeitpunkt *klar achteraus* liegende Board ihm danach *Bahnmarken-Raum* geben.

Rule 18.2(c) is changed to:

(c) When a board is required to give *mark-room* by rule 18.2(b), she shall continue to do so even if later an *overlap* is broken or a new *overlap* begins. However, if the board entitled to *mark-room* passes head to wind, rule 18.2(b) ceases to apply.

Rule 18.2(d) is changed to:

(d) Rules 18.2(b) and (c) cease to apply if the board entitled to *mark-room* passes head to wind.

Rule 18.3 is deleted.

18.4 Gybing and Bearing Away

Rule 18.4 is changed to:

When an inside *overlapped* right-of-way board must gybe or bear away at a *mark* to sail her *proper course*, until she gybes or bears away she shall sail no farther from the *mark* than needed to sail that course. Rule 18.4 does not apply at a gate *mark*.

22 CAPSIZED; AGROUND; RESCUING

Rule 22 is changed to:

22.1 If possible, a board shall avoid a board that is *capsized* or has not regained control after *capsizing*, is aground, or is trying to help a person or vessel in danger.

22.2 If possible, a board that is *capsized* or aground shall not interfere with another board.

23 INTERFERING WITH ANOTHER BOARD; SAIL OUT OF WATER

Add new rule 23.3:

23.3 In the last minute before her starting signal, a board shall have her sail out of the water and in a normal position, except when accidentally *capsized*.

B3 CHANGES TO THE RULES OF PART 3

26 STARTING RACES

Rule 26 is changed to:

Regel 18.2(c) ist geändert in:

(c) Wenn ein Board durch Regel 18.2(b) verpflichtet ist, *Bahnmarken-Raum* zu geben, muss es dies weiterhin tun, auch wenn später die *Überlappung* gelöst wurde oder es eine neue *Überlappung* erhielt. Wenn jedoch das Board mit *Bahnmarken-Raum* mit dem Bug durch den Wind geht, hört Regel 18.2(b) auf anwendbar zu sein.

Regel 18.2(d) ist geändert in:

(d) Die Regeln 18.2(b) und (c) hören auf zu gelten, wenn das Board mit Anrecht auf *Bahnmarken-Raum* mit dem Bug durch den Wind geht.

Regel 18.3 ist gelöscht.

18.4 Halsen und Abfallen

Regel 18.4 ist geändert in:

Wenn ein innen *überlappendes* Board mit Wegerecht an einer *Bahnmarke* halsen oder abfallen muss, um seinen *richtigen Kurs* zu segeln, darf es bis zum Halsen oder Abfallen nicht weiter von der *Bahnmarke* wegsegeln, als dies zum Segeln dieses Kurses notwendig ist. Regel 18.4 gilt nicht an einer Tor-*Bahnmarke*.

22 Gekentert, auf Grund gelaufen, Hilfe leistend

Regel 22 ist geändert in:

22.1 Wenn möglich muss ein Board einem anderen Board ausweichen, das *gekentert* ist, oder nach einer *Kenterung* die Kontrolle noch nicht wiedererlangt hat, das auf Grund gelaufen ist, oder das versucht einer Person oder einem in Gefahr befindlichen Fahrzeug zu helfen.

22.2 Wenn möglich, darf ein *gekentertes* oder auf Grund gelaufenes Board ein anderes Board nicht behindern.

23 Behinderung anderer Boards; Segel aus dem Wasser

Füge neue Regel 23.3 hinzu:

23.3 In der letzten Minute vor seinem Startsignal muss das Segel eines Boards aus dem Wasser sein und sich in einer normalen Stellung befinden, außer das Board ist versehentlich *gekentert*.

B3 Änderungen von Regeln des Teils 3

26 Starten von Wettfahrten

Regel 26 ist geändert in:

26.1 System 1 (for Upwind Starts)

Races shall be started by using the following signals. Times shall be taken from the visual signals; the absence of a sound signal shall be disregarded.

Minutes before starting signal	*Visual signal*	*Sound signal*	*Means*
5*	Class flag	One	Warning signal
4	P, I, U, or black flag	One	Preparatory signal
1	Preparatory flag removed	One long	One minute
0	Class flag removed	One	Starting signal

*or as stated in the notice of race or sailing instructions

The warning signal for each succeeding class shall be made with or after the starting signal of the preceding class.

26.2 System 2 (for Reaching Starts)

Races shall be started by using the following signals. Times shall be taken from the visual signals; the absence of a sound signal shall be disregarded.

Minutes before starting signal	*Visual signal*	*Sound signal*	*Means*
3	Class flag		Attention signal
2	Red flag; attention signal removed	One	Warning signal
1	Yellow flag; red flag removed	One	Preparatory
½	Yellow flagremoved	One long	One minute
0	Class flag removed		30 seconds

26.1 System 1 (für Starts gegen den Wind)
Wettfahrten müssen unter Verwendung der folgenden Signale gestartet werden. Die Zeiten müssen von den optischen Signalen genommen werden. Das Ausbleiben eines Schallsignals ist nicht zu beachten.

Minuten vor Startsignal	*Optisches Signal*	*Schall-signal*	*Bedeutung*
5*	Klassenflagge	ein	Ankündigungssignal
4	P, I, U oder schwarze Flagge	ein	Vorbereitungssignal
1	Vorbereitungssignal entfernt	ein langes	Eine Minute
0	Klassenflagge entfernt	ein	Startsignal

* oder wie in der Ausschreibung oder den Segelanweisungen festgelegt

Das Ankündigungssignal für jede folgende Klasse ist mit oder nach dem Startsignal der vorangehenden Klasse zu geben.

26.2 System 2 (für Halbwind-Starts)
Wettfahrten müssen unter Verwendung der folgenden Signale gestartet werden. Die Zeiten müssen von den optischen Signalen genommen werden. Das Ausbleiben eines Schallsignals ist nicht zu beachten.

Minuten vor Startsignal	*Optisches Signal*	*Schall-signal*	*Bedeutung*
3	Klassenflagge		Achtungssignal
2	Rote Flagge; Achtungs-signal entfernt	ein	Ankündigungs-signal
1	Gelbe Flagge; Rote Flagge entfernt	ein	Vorbereitungs-signal
½	Gelbe Flagge entfernt		30 Sekunden
0	Grüne Flagge	ein	Startsignal

26.3 System 3 (for Beach Starts)

(a) When the starting line is on the beach, or so close to the beach that the competitor must stand in the water to *start*, the start is a beach start.

(b) The starting stations shall be numbered so that station 1 is the most windward one. Unless the sailing instructions specify some other system, a board's starting station shall be determined

(1) by ranking (the highest ranking board on station 1, the next highest on station 2, and so on), or

(2) by draw.

(c) After boards have been called to take their positions, the race committee shall make the preparatory signal by displaying a red flag with one sound. The starting signal shall be made, at any time after the preparatory signal, by removing the red flag with one sound.

(d) After the starting signal each board shall take the shortest route from her starting station to the water and then to her sailing position without interfering with other boards. Part 2 rules will apply when both of the competitor's feet are on the board.

30 STARTING PENALTIES

Rule 30.2 is deleted.

31 TOUCHING A MARK

Rule 31 is changed to:

A board may touch a *mark* but shall not hold on to it.

B4 CHANGES TO THE RULES OF PART 4

42 PROPULSION

Rule 42 is changed to:

A board shall be propelled only by the action of the wind on the sail and by the action of the water on the hull. However, pumping and fanning the sail is permitted. The board shall not be propelled by paddling, swimming or walking.

44 PENALITIES AT THE TIME OF AN INCIDENT

Rule 44 is changed to:

44.1 Taking a Penalty

A board may take a 360°-Turn Penalty when she may have broken one or more rules of Part 2 in an incident while *racing*. The sailing

26.3 System 3 (für Beach-Starts)

(a) Wenn die Startlinie auf dem Strand, oder so nahe am Strand liegt, dass der Teilnehmer im Wasser stehen muss, um zu *starten*, ist der Start ein Beach-Start.

(b) Die Startstationen müssen so nummeriert sein, dass Station 1 die am weitesten in Luv liegende ist. Außer wenn die Segelanweisungen ein anderes System festlegen, muss die Startstation eines Boards bestimmt werden

(1) nach Platzierung (das höchstplatzierte Board auf Station 1, das nächstplatzierte Board auf Station 2, usw.), oder

(2) durch eine Auslosung.

(c) Nachdem die Boards aufgerufen wurden, ihre Station zu besetzen, muss das Wettfahrtkomitee das Vorbereitungssignal durch Zeigen einer roten Flagge mit einem Schallsignal geben. Das Startsignal muss irgendwann nach dem Vorbereitungssignal durch Entfernen der roten Flagge mit einem Schallsignal gegeben werden.

(d) Nach dem Startsignal muss jedes Board den kürzesten Weg von der Startstation zum Wasser und dann in seine Segelposition nehmen ohne andere Boards zu behindern. Die Regeln von Teil 2 beginnen zu gelten, wenn der Teilnehmer beide Füße auf dem Board hat.

30 Startstrafen

Regel 30.2 ist gelöscht.

31 Berührung einer Bahnmarke

Regel 31 ist geändert in:

Ein Board darf eine *Bahnmarke* berühren, sich aber nicht an ihr festhalten.

B4 Änderungen von Regeln des Teils 4

42 Vortrieb

Regel 42 ist geändert in:

Ein Board darf Vortrieb nur durch die Einwirkung des Windes auf das Segel und die Einwirkung des Wassers auf das Board erhalten. Pumpen und Fanning des Segels ist erlaubt. Das Board darf nicht durch Paddeln, Schwimmen oder Laufen vorangetrieben werden.

44 Strafen zum Zeitpunkt eines Vorfalls

Regel 44 ist geändert in:

44.1 Annahme einer Strafe

Ein Board kann eine 360°-Drehung Strafe annehmen, wenn es *in einer Wettfahrt befindlich* gegen eine oder mehrere Regeln von Teil 2 verstoßen

instructions may specify the use of some other penalty. However, if the board caused injury or serious damage or, despite taking a penalty, gained a significant advantage in the race or series by her breach, her penalty shall be to retire.

44.2 360°-Turn Penalty

After getting well clear of other boards as soon after the incident as possible, a board takes a 360°-Turn Penalty by promptly making a 360° turn with no requirement for a tack or a gybe. When a board takes the penalty at or near the finishing line, her hull shall be completely on the course side of the line before she *finishes.*

50 COMPETITOR CLOTHING AND EQUIPMENT

Rule 50.1(a) is changed to:

(a) Competitors shall not wear or carry clothing or equipment for the purpose of increasing their weight. However, a competitor may wear a drinking container that shall have a capacity of no more than 1.5 litres.

PART 4 RULES DELETED

Rules 45, 48.2, 49, 50.1(c), 50.2, 51, 52, 54, 55 and 56.1 are deleted.

B5 CHANGES TO THE RULES OF PART 5

60 RIGHT TO PROTEST; RIGHT TO REQUEST REDRESS OR RULE 69 ACTION

Rule 60.1(a) is changed by deleting 'or saw'.

61 PROTEST REQUIREMENTS

61.1 Informing the Protestee

Rule 61.1(a) is changed to:

(a) The protesting board shall inform the other board at the first reasonable opportunity. When her *protest* will concern an incident in the racing area, she shall hail 'Protest' at the first reasonable opportunity. She shall also inform the race committee of her intention to protest as soon as practicable after she *finishes* or retires. However,

(1) if the other board is beyond hailing distance, the protesting board need not hail but she shall inform the other board at the first reasonable opportunity;

haben könnte. Die Segelanweisungen können den Gebrauch anderer Strafen festlegen. Wenn jedoch das Board bei seinem Verstoß eine Verletzung oder ernsthaften Schaden verursacht hat oder trotz Annahme einer Strafe einen erheblichen Vorteil in einer Wettfahrt oder Serie erlangt hat, muss seine Strafe das Aufgeben der Wettfahrt sein.

44.2 360°-Drehungsstrafe

Nachdem sich ein Board so bald wie möglich nach dem Vorfall von anderen Boards freigesegelt hat, nimmt es eine 360° Drehungsstrafe an, indem es unverzüglich eine 360°-Drehung ohne Erfordernis einer Wende oder Halse durchführt. Wenn ein Board die Strafe auf oder in der Nähe der Ziellinie ausführt, muss sein Rumpf vollständig auf der Bahnseite der Linie sein, bevor es *durchs Ziel geht*.

50 Kleidung und Ausrüstung der Teilnehmer

Regel 50.1(a) ist geändert in:

(a) Teilnehmer dürfen keine Kleidung oder Ausrüstung zur Erhöhung ihres Gewichtes tragen. Ein Teilnehmer darf jedoch einen Trinkbehälter mit sich führen, der ein Fassungsvermögen von nicht mehr als 1,5 Liter hat.

Regeln von Teil 4, die gelöscht sind

Die Regeln 45, 48.2, 49, 50.1(c), 50.2, 51, 52, 54, 55 und 56.1 sind gelöscht.

B5 Änderungen von Regeln des Teils 5

60 Das Recht zu protestieren; das Recht Wiedergutmachung zu beantragen; Maßnahmen nach Regel 69

Regel 60.1(a) ist geändert, indem „oder ihn gesehen hat" gelöscht ist.

61 Protesterfordernisse

61.1 Benachrichtigung des Protestgegners

Regel 61.1(a) ist geändert in:

(a) Das protestierende Board muss das andere Board bei der ersten zumutbaren Gelegenheit informieren. Betrifft der *Protest* einen Vorfall im Wettfahrtgebiet, muss es bei der ersten zumutbaren Gelegenheit „Protest!" rufen. Es muss ebenfalls so bald wie möglich nach seinem *Zieldurchgang* oder seinem Aufgeben das Wettfahrtkomitee über seine Absicht zu protestieren informieren. Jedoch

(1) braucht das protestierende Board nicht rufen, wenn das andere Board außer Rufweite ist, muss es aber bei der ersten zumutbaren Gelegenheit informieren;

(2) no red flag need be displayed;

(3) if the incident was an error by the other board in *sailing the course*, she need not hail but she shall inform the other board either before or at the first reasonable opportunity after the other board *finishes*;

(4) if at the time of the incident it is obvious to the protesting board that either competitor is in danger, or that injury or serious damage resulted, the requirements of this rule do not apply to her, but she shall attempt to inform the other board within the time limit of rule 61.3.

61.2 Protest Contents

Add to rule 61.2:

This rule does not apply to a race in an elimination series that will qualify a board to compete in a later stage of an event.

62 REDRESS

Rule 62.1(b) is changed to:

(b) injury, physical damage or *capsize* because of the action of

(1) a board that broke a rule of Part 2 and took an appropriate penalty or was penalized, or

(2) a vessel not *racing* that was required to keep clear.

63 HEARINGS

63.6 Taking Evidence and Finding Facts

Add to rule 63.6:

However, for an elimination series race that will qualify a board to compete in a later stage of an event, *protests* and requests for redress need not be in writing; they shall be made orally to a member of the protest committee as soon as reasonably possible following the race. The protest committee may take evidence in any way it considers appropriate and may communicate its decision orally.

(2) muss keine rote Flagge gezeigt werden;

(3) wenn der Vorfall darin besteht, dass das andere Board einen Fehler beim *Absegeln der Bahn* gemacht hat, muss es nicht Protest rufen, aber es muss das andere Board, entweder bevor oder bei der ersten zumutbaren Gelegenheit nachdem das Board *durchs Ziel geht*, informieren;

(4) wenn zum Zeitpunkt des Vorfalls für das protestierende Board klar erkennbar ist, dass sich einer der in den Vorfall verwickelten Teilnehmer in Gefahr befindet, oder eine Verletzung oder ein erheblicher Schaden entstanden ist, gelten für dieses Board die Erfordernisse dieser Regel nicht, aber es muss versuchen, das andere Board innerhalb der Protestfrist nach Regel 61.3 zu informieren.

61.2 Inhalt des Protestes

Füge zu Regel 61.2 hinzu:

Diese Regel gilt nicht in einer Ausscheidungsserie, in der sich ein Board für die Teilnahme an einer späteren Stufe dieser Veranstaltung qualifiziert.

62 Wiedergutmachung

Regel 62.1(b) ist geändert in:

(b) Verletzung, physischer Schaden oder *Kenterung* aufgrund einer Handlung von

(1) einem Board, das gegen eine Regel von Teil 2 verstoßen hat und die entsprechende Strafe angenommen hat oder bestraft wurde, oder

(2) einem nicht *in einer Wettfahrt* befindlichem Fahrzeug, das verpflichtet war sich freizuhalten.

63 Anhörungen

63.6 Beweiserhebung und Feststellung des Sachverhalts

Füge zu Regel 63.6 hinzu:

Jedoch müssen *Proteste* und Anträge auf Wiedergutmachung in einer Ausscheidungsserie, in der sich ein Board für die Teilnahme an einer späteren Stufe dieser Veranstaltung qualifiziert, nicht schriftlich sein; sie sollen bei der ersten zumutbaren Gelegenheit nach der Wettfahrt mündlich einem Mitglied des Protestkomitees mitgeteilt werden. Das Protestkomitee kann Beweise auf jede ihm angemessen erscheinende Weise erheben und seine Entscheidung mündlich mitteilen.

64 DECISIONS

Rule 64.4(b) is changed to:

(b) When the protest committee is in doubt about a matter concerning the measurement of a board, the meaning of a class rule, or damage to a board, it shall refer its questions, together with the relevant facts, to an authority responsible for interpreting the rule. In making its decision, the committee shall be bound by the reply of the authority.

65 INFORMING THE PARTIES AND OTHERS

Add to rule 65.2:

This rule does not apply to a race in an elimination series that will qualify a board to compete in a later stage of an event.

70 APPEALS AND REQUESTS TO A NATIONAL AUTHORITY

Rules 70.5 and 70.5(a) are changed to:

70.5 There shall be no appeal from the decisions of an international jury constituted in compliance with Appendix N, and no appeal from the decisions of the protest committee for a race in an elimination series that will qualify a board to compete in a later stage of an event. Furthermore, if the notice of race or sailing instructions so state, the right of appeal may be denied provided that

(a) it is essential to determine promptly the result of a race that will qualify a board to compete in a a subsequent event (a national authority may prescribe that its permission is required for such a procedure);

B6 CHANGES TO THE RULES OF PART 6

78 COMPLIANCE WITH CLASS RULES; CERTIFICATES

Add to rule 78.1: 'When so prescribed by World Sailing, a numbered and dated device on a board and her centreboard, fin and rig shall serve as her measurement certificate.'

B7 CHANGES TO THE RULES OF PART 7

90 RACE COMMITTEE; SAILING INSTRUCTIONS; SCORING

The last sentence of rule 90.2(c) is changed to: 'Oral instructions may be given only if the procedure is stated in the sailing instructions.'

64 Entscheidungen

Regel 64.4(b) ist geändert in:

(b) Hat das Protestkomitee Zweifel bezüglich einer die Vermessung eines Boards betreffenden Angelegenheit, der Bedeutung einer Klassenregel oder des Schadens eines Boards, muss es seine Fragen zusammen mit den entsprechenden Fakten einer für die Auslegung der Regel zuständigen Stelle unterbreiten. Das Protestkomitee ist bei seiner Entscheidung an die Antwort der zuständigen Stelle gebunden.

65 Benachrichtigung der Parteien und anderer Stellen

Füge zu Regel 65.2 hinzu:

Diese Regel gilt nicht in einer Ausscheidungsserie, in der sich ein Board für die Teilnahme an einer späteren Stufe dieser Veranstaltung qualifiziert.

70 Berufungen und Anträge an einen nationalen Verband

Regeln 70.5 und 70.5(a) sind geändert in:

70.5 Gegen Entscheidungen einer internationalen Jury, die in Übereinstimmung mit Anhang N zusammengesetzt ist und Entscheidungen eines Protestkomitees, die eine Wettfahrt in einer Ausscheidugsserie betreffen, in der sich ein Board für die Teilnahme an einer späteren Stufe dieser Veranstaltung qualifiziert, kann keine Berufung eingelegt werden. Ferner darf das Recht auf Berufung ausgeschlossen werden, wenn Ausschreibung oder Segelanweisungen das so festlegen, und vorausgesetzt, dass

(a) es entscheidend ist, die Ergebnisse einer Wettfahrt unverzüglich festzulegen, weil davon die Qualifizierung eines Boards für eine folgende Veranstaltung abhängt (wobei ein nationaler Verband vorschreiben kann, dass seine Einwilligung für ein solches Verfahren erforderlich ist);

B6 Änderungen von Regeln des Teils 6

78 Einhaltung der Klassenregeln; Bescheinigungen

Füge zu Regel 78.1 hinzu: Wenn von World Sailing vorgeschrieben, gilt eine nummerierte und mit Datum versehene Bauteilkennzeichnung auf Brett und zugehörigem Schwert, Finne und Rigg als Messbrief.

B7 Änderungen von Regeln des Teils 7

90 Wettfahrtkomitee; Segelanweisungen; Wertung

Der letzte Satz von Regel 90.2(c) ist geändert in: „Mündliche Anweisungen dürfen nur gegeben werden, wenn das Verfahren dazu in den Segelanweisungen festgelegt ist.“

B8 CHANGES TO APPENDIX A

A1 NUMBER OF RACES; OVERALL SCORES

Rule A1 is changed to:

The number of races scheduled and the number required to be completed to constitute a series shall be stated in the notice of race or sailing instructions. If an event includes more than one discipline or format, the notice of race or sailing instructions shall state how the overall scores are to be calculated.

A2 SERIES SCORES

Rule A2.1 is changed to:

Each board's series score shall, subject to rule 90.3(b), be the total of her race scores excluding her

(a) worst score when from 5 to 11 races have been completed, or

(b) two worst scores when 12 or more races have been completed.

However, the notice of race or sailing instructions may make a different arrangement. A race is completed if scored; see rule 90.3(a). If a board has two or more equal worst scores, the score(s) for the race(s) sailed earliest in the series shall be excluded. The board with the lowest series score wins and others shall be ranked accordingly.

A5 SCORES DETERMINED BY THE RACE COMMITTEE

Add new rule A5.4:

A5.4 For an elimination series race that will qualify a board to compete in a later stage of an event, a board that did not *start*, did not *sail the course*, did not *finish*, retired or was disqualified shall be scored points equal to the number of boards permitted to sail in that race.

A8 SERIES TIES

Rule A8 is changed to:

A8.1 If there is a series-score tie between two or more boards, each board's excluded race scores shall be listed in order of best to worst, and at the first point(s) where there is a difference the tie shall be broken in favour of the board(s) with the best excluded race score(s).

B8 Änderungen von Anhang A

A1 Anzahl der Wettfahrten; Gesamtwertung

Regel A1 ist geändert in:

Die Anzahl der vorgesehenen Wettfahrten und die für die Gültigkeit einer Serie notwendige Anzahl abgeschlossener Wettfahrten müssen in der Ausschreibung oder den Segelanweisungen festgelegt sein. Wenn eine Veranstaltung mehr als eine Disziplin oder Format einschließt, müssen die Ausschreibung oder Segelanweisungen festlegen, wie die Gesamtwertung zu berechnen ist.

A2 Serienwertungen

Regel A2.1 ist geändert in:

Die Serienwertung eines Boards unter Berücksichtigung von Regel 90.3(b), ist die Summe seiner Wettfahrtwertungen, ausgenommen

(a) seine schlechteste Wertung, wenn zwischen 5 oder 11 Wettfahrten abgeschlossen sind, oder

(b) seine zwei schlechtesten Wertungen, wenn 12 oder mehr Wettfahrten abgeschlossen sind.

Die Ausschreibung oder Segelanweisungen können eine abweichende Regelung vorsehen, Eine Wettfahrt ist abgeschlossen, wenn sie gewertet ist; siehe Regel 90.3(a).) Wenn ein Board zwei oder mehr gleiche schlechteste Ergebnisse hat, so werden die Wertungen der Wettfahrten ausgenommen, die früher in der Serie gesegelt wurden. Das Board mit der niedrigsten Serienwertung gewinnt, die anderen werden entsprechend platziert.

A5 Wertungen, die vom Wettfahrtkomitee festgelegt werden

Füge neue Regel A5.4 hinzu:

A5.4 In einer Ausscheidungsserie, in der sich ein Board für die Teilnahme an einer späteren Stufe dieser Veranstaltung qualifiziert, muss ein Board, dass nicht *startet*, nicht die *Bahn absegelt*, nicht *durchs Ziel geht*, die Wettfahrt aufgibt oder diqualifiziert wird, mit Punkten entsprechend der Anzahl der in der Wettfahrt startberechtigten Boards gewertet werden.

A8 Gleichstand in einer Serie

Regel A8 ist geändert in:

A8.1 Besteht ein Gleichstand in der Serienwertung zwischen zwei oder mehr Boards, sind die ausgenommenen Wettfahrtwertungen jedes Boards in der Reihenfolge von der besten zur schlechtesten aufzulisten und beim (bei den) ersten Punkt(en), bei denen eine Differenz besteht, muss der Gleichstand zugunsten des (der) Boards mit dem (der) besten ausgenommenen Wettfahrtwertung(en) aufgelöst werden.

A8.2 If a tie remains between two or more boards, each board's race scores, including excluded scores, shall be listed in order of best to worst, and at the first point(s) where there is a difference the tie shall be broken in favour of the board(s) with the best score(s). These scores shall be used even if some of them are excluded scores.

A8.3 If a tie still remains between two or more boards, they shall be ranked in order of their scores in the last race. Any remaining ties shall be broken by using the tied boards' scores in the next to-last race and so on until all ties are broken. These scores shall be used even if some of them are excluded scores.

B9 CHANGES TO APPENDIX G

G1 WORLD SAILING CLASS BOARDS

G1.3 Positioning

Rule G1.3 is changed to:

The class insignia shall be displayed once on each side of the sail in the area above a line projected at right angles from a point on the luff of the sail one-third of the distance from the head to the wishbone. The national letters and sail numbers shall be in the central third of that part of the sail above the wishbone, clearly separated from any advertising. They shall be black and applied back to back on an opaque white background. The background shall extend a minimum of 30 mm beyond the characters. There shall be a '–' between the national letters and the sail number, and the spacing between characters shall be adequate for legibility.

A8.2 Bleibt auch dann noch Gleichstand zwischen zwei oder mehr Boards, sind die Wettfahrtwertungen dieser Boards einschließlich der von der Wertung ausgenommenen Wertungen der Reihe nach aufzulisten, beginnend bei der besten und endend bei der schlechtesten Wertung. Sobald es einen Unterschied gibt, ist der Gleichstand zugunsten des Boards mit der besseren Wertung aufzulösen. Bei dieser Auflösung sind alle, auch von der Wertung ausgenommene Wertungen mit heranzuziehen.

A8.3 Bleibt auch dann noch Gleichstand zwischen zwei oder mehr Boards, entscheidet die Wertung in der letzten Wettfahrt über die Reihenfolge. Jeder verbleibende Gleichstand wird durch die Wertung in der vorletzten Wettfahrt aufgelöst und so weiter, bis alle Gleichstände aufgelöst sind. Bei dieser Auflösung sind alle, auch von der Wertung ausgenommene Wertungen mit heranzuziehen.

B9 Änderungen von Anhang G

G1 World Sailing Klassenboards

G1.3 Positionierung

Regel G1.3 ist geändert in:
Das Klassenzeichen muss auf beiden Seiten des Segels je einmal in dem Bereich oberhalb einer gedachten Linie angebracht werden, die bei einem Drittel der Entfernung vom Kopf zum Gabelbaum rechtwinklig zum Vorliek verläuft. Nationalitätsbuchstaben und Segelnummern müssen sich im mittleren Drittel dieses Teils des Segels oberhalb des Gabelbaumes befinden, von jeder Werbung klar abgesetzt. Sie müssen schwarz sein und Rücken an Rücken auf einem undurchsichtigen weißen Hintergrund angebracht sein. Der Hintergrund muss mindestens 30 mm über die Ziffern hinausreichen. Zwischen Nationalitätsbuchstaben und Segelnummer muss sich ein „–" befinden und die Abstände zwischen einzelnen Zeichen müssen angemessene Lesbarkeit gewährleisten.

APPENDIX C
MATCH RACING RULES

Match races shall be sailed under The Racing Rules of Sailing as changed by this appendix. Matches shall be umpired unless the notice of race or sailing instructions state otherwise.

Note: A Standard Notice of Race, Standard Sailing Instructions, and Match Racing Rules for Blind Competitors are available at the World Sailing website.

C1 TERMINOLOGY

'Competitor' means the skipper, team or boat as appropriate for the event. 'Flight' means two or more matches started in the same starting sequence.

C2 CHANGES TO THE DEFINITIONS AND THE RULES OF PARTS 1, 2, 3 AND 4

C2.1 The definition *Finish* is changed to:

Finish

A boat *finishes* when any part of her hull crosses the finishing line from the course side after completing any penalties. However, when penalties are cancelled under rule C7.2(d) after one or both boats have *finished* each shall be recorded as *finished* when she crossed the line. A boat has not *finished* if she continues to *sail the course*.

C2.2 The definition *Mark-Room* is changed to:

Mark-Room

Room for a boat to sail her *proper course* to round or pass the *mark*, and room to pass a finishing mark after finishing.

C2.3 Add to the definition *Proper Course*: 'A boat taking a penalty or manoeuvring to take a penalty is not sailing a *proper course*.'

C2.4 In the definition *Zone* the distance is changed to two hull lengths.

Anhang C
Match Racing Regeln

Match Races müssen nach den Wettfahrtregeln Segeln mit den Änderungen dieses Anhangs gesegelt werden. Matches müssen von Umpires begleitet werden, außer die Ausschreibung oder die Segelanweisungen legen etwas anderes fest.

Anmerkung: Eine Standard-Ausschreibung, Standard-Segelanweisungen und Match Racing Regeln für blinde Teilnehmer sind auf der World Sailing Website verfügbar.

C1 Terminologie
„Teilnehmer" bedeutet der Steuermann, das Team oder Boot entsprechend der Veranstaltung.
„Flight" bedeutet zwei oder mehr Matches, die in der gleichen Startfolge gestartet werden.

C2 Änderungen der Definitionen und der Regeln der Teile 1, 2, 3 und 4

C2.1 Die Definition *Zieldurchgang* ist geändert in:

Zieldurchgang

Ein Boot *geht durchs Ziel*, wenn irgendein Teil seines Rumpfes die Ziellinie von der Bahnseite nach Ausführung etwaiger Strafen überquert. Wurden jedoch die Strafen gemäß Regel C7.2(d) aufgehoben, nachdem eines oder beide Boote *durchs Ziel gegangen* sind, muss jedes so als *durchs Ziel gegangen* gewertet werden, wie es die Ziellinie überquerte. Ein Boot ist nicht *durchs Ziel gegangen*, wenn es weiter die *Bahn absegelt.*

C2.2 Die Definition *Bahnmarken-Raum* ist geändert in:

Bahnmarken-Raum

Raum für ein Boot seinen *richtigen Kurs* zu segeln, um eine *Bahnmarke* zu runden oder zu passieren, und *Raum*, um eine *Ziel*bahnmarke nach dem *Ziel*durchgang zu passieren.

C2.3 Ergänze zur Definition *Richtiger Kurs*:
„Ein Boot, das eine Strafe annimmt oder manövriert, um eine Strafe anzunehmen segelt keinen *richtigen Kurs*."

C2.4 In der Definition *Zone* ist der Abstand auf zwei Rumpflängen geändert.

required based on the relationship of the boats at the time rule 18.2(a) is re-applied.

(c) If a boat obtained an inside *overlap* and, from the time the *overlap* began, the outside boat is unable to give *mark-room*, she is not required to give it.

18.3 Tacking or Gybing

(a) If *mark-room* for a boat includes a change of *tack*, such tack or gybe shall be done no faster than a tack or gybe to sail her *proper course*.

(b) When an inside *overlapped* right-of-way boat must change *tack* at a *mark* to sail her *proper course*, until she changes *tack* she shall sail no farther from the *mark* than needed to sail that course. Rule 18.3(b) does not apply at a gate *mark* or a finishing *mark* and a boat shall be exonerated for breaking this rule if the course of another boat was not affected before the boat changed *tack*.

C2.10 Rule 20.4(a) is changed to:

(a) The following arm signals by the helmsman are required in addition to the hails:

(1) for *room* to tack, repeatedly and clearly pointing to windward; and

(2) for 'You tack', repeatedly and clearly pointing at the other boat and waving the arm to windward.

C2.11 Rule 21.3 is deleted.

C2.12 Rule 23.1 is changed to:

23.1 If reasonably possible, a boat not *racing* shall not interfere with a boat that is *racing* or an umpire boat.

C2.13 Add new rule 23.3:

23.3 When boats in different matches meet, any change of course by either boat shall be consistent with complying with a *rule* or trying to win her own match.

C2.14 Rule 31 is changed to:

wieder wenn erfoderlich, basierend auf dem Verhältnis der Boote zum Zeitpunkt ab dem Regel 18.2(a) erneut gilt.

(c) Wenn ein Boot eine innere *Überlappung* erlangt hat und von diesem Zeitpunkt das außen liegende Boot nicht in der Lage ist, *Bahnmarken-Raum* zu geben, ist es nicht verpflichtet, *Bahnmarken-Raum* zu geben.

18.3 Wenden oder Halsen

(a) Wenn *Bahnmarken-Raum* für ein Boot einen Wechsel des *Schlags* beinhaltet, darf eine solche Wende oder Halse nicht schneller ausgeführt werden als eine Wende oder Halse um seinen *richtigen Kurs* zu segeln.

(b) Wenn ein innen *überlappendes* Wegerechtsboot an einer *Bahnmarke* den *Schlag* wechseln muss, um seinen *richtigen Kurs* zu segeln, darf es bis zum Wechseln des *Schlags* nicht weiter von der *Bahnmarke* entfernt segeln als notwendig, um diesen Kurs to segeln. Regel 18.3(b) gilt nicht an einer Tor-*Bahnmarke* oder einer Ziel-*Bahnmarke*. Ein Boot muss für einen Verstoß gegen diese Regel entlastet werden, wenn der Kurs eines anderen Bootes nicht beeinträchtigt war, bevor das Boot den Schlag gewechselt hat.

C2.10 Regel 20.4(a) ist geändert in:

(a) Die folgenden Armzeichen des Steuermanns sind zusätzlich zu den geforderten Zurufen erforderlich:

(1) für *Raum* zum Wenden, wiederholtes und deutlich sichtbares Zeigen nach Luv; und

(2) für „Wenden Sie“, wiederholtes und deutlich sichtbares Zeigen auf das andere Boot und Winken mit dem Arm nach Luv.

C2.11 Regel 21.3 ist gestrichen.

C2.12 Regel 23.1 ist geändert in:

23.1 Wenn vernünftigerweise möglich, darf ein nicht *in einer Wettfahrt befindliches* Boot, ein *in einer Wettfahrt befindliches* Boot oder ein Umpire-Boot nicht behindern.

C2.13 Füge neue Regel 23.3 hinzu:

23.3 Begegnen sich Boote verschiedener Matches, muss jede Kursänderung des jeweiligen Bootes mit der Einhaltung einer *Regel* oder dem Versuch, sein eigenes Match zu gewinnen, in Einklang stehen.

C2.14 Regel 31 ist geändert in:

31 TOUCHING A MARK
While *racing*, neither the crew nor any part of a boat's hull shall touch a starting *mark* before *starting*, a *mark* that begins, bounds or ends the leg of the course on which she is sailing, or a finishing *mark* after *finishing*. In addition, while *racing*, a boat shall not touch a race committee vessel that is also a *mark*.

C2.15 Add new rule 41(e):

(e) help to recover from the water and return on board a crew member, provided the return on board is at the approximate location of the recovery.

C2.16 Rule 42 shall also apply between the warning and preparatory signals.

C2.17 Rule 42.2(d) is changed to:

(d) sculling: repeated movement of the helm to propel the boat forward;

C3 RACE SIGNALS AND CHANGES TO RELATED RULES

C3.1 Starting Signals

The signals for starting a match shall be as follows. Times shall be taken from the visual signals; the failure of a sound signal shall be disregarded. If more than one match will be sailed, the starting signal for one match shall be the warning signal for the next match.

Time in minutes	*Visual signal*	*Sound signal*	*Means*
7	Flag F displayed	One	Attention signal
6	Flag F removed	None	
5	Numeral pennant displayed*	One	Warning signal
4	Flag P displayed	One	Preparatory signal
2	Blue or yellow flag or both displayed**	One**	End of pre-start entry time
1	Flag P removed	One long	
0	Warning signal removed	One	Starting signal

31 Berührung einer Bahnmarke
In einer Wettfahrt befindlich darf weder die Besatzung noch ein Teil des Rumpfes eine Start-*Bahnmarke* vor dem *Starten*, eine *Bahnmarke*, die den Bahnschenkel, auf dem es segelt, beginnt, begrenzt oder beendet, sowie eine Ziel-*Bahnmarke* nach dem Zieldurchgang berühren. Zudem darf ein Boot, während es sich *in einer Wettfahrt befindet*, ein Fahrzeug des Wettfahrtkomitees, das gleichzeitig *Bahnmarke* ist, nicht berühren.

C2.15 Füge neue Regel 41(e) hinzu:

(e) Hilfe, um ein Mitglied der Besatzung aus dem Wasser zu bergen und an Bord zurückzubringen, sofern das Zurückbringen an Bord an der ungefähren Stelle der Bergung erfolgt.

C2.16 Regel 42 muss auch zwischen den Ankündigungs- und Vorbereitungssignalen gelten.

C2.17 Regel 42.2(d) ist geändert in:

(d) Wriggen: Wiederholte Bewegung des Ruders, um das Boot vorwärts zu treiben;

C 3 Wettfahrtsignale und Änderungen in dazugehörigen Regeln

C3.1 Startsignale

Die Signale für den Start eines Matches sind die Folgenden. Zeiten müssen von den optischen Signalen genommen werden; das Versagen eines Schallsignals ist nicht zu beachten. Wird mehr als ein Match gesegelt, ist das Startsignal für ein Match das Ankündigungssignal für das nächste.

Zeit in Minuten	*optisches Signal*	*Schallsignal*	*Bedeutung*
7	Flagge F gezeigt	ein	Achtungssignal
6	Flagge F entfernt	kein	
5	Zahlenwimpel gezeigt*	ein	Ankündigungssignal
4	Flagge P gezeigt	ein	Vorbereitungssignal
2	Blaue oder gelbe Flagge oder beide gezeigt**	ein**	Ende der Vorstart-Eintrittszeit
1	Signalflagge P entfernt	ein langes	
0	Ankündigungssignal entfernt	ein	Startsignal

*Within a flight, numeral pennant 1 means Match 1, pennant 2 means Match 2, etc., unless the sailing instructions state otherwise.

**These signals shall be made only if one or both boats fail to comply with rule C4.2. The flag(s) shall be displayed until the umpires have signalled a penalty or for one minute, whichever is earlier.

C3.2 Changes to Related Rules

(a) Rule 29.1 is changed to:

(1) When at a boat's starting signal any part of her hull is on the course side of the starting line or one of its extensions, the race committee shall promptly display a blue or yellow flag identifying the boat with one sound. The flag shall be displayed until the hull of the boat is completely on the pre-start side of the starting line or one of its extensions or until two minutes after her starting signal, whichever is earlier.

(2) When after a boat's starting signal any part of her hull crosses from the pre-start side to the course side of the starting line across an extension without having *started* correctly, the race committee shall promptly display a blue or yellow flag identifying the boat. The flag shall be displayed until the hull of the boat is completely on the pre-start side of the starting line or one of its extensions or until two minutes after her starting signal, whichever is earlier.

(b) In the race signal AP the last sentence is changed to: 'The attention signal will be made 1 minute after removal unless at that time the race is *postponed* again or *abandoned*.'

(c) In the race signal N the last sentence is changed to: 'The attention signal will be made 1 minute after removal unless at that time the race is *abandoned* again or *postponed*.'

C3.3 Finishing Line Signals

The race signal Blue flag or shape shall not be used.

C4 REQUIREMENTS BEFORE THE START

C4.1 At a boat's preparatory signal, her hull shall be completely outside the line that is at a 90° angle to the starting line through the starting *mark* at her assigned end. In the pairing list, the boat listed on the left-hand side is assigned the port end and shall display a blue flag at her stern

* Innerhalb eines Flights bedeutet: Zahlenwimpel 1 – Match 1; Zahlenwimpel 2 – Match 2 usw., außer die Segelanweisungen legen etwas anderes fest.

** Diese Signale müssen nur gegeben werden, wenn ein oder beide Boote nicht die Regel C4.2 einhalten. Die Flagge(n) bleibt (bleiben) gezeigt, bis die Umpires eine Strafe signalisiert haben, oder eine Minute lang, je nachdem, was früher ist.

C3.2 Änderungen in dazugehörigen Regeln

(a) Regel 29.1 ist geändert in:

(1) Ist bei seinem Startsignal irgendein Teil des Rumpfes eines Bootes auf der Bahnseite der Startlinie oder einer ihrer Verlängerungen, muss das Wettfahrtkomitee unverzüglich eine blaue bzw. eine gelbe Flagge zur Identifizierung des Bootes zeigen und ein Schallsignal geben. Die Flagge muss gezeigt bleiben, bis der Rumpf des Bootes ganz auf der Vorstartseite der Startlinie oder einer ihrer Verlängerungen ist, oder bis zwei Minuten nach seinem Startsignal, je nachdem, was früher ist.

(2) Wechselt nach dem Startsignal eines Bootes irgend ein Teil seines Rumpfes über eine Verlängerung von der Vorstartseite auf die Bahnseite der Startlinie, ohne korrekt gestartet zu sein, muss das Wettfahrtkomitee unverzüglich eine blaue oder gelbe Flagge zur Identifizierung des Bootes zeigen. Die Flagge muss gezeigt bleiben, bis der Rumpf des Bootes ganz auf der Vorstartseite der Startlinie oder einer ihrer Verlängerungen ist oder bis zwei Minuten nach seinem Startsignal, je nachdem, was früher ist.

(b) Im Wettfahrtsignal AP ist der letzte Satz geändert in: „Das Achtungssignal wird 1 Minute nach dem Entfernen gegeben, außer die Wettfahrt ist zu diesem Zeitpunkt erneut *verschoben* oder *abgebrochen*."

(c) Im Wettfahrtsignal N ist der letzte Satz geändert in: „Das Achtungssignal wird 1 Minute nach dem Entfernen gegeben, außer die Wettfahrt ist zu diesem Zeitpunkt erneut *abgebrochen* oder *verschoben*."

C3.3 Signale für die Ziellinie

Das Wettfahrtsignal „blaue Flagge oder Signalkörper" darf nicht verwendet werden.

C4 Erfordernisse vor dem Start

C4.1 Beim Vorbereitungssignal eines Bootes muss sich sein Rumpf vollständig außerhalb einer Linie befinden, die in einem 90°-Winkel zur Startlinie durch die Start-*Bahnmarke* an dem ihm zugewiesenen Ende der Linie verläuft. Dem Boot, das in der Pairing-Liste auf der linken Seite aufgeführt ist, wird das

while *racing*. The other boat is assigned the starboard end and shall display a yellow flag at her stern while *racing*.

C4.2 Within the two-minute period following a boat's preparatory signal, her hull shall cross and clear the starting line, the first time from the course side to the pre-start side.

C5 SIGNALS BY UMPIRES

C5.1 A green and white flag with one long sound means 'No penalty'.

C5.2 A blue or yellow flag identifying a boat with one long sound means 'The identified boat shall take a penalty by complying with rule C7.'

C5.3 A red flag with or soon after a blue or yellow flag with one long sound means 'The identified boat shall take a penalty by complying with rule C7.3(d).'

C5.4 A black flag with a blue or yellow flag and one long sound means 'The identified boat is disqualified, and the match is terminated and awarded to the other boat.'

C5.5 One short sound means 'A penalty is now completed.'

C5.6 Repetitive short sounds mean 'A boat is no longer taking a penalty and the penalty remains.'

C5.7 A blue or yellow flag or shape displayed from an umpire boat means 'The identified boat has an outstanding penalty.'

C6 PROTESTS AND REQUESTS FOR REDRESS BY BOATS

C6.1 A boat may protest another boat

(a) under a rule of Part 2, except rule 14, by clearly displaying flag Y immediately after an incident in which she was involved;

(b) under any rule not listed in rule C6.1(a) or C6.2 by clearly displaying a red flag as soon as possible after the incident.

Backbordende der Startlinie zugeordnet und es muss, während es sich *in einer Wettfahrt befindet,* eine blaue Flagge an seinem Heck zeigen. Dem anderen Boot wird das Steuerbordende zugeordnet und es muss, während es sich *in einer Wettfahrt befindet,* eine gelbe Flagge an seinem Heck zeigen.

C4.2 Innerhalb der Zwei-Minuten-Frist nach dem Vorbereitungssignal eines Bootes muss sein Rumpf die Startlinie überqueren und klar von ihr sein, das erste Mal von der Bahnseite zur Vorstartseite.

C5 Signale durch die Umpires

C5.1 Eine grün-weiße Flagge zusammen mit einem langen Schallsignal bedeutet „Keine Strafe".

C5.2 Eine blaue oder gelbe Flagge, die ein Boot identifiziert, mit einem langen Schallsignal bedeutet: „Das identifizierte Boot muss eine Strafe unter Einhaltung von Regel C7 annehmen."

C5.3 Eine rote Flagge mit oder kurz nach einer blauen oder gelben Flagge mit einem langen Schallsignal bedeutet: „Das identifizierte Boot muss eine Strafe unter Einhaltung von mit Regel C7.3(d) annehmen."

C5.4 Eine schwarze Flagge zusammen mit einer blauen oder gelben Flagge und einem langen Schallsignal bedeutet: „Das identifizierte Boot wird disqualifiziert. Das Match ist beendet und wird für das andere Boot gewertet."

C5.5 Ein kurzes Schallsignal bedeutet: „Eine Strafe ist jetzt vollendet."

C5.6 Wiederholte kurze Schallsignale bedeuten: „Ein Boot ist nicht mehr dabei, eine Strafe anzunehmen, und die Strafe bleibt bestehen."

C5.7 Eine blaue oder gelbe Flagge oder ein blauer oder gelber Signalkörper, gezeigt auf einem Umpire-Boot, bedeutet: „Das identifizierte Boot hat eine ausstehende Strafe."

C6 Proteste und Anträge auf Wiedergutmachung von Booten

C6.1 Ein Boot kann gegen ein anderes Boot protestieren

(a) nach einer Regel des Teils 2 außer nach Regel 14 durch deutlich sichtbares Zeigen der Flagge Y unmittelbar nach einem Vorfall, an dem es beteiligt war;

(b) nach jeder anderen, nicht in den Regeln C6.1(a) oder C6.2 aufgeführten Regel durch deutlich sichtbares Zeigen einer roten Flagge sobald wie möglich nach dem Vorfall.

C6.2 A boat may not protest another boat under
(a) rule 14, unless damage or injury results;
(b) a rule of Part 2, unless she was involved in the incident;
(c) rule 31 or 42; or
(d) rule C4 or C7.

C6.3 A boat requesting redress because of circumstances that arise while she is *racing* or in the finishing area shall clearly display a red flag as soon as possible after she becomes aware of those circumstances, but no later than two minutes after *finishing* or retiring.

C6.4 (a) A boat protesting under rule C6.1(a) shall remove flag Y before or as soon as possible after the umpires' signal.
(b) A boat protesting under rule C6.1(b) or requesting redress under rule C6.3 shall, for her *protest* or request to be valid, keep her red flag displayed until she has so informed the umpires after *finishing* or retiring. No written *protest* or request for redress is required.

C6.5 Umpire Decisions
(a) After flag Y is displayed, the umpires shall decide whether to penalize any boat. They shall signal their decision in compliance with rule C5.1, C5.2 or C5.3. However,
(1) if the umpires decide to penalize a boat, and as a result that boat will have more than two outstanding penalties, the umpires shall signal her disqualification under rule C5.4;
(2) when the umpires penalize a boat under rule C8.2 and in the same incident there is a flag Y from a boat, the umpires may disregard the flag Y.
(b) The red-flag penalty in rule C5.3 shall be used when a boat has gained a controlling position as a result of breaking a *rule*, but the umpires are not certain that the conditions for an additional umpire-initiated penalty have been fulfilled.

C6.6 Protest Committee Decisions
(a) The protest committee may take evidence in any way it considers appropriate and may communicate its decision orally.
(b) If the protest committee decides that a breach of a *rule* has had no significant effect on the outcome of the match, it may

C6.2 Ein Boot darf nicht gegen ein anderes Boot protestieren nach

(a) Regel 14, außer wenn ein Schaden oder eine Verletzung entsteht;

(b) einer Regel von Teil 2, außer es war an dem Vorfall beteiligt war;

(c) Regel 31 oder 42; oder

(d) Regel C4 oder C7.

C6.3 Ein Boot, das Wiedergutmachung infolge von Umständen beantragt, die eintreten während es sich *in der Wettfahrt* oder im Zielgebiet befindet, muss bei der ersten Gelegenheit nach Bemerken dieser Umstände deutlich eine rote Flagge zeigen, jedoch spätestens zwei Minuten nach dem *Zieldurchgang* oder dem Aufgeben.

C6.4 (a) Ein Boot, das nach Regel C6.1(a) protestiert, muss die Flagge Y vor oder so bald wie möglich nach dem Signal der Umpires entfernen.

(b) Ein Boot, das nach Regel C6.1(b) protestiert oder Wiedergutmachung nach Regel C6.3 beantragt, muss zur Gültigkeit seines *Protestes* die rote Flagge so lange gezeigt lassen, bis es die Umpires auf diese Weise nach *Zieldurchgang* oder Aufgeben informiert hat. Ein schriftlicher *Protest* oder Antrag auf Wiedergutmachung ist nicht erforderlich.

C6.5 Entscheidungen der Umpires

(a) Nachdem Flagge Y gezeigt wird, müssen die Umpires entscheiden, ob sie eines der Boote bestrafen. Sie müssen ihre Entscheidung in Übereinstimmung mit Regel C5.1, C5.2 oder C5.3 signalisieren. Jedoch,

(1) wenn die Umpires entscheiden, ein Boot zu bestrafen und dieses Boot dadurch mehr als zwei ausstehende Strafen hat, müssen die Umpires nach Regel C5.4 seine Disqualifikation signalisieren;

(2) wenn die Umpires ein Boot nach Regel C8.2 bestrafen und im gleichen Vorfall eine Flagge Y von einem Boot gezeigt wird, können die Umpires die Flagge Y unbeachtet lassen.

(b) Die Rote-Flagge-Strafe in Regel C5.3 muss angewendet werden, wenn ein Boot als Ergebnis eines Verstoßes gegen eine *Regel* eine kontrollierende Position erlangt hat, die Umpires aber nicht sicher sind, ob die Bedingungen für eine zusätzliche, durch Umpires veranlasste, Strafe erfüllt worden.

C6.6 Entscheidungen des Protestkomitees

(a) Das Protestkomitee kann Beweise auf jede ihm angemessen erscheinende Weise erheben und seine Entscheidung mündlich mitteilen.

(b) Entscheidet das Protestkomitee, dass ein Verstoß gegen eine *Regel* keinen erheblichen Einfluss auf das Ergebnis des Matches hatte, so kann es

(1) impose a penalty of one point or part of one point;

(2) order a resail; or

(3) make another arrangement it decides is equitable, which may be to impose no penalty.

(c) The penalty for breaking rule 14 when damage or injury results will be at the discretion of the protest committee, and may include exclusion from further races in the event.

C6.7 Add new rule N1.10 to Appendix N:
N1.10 In rule N.1, one International Umpire may be appointed to the jury, or a panel of it, in place of one International Judge.

C7 PENALTY SYSTEM

C7.1 Deleted Rule
Rule 44 is deleted.

C7.2 All Penalties

(a) A penalized boat may delay taking a penalty within the limitations of rule C7.3 and shall take it as follows:

(1) When on a leg of the course to a windward *mark*, she shall gybe and, as soon as reasonably possible, luff to a closehauled course.

(2) When on a leg of the course to a leeward mark or the finishing line, she shall tack and, as soon as reasonably possible, bear away to a course that is more than ninety degrees from the true wind.

(b) Add to rule 2: 'When *racing*, a boat need not take a penalty unless signalled to do so by an umpire.'

(c) A boat completes a leg of the course when any part of her hull crosses the extension of the line from the previous mark through the *mark* she is rounding, or on the last leg when she *finishes*.

(d) A penalized boat shall not be recorded as having *finished* until she takes her penalty and her hull is completely on the course side of the line and she then *finishes*, unless the penalty is cancelled before or after she crosses the finishing line.

(1) eine Strafe von einem Punkt oder einen Bruchteil eines Punktes verhängen;

(2) anordnen erneut zu segeln; oder

(3) eine anderweitige, von ihm für angemessen gehaltene Regelung beschließen, die auch darin bestehen kann, dass keine Strafe verhängt wird.

(c) Die Strafe für einen Verstoß gegen Regel 14, wenn es zu Schaden oder Verletzung kommt, liegt im Ermessen des Protestkomitees und kann auch einen Ausschluss von weiteren Wettfahrten der Veranstaltung beinhalten.

C6.7 Füge neue Regel N1.10 zum Anhang N hinzu:

N1.10 In Regel N1 kann ein Internationaler Umpire anstelle eines Internationalen Schiedsrichters für die Jury oder eines Panels der Jury benannt werden.

C7 Strafsystem

C7.1 Gelöschte Regel

Regel 44 ist gelöscht.

C7.2 Alle Strafen

(a) Ein bestraftes Boot kann die Annahme einer Strafe innerhalb der Einschränkungen der Regel C7.3 hinausschieben und muss sie wie folgt annehmen:

(1) Auf einem Bahnschenkel zu einer Luv-*Bahnmarke* muss es halsen und so bald wie vernünftigerweise möglich auf einen Am-Wind-Kurs luven.

(2) Auf einem Bahnschenkel zu einer Lee-*Bahnmarke* oder der Ziellinie muss es wenden und so bald wie vernünftigerweise möglich auf einen Kurs, der tiefer als 90° zum wahren Wind ist, abfallen.

(b) Füge zu Regel 2 hinzu: „Wenn es sich *in einer Wettfahrt befindet,* muss ein Boot keine Strafe annehmen, außer durch einen Umpire wurde signalisiert, dies zu tun."

(c) Ein Boot vollendet einen Bahnschenkel, wenn irgend ein Teil seines Rumpfes die Verlängerung der Linie von der vorigen *Bahnmarke* durch die *Bahnmarke*, die es gerade rundet, überquert bzw. auf dem letzten Schenkel, wenn es *durchs Ziel geht.*

(d) Ein bestraftes Boot darf nicht als *durchs Ziel gegangen* gewertet werden, bis es seine Strafe annimmt und sein Rumpf vollständig auf der Bahnseite der Linie ist und es dann *durchs Ziel geht*, außer die Strafe wird vor oder nach dem Überqueren der Ziellinie aufgehoben.

(e) If a boat has one or two outstanding penalties and the other boat in her match is penalized, one penalty for each boat shall be cancelled except that a red-flag penalty shall not cancel or be cancelled by another penalty.

(f) If one boat has *finished* and is no longer *racing*, and the other boat has an outstanding penalty, the umpires may cancel the outstanding penalty.

C7.3 Penalty Limitations

(a) A boat taking a penalty that includes a tack shall have the spinnaker head below the main-boom gooseneck from the time she passes head to wind until she is on a close-hauled course.

(b) No part of a penalty may be taken inside the *zone* of a rounding *mark* that begins, bounds or ends the leg the boat is on.

(c) If a boat has one outstanding penalty, she may take the penalty any time after *starting* and before *finishing*. If a boat has two outstanding penalties, she shall take one of them as soon as reasonably possible, but not before *starting*.

(d) When the umpires display a red flag with or soon after a penalty flag, the penalized boat shall take a penalty as soon as reasonably possible, but not before *starting*.

C7.4 Taking and Completing Penalties

(a) When a boat with an outstanding penalty is on a leg to a windward *mark* and gybes, or is on a leg to a leeward *mark* or the finishing line and passes head to wind, she is taking a penalty.

(b) When a boat taking a penalty either does not take the penalty correctly or does not complete the penalty as soon as reasonably possible, she is no longer taking a penalty. The umpires shall signal this as required by rule C5.6.

(c) The umpire boat for each match shall display blue or yellow flags or shapes, each flag or shape indicating one outstanding penalty. When a boat has taken a penalty, or a penalty has been cancelled, one flag or shape shall be removed, with the appropriate sound signal. Failure of the umpires to signal correctly shall not change the number of penalties outstanding.

(e) Wenn ein Boot eine oder zwei ausstehende Strafen hat und das andere Boot seines Matches bestraft wird, muss eine Strafe für jedes Boot aufgehoben werden, ausgenommen dass eine Rote-Flagge-Strafe eine andere Strafe nicht aufheben oder durch eine andere Strafe nicht aufgehoben werden darf.

(f) Wenn ein Boot *durchs Ziel gegangen* ist und sich nicht mehr *in der Wettfahrt befindet* und das andere Boot eine ausstehende Strafe hat, können die Umpires die ausstehende Strafe aufheben.

C7.3 Strafeinschränkungen

(a) Ein Boot, das eine Strafe annimmt, die eine Wende beinhaltet, muss den Spinnakerkopf unterhalb des Lümmelbeschlags des Großbaumes haben von dem Zeitpunkt an, zu dem es durch den Wind geht, bis es auf einem Am-Wind-Kurs ist.

(b) Kein Teil einer Strafe darf innerhalb der Zone einer zu rundenden *Bahnmarke* angenommen werden, die den Schenkel, auf dem sich das Boot befindet, beginnt, begrenzt oder beendet.

(c) Hat ein Boot eine ausstehende Strafe, darf es die Strafe zu jedem Zeitpunkt nach dem *Starten* und vor dem *Zieldurchgang* annehmen. Hat ein Boot zwei ausstehende Strafen, muss es eine der Strafen sobald wie vernünftigerweise möglich annehmen, aber nicht vor dem *Starten*.

(d) Zeigen die Umpires eine rote Flagge mit oder kurz nach einer Bestrafungsflagge, muss das bestrafte Boot die Strafe so bald wie vernünftigerweise möglich, aber nicht bevor es *startet,* annehmen.

C7.4 Ausführen und Vollenden einer Strafe

(a) Wenn ein Boot mit einer ausstehenden Strafe auf einem Schenkel zu einer Luv-*Bahnmarke* ist und halst oder auf einem Schenkel zu einer Lee-*Bahnmarke* oder der Ziellinie ist und mit dem Bug durch den Wind geht, nimmt es eine Strafe an.

(b) Wenn ein Boot, das eine Strafe annimmt, entweder die Strafe nicht korrekt durchführt oder die Strafe nicht so bald wie vernünftigerweise möglich vollendet, nimmt es nicht länger eine Strafe an. Die Umpires müssen dies wie in Regel C5.6 gefordert signalisieren.

(c) Das Umpire-Boot jedes Matches muss blaue oder gelbe Flaggen oder Signalkörper zeigen, wobei jede Flagge oder jeder Signalkörper eine ausstehende Strafe anzeigt. Wenn ein Boot eine Strafe angenommen hat oder eine Strafe aufgehoben wurde, muss eine der Flaggen oder einer der Signalkörper mit dem erforderlichen Schallsignal entfernt werden. Ein Versäumnis der Umpires korrekt zu signalisieren darf die Anzahl der ausstehenden Strafen nicht ändern.

C8 PENALTIES INITIATED BY UMPIRES

C8.1 Rule Changes
Rules 60.2(a) and 60.3(a) do not apply to *rules* for which penalties may be imposed by umpires.

C8.2 When the umpires decide that a boat has broken rule 31, 42, C4, C7.3(c) or C7.3(d) she shall be penalized by signalling her under rule C5.2 or C5.3. However, if a boat is penalized for breaking a rule of Part 2 and if she in the same incident breaks rule 31, she shall not be penalized for breaking rule 31. Furthermore, a boat that displays an incorrect flag or does not display the correct flag shall be warned orally and given an opportunity to correct the error before being penalized.

C8.3 When the umpires decide that a boat has

(a) gained an advantage by breaking a *rule* after allowing for a penalty,

(b) deliberately broken a *rule*, or

(c) committed a breach of sportsmanship,

she shall be penalized under rule C5.2, C5.3 or C5.4.

C8.4 If the umpires or protest committee members decide that a boat may have broken a *rule* other than those listed in rules C6.1(a) and C6.2, they shall so inform the protest committee for its action under rule 60.3 and rule C6.6 when appropriate.

C8.5 When, after one boat has *started*, the umpires are satisfied that the other boat will not *start*, they may signal under rule C5.4 that the boat that did not start is disqualified and the match is terminated.

C8.6 When the match umpires, together with at least one other umpire, decide that a boat has broken rule 14 and damage resulted, they may impose a points-penalty without a hearing. The competitor shall be informed of the penalty as soon as practicable and, at the time of being so informed, may request a hearing. The protest committee shall then proceed under rule C6.6. Any penalty decided by the protest committee may be more than the penalty imposed by the umpires. When the umpires decide that a penalty greater than one point is appropriate, they shall act under rule C8.4.

C8 Durch die Umpires veranlasste Strafen

C8.1 Regeländerungen
Regeln 60.2(a) und 60.3(a) gelten nicht für *Regeln*, für die Strafen durch die Umpires verhängt werden können.

C8.2 Entscheiden die Umpires, dass ein Boot gegen die Regeln 31, 42, C4, C7.3(c) oder C7.3(d) verstoßen hat, muss es bestraft werden. Die Strafe wird nach Regel C5.2 oder C5.3 signalisiert. Wurde jedoch ein Boot wegen eines Verstoßes gegen eine Regel von Teil 2 bestraft und hat es beim selben Vorfall gegen Regel 31 verstoßen, darf es nicht für den Verstoß von Regel 31 bestraft werden. Weiterhin muss ein Boot, das eine falsche Flagge zeigt oder die richtige Flagge nicht zeigt, mündlich verwarnt werden und es muss ihm Gelegenheit gegeben werden, seinen Fehler zu korrigieren, bevor es bestraft wird.

C8.3 Entscheiden die Umpires, dass ein Boot
(a) einen Vorteil durch einen Verstoß gegen eine *Regel* trotz Verhängens einer Strafe erlangt hat oder
(b) absichtlich eine *Regel* verletzt hat oder
(c) einen Verstoß gegen das sportliche Verhalten begangen hat,

muss es nach Regel C5.2, C5.3 oder C5.4 bestraft werden.

C8.4 Entscheiden Umpires oder Mitglieder des Protestkomitees, dass ein Boot möglicherweise gegen eine andere als die in C6.1(a) und C6.2 aufgeführten *Regeln* verstoßen hat, müssen sie das Protestkomitee darüber informieren, damit es nach Regel 60.3 und Regel C6.6, falls angebracht, verfahren kann.

C8.5 Wenn nach dem *Start* eines Bootes die Umpires der Überzeugung sind, dass das andere Boot nicht *starten* wird, können sie nach Regel C5.4 signalisieren, dass das Boot, das nicht *gestartet* ist, disqualifiziert ist und das Match beendet ist.

C8.6 Wenn die Umpires eines Matches zusammen mit mindestens einem weiteren Umpire entscheiden, dass ein Boot Regel 14 verletzt hat und daraus Schaden entstand, können sie ohne Anhörung eine Punkt-Strafe verhängen. Der Teilnehmer muss so bald wie möglich über die Strafe informiert werden und kann zum Zeitpunkt der Information an ihn eine Anhörung beantragen. Das Protestkomitee muss dann gemäß Regel C6.6 vorgehen. Jede Strafe, die durch das Protestkomitee entschieden wird, kann mehr als die durch die Umpires verhängte Strafe sein. Entscheiden die Umpires, dass eine Strafe von mehr als einem Punkt angemessen ist, müssen sie nach Regel C8.4 vorgehen.

C9 REQUESTS FOR REDRESS OR REOPENING; APPEALS; OTHER PROCEEDINGS

C9.1 There shall be no request for redress or an appeal from a decision made under rule C5, C6, C7 or C8. In rule 66 the third sentence is changed to: 'A *party* to the hearing may not ask for a reopening.'

C9.2 A competitor may not base a request for redress on a claim that an action by an official boat was improper. The protest committee may decide to consider giving redress in such circumstances but only if it believes that an official boat, including an umpire boat, may have seriously interfered with a competing boat.

C9.3 No proceedings of any kind may be taken in relation to any action or non-action by the umpires, except as permitted in rule C9.2.

C10 SCORING

C10.1 The winning competitor of each match scores one point (half a point each for a dead heat); the loser scores no points.

C10.2 When a competitor withdraws from part of an event the scores of all completed races shall stand.

C10.3 When a single round robin is terminated before completion, or a multiple round robin is terminated during the first round robin, a competitor's score shall be the average points scored per match sailed by the competitor. However, if any of the competitors have completed less than one third of the scheduled matches, the entire round robin shall be disregarded and, if necessary, the event declared void. For the purposes of tie breaking in rule C11.1(a), a competitor's score shall be the average points scored per match between the tied competitors.

C10.4 When a multiple round robin is terminated with an incomplete round robin, only one point shall be available for all the matches sailed between any two competitors, as follows:

C9 Anträge auf Wiedergutmachung oder Wiederaufnahme; Berufungen; andere Verfahren

C9.1 Bei Entscheidungen, die nach den Regeln C5, C6, C7 oder C8 getroffen wurden, kann kein Antrag auf Wiedergutmachung gestellt oder keine Berufung eingelegt werden. In Regel 66 ist der dritte Satz geändert in: „Eine *Partei* einer Anhörung darf keine Wiederaufnahme beantragen."

C9.2 Ein Teilnehmer darf einen Antrag auf Wiedergutmachung nicht auf den Vorwurf gründen, dass eine Handlung eines offiziellen Bootes der Veranstaltung unsachgemäß war. Das Protestkomitee kann unter solchen Umständen entscheiden, Wiedergutmachung zu erwägen, jedoch nur, wenn es der Meinung ist, dass ein offizielles Boot, einschließlich eines Umpire-Bootes, ein teilnehmendes Boot ernsthaft behindert haben könnte.

C9.3 Keinerlei Vorgehen, außer den in C9.2 erlaubten, sind in Bezug auf ein Handeln oder ein Nicht-Handeln der Umpires zulässig.

C10 Wertung

C10.1 Der Teilnehmer, der sein Match gewinnt, erhält einen Punkt (bei einem toten Rennen erhält jeder einen halben Punkt), der Verlierer erhält keinen Punkt.

C10.2 Zieht sich ein Teilnehmer von einem Teil der Veranstaltung zurück, bleiben die Ergebnisse aller abgeschlossen Wettfahrten bestehen.

C10.3 Wenn eine einfache Round-Robin vor Durchführung aller Wettfahrten beendet wird oder eine mehrfache Round-Robin während der ersten Round-Robin beendet wird, ist die Wertung eines Teilnehmers der Durchschnitt der Punkte aus den einzelnen von dem Teilnehmer gesegelten Wettfahrten. Wenn jedoch einer der Teilnehmer weniger als ein Drittel der angesetzten Wettfahrten abgeschlossen hat, muss die gesamte Round-Robin aus der Wertung genommen und falls notwendig, die Veranstaltung ungültig erklärt werden. Um Gleichstand nach Regel C11.1(a) aufzulösen ist die Punktwertung des Teilnehmers der Punkt-Durchschnitt pro Wettfahrt zwischen den Teilnehmern mit Gleichstand.

C10.4 Wird eine mehrfache Round-Robin mit einer unvollständigen Round-Robin beendet, steht nur ein Punkt für alle gesegelten Matches zwischen jeweils zwei Teilnehmern wie folgt zur Verfügung:

Number of matches completed between any two competitors	*Points for each win*
1	One point
2	Half a point
3	A third of a point
(etc.)	

C10.5 In a round-robin series,

(a) competitors shall be placed in order of their total scores, highest score first;

(b) a competitor who has won a match but is disqualified for breaking a *rule* against a competitor in another match shall lose the point for that match (but the losing competitor shall not be awarded the point); and

(c) the overall position between competitors who have sailed in different groups shall be decided by the highest score.

C10.6 In a knockout series the sailing instructions shall state the minimum number of points required to win a series between two competitors. When a knockout series is terminated it shall be decided in favour of the competitor with the higher score.

C10.7 When only one boat in a match fails to *sail the course*, she shall be scored no points (without a hearing).

C11 TIES

C11.1 Round-Robin Series

In a round-robin series competitors are assigned to one or more groups and scheduled to sail against all other competitors in their group one or more times. Each separate stage identified in the event format shall be a separate round-robin series irrespective of the number of times each competitor sails against each other competitor in that stage.

Ties between two or more competitors in a round-robin series shall be broken by the following methods, in order, until all ties are broken. When

Anzahl der abgeschlossen Matches zwischen jeweils zwei Teilnehmern	*Punkte für jeden Sieg*
1	ein Punkt
2	ein halber Punkt
3	ein drittel Punkt
(etc.)	

C10.5 In einer Round-Robin-Serie

(a) müssen die Teilnehmer entsprechend ihrer Gesamtpunktzahl platziert werden, beginnend mit der höchsten Punktzahl;

(b) ein Teilnehmer, der ein Match gewonnen hat, aber wegen eines Verstoßes gegen eine *Regel* gegen einen Teilnehmer eines anderen Matches disqualifiziert wurde, muss den Punkt für dieses Match verlieren (aber dem verlierenden Teilnehmer darf dieser Punkt nicht zugesprochen werden); und

(c) die Gesamtposition zwischen Teilnehmern, die in verschiedenen Gruppen segelten, muss durch die höchste Punktzahl entschieden werden.

C10.6 In einer Knockout-Serie müssen die Segelanweisungen die minimale Anzahl der Punkte festlegen, die zum Gewinn einer Serie zwischen zwei Teilnehmern erforderlich ist. Wenn eine Knockout-Serie beendet ist, ist sie zugunsten des Teilnehmers mit der höheren Punktzahl zu entscheiden.

C10.7 Wenn nur ein Boot in einem Match versäumt, die *Bahn abzusegeln*, ist es ohne Punkte zu werten (ohne eine Anhörung).

C11 Gleichstand

C11.1 Round-Robin-Serie

In einer Round-Robin-Serie werden die Teilnehmer in eine oder mehrere Gruppen aufgeteilt und gemäß einem Ablaufplan muss jeder Teilnehmer einmal oder mehrmals gegen jeden anderen Teilnehmer seiner Gruppe segeln. Jede im Veranstaltungsformat festgelegte separate Stufe muss als eigenständige Round-Robin-Serie behandelt werden, unabhängig davon, wie oft in dieser Stufe jeder Teilnehmer gegen jeden anderen Teilnehmer segelt.

Gleichstand zwischen zwei oder mehr Teilnehmern in einer Round-Robin-Serie ist nach den folgenden Kriterien in der vorgegebenen Reihenfolge

one or more ties are only partially broken, rules C11.1(a) to C11.1(e) shall be reapplied to them.

Ties shall be decided in favour of the competitor(s) who

(a) placed in order, has the highest score in the matches between the tied competitors;

(b) when the tie is between two competitors in a multiple round robin, has won the last match between the two competitors;

(c) has the most points against the competitor placed highest in the round-robin series or, if necessary, second highest, and so on until the tie is broken. When two separate ties have to be resolved but the resolution of each depends upon resolving the other, the following principles shall be used in the rule C11.1(c) procedure:

 (1) the higher-place tie shall be resolved before the lower-place tie, and

 (2) all the competitors in the lower-place tie shall be treated as a single competitor for the purposes of rule C11.1(c);

(d) after applying rule C10.5(c), has the highest place in the different groups, irrespective of the number of competitors in each group;

(e) has the highest place in the most recent stage of the event (fleet race, round robin, etc.).

C11.2 Knockout Series

Ties (including 0–0) between competitors in a knockout series shall be broken by the following methods, in order, until the tie is broken. The tie shall be decided in favour of the competitor who

(a) has the highest place in the most recent round-robin series, applying rule C11.1 if necessary;

(b) has won the most recent match in the event between the tied competitors.

aufzulösen, bis alle Gleichstände aufgelöst sind. Wenn eine oder mehr Gleichstände nur teilweise aufgelöst wurden, müssen die Regeln C11.1(a) bis C11.1(e) erneut angewandt werden.

Gleichstand ist zugunsten der (des) Teilnehmer(s) aufzulösen, der

(a) die meisten Punkte bei den der Reihe nach aufgelisteten Matches zwischen den Teilnehmern mit Gleichstand hat;

(b) bei Gleichstand zwischen zwei Teilnehmern in einer mehrfachen Round-Robin-Runde das letzte Match zwischen diesen beiden Teilnehmern gewonnen hat;

(c) die meisten Punkte gegen den am besten platzierten Teilnehmer in der Round-Robin-Serie erreichte oder, falls erforderlich, den Zweitplatzierten usw., bis der Gleichstand aufgelöst ist. Müssen zwei verschiedene Gleichstände aufgelöst werden, aber hängt das Auflösen jedes Gleichstands von der Auflösung des anderen Gleichstands ab, sind im Verfahren der Regel C11.1(c) folgende Prinzipien anzuwenden:

    (1) Der Gleichstand um einen besseren Platz muss vor dem Gleichstand um einen schlechteren Platz aufgelöst werden, und

    (2) alle Teilnehmer mit dem Gleichstand um einen schlechteren Platz, müssen im Sinne von Regel C11.1(c) als ein einziger Teilnehmer behandelt werden;

(d) nach Anwendung der Regel C10.5(c) den höchsten Platz in den verschiedenen Gruppen hat, unabhängig von der Anzahl der Teilnehmer in jeder Gruppe;

(e) in der am kürzesten zurückliegenden Stufe der Veranstaltung (Fleet Race, Round-Robin, etc.) die höchste Platzierung hat.

C11.2 Knockout-Serie

Gleichstände (einschließlich 0:0-Wertungen) zwischen Teilnehmern in einer Knockout-Serie müssen nach folgenden Kriterien in der vorgegebenen Reihenfolge aufgelöst werden, bis es zu einer Auflösung gekommen ist. Der Gleichstand ist zugunsten des Teilnehmers aufzulösen, der

(a) in der am kürzesten zurückliegenden Round-Robin-Serie besser platziert war, wenn erforderlich unter Anwendung von Regel C11.1;

(b) das am kürzesten zurückliegende Match zwischen den Teilnehmern mit Gleichstand an dieser Veranstaltung gewonnen hat.

C11.3 Remaining Ties

When rule C11.1 or C11.2 does not resolve a tie,

(a) if the tie needs to be resolved for a later stage of the event (or another event for which the event is a direct qualifier), the tie shall be broken by a sail-off when practicable. When the race committee decides that a sail-off is not practicable, the tie shall be decided in favour of the competitor who has the highest score in the round-robin series after eliminating the score for the first race for each tied competitor or, should this fail to break the tie, the second race for each tied competitor and so on until the tie is broken. When a tie is partially resolved, the remaining tie shall be broken by reapplying rule C11.1 or C11.2.

(b) to decide the winner of an event that is not a direct qualifier for another event, or the overall position between competitors eliminated in one round of a knockout series, a sail-off may be used (but not a draw).

(c) when a tie is not broken any monetary prizes or ranking points for tied places shall be added together and divided equally among the tied competitors.

C11.3 Verbleibende Gleichstände

Wenn Regel C11.1 oder C11.2 den Gleichstand nicht auflöst, gilt:

(a) Wenn der Gleichstand für die nächste Stufe der Veranstaltung (oder eine andere Veranstaltung, für die diese Veranstaltung als direkte Qualifikation gilt) aufgelöst werden muss, ist der Gleichstand, wenn möglich, durch ein Aussegeln aufzulösen. Entscheidet das Wettfahrtkomitee, dass ein Aussegeln nicht möglich ist, muss zu Gunsten des Teilnehmers entschieden werden, der die höchste Punktzahl in der Round-Robin-Serie hat, nachdem für jeden der gleichen Teilnehmer die Wertung für sein zuerst gesegelte Match gestrichen wurde oder, sollte dies den Gleichstand nicht auflösen, das zweite Match jedes gleichen Teilnehmers usw., bis der Gleichstand aufgelöst ist. Ist ein Gleichstand teilweise aufgelöst, ist der verbleibende Gleichstand durch erneutes Anwenden der Regeln C11.1 und C11.2 zu lösen.

(b) Um den Gewinner einer Veranstaltung, die nicht die direkte Qualifizierung für eine andere Veranstaltung ist, oder die Endplatzierung von Teilnehmern zu bestimmen, die in einer Runde einer Knockout-Serie ausgeschieden sind, kann ein Aussegeln angewendet werden (aber keine Auslosung).

(c) Wurde ein Gleichstand nicht aufgelöst, sind alle Geldpreise oder Ranglistenpunkte für die Plätze, für die Gleichstand besteht, zu addieren und zu gleichen Teilen auf die Teilnehmer mit Gleichstand aufzuteilen.

APPENDIX D
TEAM RACING RULES

Team races shall be sailed under The Racing Rules of Sailing as changed by this appendix.

D1 CHANGES TO THE RACING RULES

D1.1 Definitions and the Rules of Parts 2 and 4

(a) In the definition *Zone* the distance is changed to two hull lengths.

(b) Rule 18.2(b) is changed to:
If boats are *overlapped* when the first of them reaches the *zone*, the outside boat at that moment shall thereafter give the inside boat *mark-room*. If a boat is *clear ahead* when she reaches the *zone*, or she later becomes *clear ahead* when another boat passes head to wind, the boat *clear astern* at that moment shall thereafter give her *mark-room*.

(c) Rule 18.4 is deleted.

(d) When stated in the sailing instructions, rule 20 is changed so that the following arm signals are required in addition to the hails:

(1) for *room* to tack, repeatedly and clearly pointing to windward; and

(2) for 'You tack', repeatedly and clearly pointing at the other boat and waving the arm to windward.

(e) Rule 23.1 is changed to:

'If reasonably possible, a boat not *racing* shall not interfere with a boat that is *racing*, and a boat that has *finished* shall not act to interfere with a boat that has not *finished*.'

(f) Add new rule 23.3:
'When boats in different races meet, any change of course by either boat shall be consistent with complying with a *rule* or trying to win her own race.'

(g) Add to rule 41:

(e) help from another boat on her team provided electronic communication is not used.

(h) Rule 45 is deleted.

Anhang D
Team Racing Regeln

Team-Races müssen nach den Wettfahrtregeln Segeln mit den Änderungen dieses Anhangs gesegelt werden.

D1 Änderungen der Wettfahrtregeln

D1.1 Definitionen und die Regeln von Teil 2 und 4

(a) In der Definition *Zone* ist der Abstand auf zwei Rumpflängen geändert.

(b) Regel 18.2(b) ist geändert in:
Überlappen Boote, wenn das erste von ihnen die *Zone* erreicht, muss das zu diesem Zeitpunkt außen liegende Boot anschließend dem innen liegenden Boot *Bahnmarken-Raum* geben. Ist ein Boot zu dem Zeitpunkt, wenn es die *Zone* erreicht, *klar voraus* oder wird es später *klar voraus*, wenn ein anderes Boot durch den Wind geht, muss das zu diesem Zeitpunkt *klar achteraus* liegende Boot danach *Bahnmarken-Raum* geben.

(c) Regel 18.4 ist gelöscht.

(d) Wenn in den Segelanweisungen festgelegt, ist Regel 20 so geändert, dass die folgenden Armzeichen zusätzlich zu den Zurufen erforderlich sind:

(1) für *Raum* zum Wenden, wiederholtes und deutlich sichtbares Zeigen nach Luv; und

(2) für „Wenden Sie", wiederholtes und deutlich sichtbares Zeigen auf das andere Boot und Winken mit dem Arm nach Luv.

(e) Regel 23.1 ist geändert in:

Wenn es vernünftigerweise möglich ist, darf ein nicht *in einer Wettfahrt befindliches* Boot ein *in einer Wettfahrt befindliches* Boot nicht behindern und ein Boot, das *durchs Ziel gegangen* ist, darf nicht handeln, um ein Boot zu behindern, das nicht *durchs Ziel gegangen* ist.

(f) Füge neue Regel 23.3 hinzu:
„Begegnen sich Boote in verschiedenen Wettfahrten, muss jede Kursänderung jeden Bootes den *Regeln* entsprechen oder das Ziel haben, die eigene Wettfahrt zu gewinnen."

(g) Füge zu Regel 41 hinzu:

(e) Hilfe durch ein anderes Boot seines Teams vorausgesetzt, dass keine elektronische Kommunikation verwendet wird.

(h) Regel 45 ist gelöscht.

D1.2 Protests and Requests for Redress

(a) Rule 60.1 is changed to:

A boat may

(a) protest another boat, but not for an alleged breach of a rule of Part 2 unless she was involved in the incident or the incident involved contact between members of the other team; or

(b) request redress.

(b) Rule 61.1(a) is changed so that the boat may remove her red flag after it has been conspicuously displayed.

(c) The boat requesting redress for an incident in the racing area shall display a red flag at the first reasonable opportunity after the incident. She shall display the red flag until it is acknowledged by the race committee or by an umpire.

(d) The race committee or protest committee shall not protest a boat for breaking a rule of Part 2 or rule 31 or 42 except

(1) based on evidence in a report from an umpire after a black and white flag has been displayed; or

(2) under rule 14 upon receipt of a report from any source alleging damage or injury.

(e) *Protests* and requests for redress need not be in writing. The protest committee may take evidence in any way it considers appropriate and may communicate its decision orally.

(f) A boat is not entitled to redress based on damage or injury caused by another boat on her team.

(g) When a supplied boat suffers a breakdown, rule D5 applies.

D1.3 Penalties

(a) Rule 44.1 is changed to:

A boat may take a One-Turn Penalty when she may have broken one or more rules of Part 2, or rule 31 or 42, in an incident while *racing*.However, when she may have broken a rule of Part 2 and rule 31 in the same incident she need not take the penalty for breaking rule 31.

(b) When a boat clearly indicates that she will take a penalty under rule 44.1, she shall take that penalty.

D1.2 Proteste und Anträge auf Wiedergutmachung

(a) Regel 60.1(a) ist geändert in:

Ein Boot kann

(a) gegen ein anderes Boot protestieren, aber nicht für einen vorgeworfenen Verstoß gegen eine Regel von Teil 2, außer es war in den Vorfall verwickelt oder der Vorfall betrifft eine Berührung zwischen Mitgliedern des anderen Teams; oder

(b) Wiedergutmachung beantragen.

(b) Regel 61.1(a) ist geändert, so dass das Boot seine rote Flagge entfernen darf, nachdem diese deutlich sichtbar gezeigt wurde.

(c) Das Boot, das für einen Vorfall im Wettfahrtgebiet Wiedergutmachung beantragt, muss bei der ersten zumutbaren Gelegenheit nach dem Vorfall eine rote Flagge zeigen. Es muss die rote Flagge so lange zeigen, bis dies vom Wettfahrtkomitee oder einem Umpire bestätigt wird.

(d) Das Wettfahrtkomitee oder Protestkomitee dürfen nicht gegen ein Boot wegen eines Verstoßes gegen eine Regel von Teil 2 oder Regel 31 oder Regel 42 protestieren, außer

(1) gestützt auf Beweise aus einem Bericht eines Umpires nachdem eine schwarz-weiße Flagge gezeigt wurde; oder

(2) nach Regel 14 nach Eingang eines Berichts aus beliebiger Quelle, der Schaden oder Verletzung vorwirft.

(e) *Proteste* und Anträge auf Wiedergutmachung müssen nicht schriftlich abgefasst zu sein. Das Protestkomitee kann Beweise auf jede ihm angemessen erscheinende Weise erheben und seine Entscheidung mündlich mitteilen.

(f) Ein Boot hat keinen Anspruch auf Wiedergutmachung in Bezug auf einen Schaden oder eine Verletzung, die ihm durch ein Boot seines Teams zugefügt wurde.

(g) Wenn ein gestelltes Boot einen Ausfall erleidet, gilt Regel D5.

D1.3 Strafen

(a) Regel 44.1 ist geändert in:

Ein Boot kann eine Eine-Drehung-Strafe annehmen, wenn es *in einer Wettfahrt befindlich* bei einem Vorfall gegen eine oder mehrere Regeln von Teil 2 oder Regel 31 oder Regel 42 verstoßen haben könnte. Wenn es jedoch im selben Vorfall gegen eine Regel des Teils 2 und gegen Regel 31 verstoßen haben könnte, muss es die Strafe für den Verstoß gegen Regel 31 nicht ausführen.

(b) Wenn ein Boot klar anzeigt, dass es eine Strafe nach Regel 44.1 annehmen wird, muss es diese Strafe annehmen.

(c) A boat may take a penalty by retiring and informing the race committee or an umpire.

(d) There shall be no penalty for breaking a rule of Part 2 when the incident is between boats on the same team and there is no contact.

D2 UMPIRED RACES

D2.1 When Rule D2 Applies

Rule D2 applies to umpired races. Races to be umpired shall be identified in the notice of race or sailing instructions or by the display of flag J no later than the warning signal.

D2.2 Protests by Boats

When a boat protests under a rule of Part 2 or under rule 31 or 42 for an incident in the racing area, she is not entitled to a hearing and the following applies:

(a) She shall hail 'Protest' and conspicuously display a red flag at the first reasonable opportunity for each.

(b) The boats shall be given time to respond.

(c) If no boat takes a penalty or clearly indicates that she will do so, an umpire shall decide whether to penalize any boat.

(d) If more than one boat breaks a *rule*, an umpire shall decide whether to penalize any boat that did not take a penalty.

(e) An umpire shall signal a decision in compliance with rule D2.4.

D2.3 Penalties Initiated by an Umpire

An umpire may penalize a boat without a *protest* by another boat, or report the incident to the protest committee, or both, when the boat

(a) breaks rule 31 or 42 and does not take a penalty;

(b) breaks a rule of Part 2 and makes contact with another boat on her team or with a boat in another race, and no boat takes a penalty;

(c) breaks a *rule* and her team gains an advantage despite her, or another boat on her team, taking a penalty;

(d) breaks rule 14 and there is damage or injury;

(e) breaks rule D1.3(b);

(f) fails to take a penalty signalled by an umpire;

(c) Ein Boot kann eine Strafe annehmen, indem es aufgibt und das Wettfahrtkomitee oder einen Umpire informiert.

(d) Es gibt keine Strafe für einen Verstoß gegen eine Regel von Teil 2 bei einem Vorfall ohne Berührung zwischen Booten des gleichen Teams.

D2 Wettfahrten mit Umpires

D2.1 Geltungsbereich von Regel D2

Regel D2 gilt für Wettfahrten mit Umpires. Wettfahrten bei denen Umpires zum Einsatz kommen, müssen in der Ausschreibung oder den Segelanweisungen oder durch das Zeigen der Flagge J spätestens mit dem Ankündigungssignal bezeichnet werden.

D2.2 Proteste durch Boote

Wenn ein Boot nach einer Regel von Teil 2 oder nach Regel 31 oder 42 auf Grund eines Vorfalls im Wettfahrtgebiet protestiert, hat es keinen Anspruch auf eine Anhörung und das folgende gilt:

(a) Es muss „Protest“ rufen und deutlich sichtbar eine rote Flagge bei der ersten zumutbaren Gelegenheit für jeden Vorfall zeigen.

(b) Den Booten muss Zeit zum Antworten gegeben werden.

(c) Wenn kein Boot eine Strafe annimmt oder klar anzeigt, dass es dies tun wird, muss ein Umpire entscheiden, ob ein Boot zu bestrafen ist.

(d) Wenn mehr als ein Boot gegen eine *Regel* verstößt, muss ein Umpire entscheiden, ob irgendein Boot zu bestrafen ist, das keine Strafe ausgeführt hat.

(e) Ein Umpire muss seine Entscheidung in Übereinstimmung mit Regel D2.4 signalisieren.

D2.3 Durch Umpires veranlasste Strafen

Ein Umpire kann ohne den *Protest* eines anderen Bootes ein Boot bestrafen oder den Vorfall dem Protestkomitee mitteilen oder beides, wenn das Boot

(a) gegen Regel 31 oder 42 verstößt und keine Strafe annimmt;

(b) gegen eine Regel von Teil 2 verstößt und es dabei zu einer Berührung mit einem Boot seines Teams oder mit einem Boot in einer anderen Wettfahrt kommt und kein Boot eine Strafe annimmt;

(c) gegen eine *Regel* verstößt und sein Team einen Vorteil erlangt, obwohl es oder ein anders Boot seines Teams eine Strafe angenommen hat;

(d) gegen Regel 14 verstößt und dabei einen Schaden oder eine Verletzung verursacht hat;

(e) gegen Regel D3.1(b) verstößt;

(f) versäumt, eine von einem Umpire signalisierte Strafe anzunehmen;

(c) When a boat fails to take a penalty imposed by an umpire at or near the finishing line, she shall be scored as retired.

(d) When a boat is scored as retired after *finishing*, each boat with a worse finishing place shall be moved up one place.

(e) When a protest committee decides that a boat that is a *party* to a protest hearing has broken a *rule* and is not exonerated,

(1) if the boat has not taken a penalty, 6 points shall be added to her score;

(2) if the boat's team has gained an advantage despite any penalty taken or imposed, the boat's score may be increased;

(3) when the boat has broken rule 1 or 2, rule 14 when she has caused damage or injury, or a *rule* when not *racing*, half or more race wins may be deducted from her team, or no penalty may be imposed. Race wins deducted shall not be awarded to any other team.

D3.2 When all boats on one team have *finished*, retired or failed to *start*, the other team's boats *racing* at that time shall be scored the points they would have received had they *finished*.

D3.3 The team with the lower total points wins the race. If the totals are equal, the team that does not have first place wins.

D4 SCORING AN EVENT

D4.1 Terminology

(a) The format of an event consists of one or more stages.

(b) In a round-robin stage, teams are divided into one or more groups, and each group is scheduled to sail one or more roundrobins.

(c) A round-robin consists of each team in a group sailing one race against each other team in that group.

(d) A knock-out stage consists of one or more rounds in which each team sails one match. A match is one or more races between two teams.

(c) Wenn ein Boot versäumt eine durch einen Umpire verhängte Strafe bei oder nahe der Ziellinie anzunehmen, muss es als aufgegeben gewertet werden.

(d) Wenn ein Boot als aufgegeben gewertet wird, nachdem es durchs Ziel gegangen ist, ist jedes Boot mit einem schlechteren Zieldurchgangsplatz, um einen Platz aufzurücken.

(e) Entscheidet das Protestkomitee, dass ein Boot, das *Partei* einer Protestanhörung ist, gegen eine *Regel* verstoßen hat und nicht entlastet ist,

(1) müssen, wenn das Boot keine Strafe angenommen hat, 6 Punkte zu seiner Wertung addiert werden;

(2) können, wenn das Team des Bootes trotz Annahme oder Verhängung einer Strafe einen Vorteil erlangt hat, die Punkte des Bootes erhöht werden;

(3) können, wenn das Boot gegen Regel 1 oder 2, Regel 14 mit Verursachung von Schaden oder Verletzung, oder gegen eine *Regel* verstoßen hat, während es sich nicht *in einer Wettfahrt befunden* hat, die Hälfte oder mehr Wettfahrtsiege seines Teams abgezogen werden, oder es kann keine Strafe verhängt werden. Abgezogene Wettfahrtsiege dürfen keinem anderen Team zugesprochen werden.

D3.2 Wenn alle Boote eines Teams *durchs Ziel gegangen* sind, aufgegeben haben oder nicht *gestartet* sind, werden die Boote des anderen Teams, die sich zu diesem Zeitpunkt *in der Wettfahrt befinden*, mit den Punkten gewertet, die sie erhalten hätten, wenn sie *durchs Ziel gegangen* wären.

D3.3 Das Team mit der niedrigeren Gesampunktzahl gewinnt die Wettfahrt. Wenn die Summen gleich sind, gewinnt das Team, das nicht den ersten Platz hat.

D4 Wertung einer Veranstaltung

D4.1 Begriffsbestimmungen

(a) Das Veranstaltungsformat besteht aus einer oder mehrerer Stufen.

(b) In einer Round-Robin-Stufe werden die Teams in eine oder mehrere Gruppen eingeteilt und für jede Gruppe ist geplant, eine oder mehrere Round-Robins zu segeln.

(c) Eine Round-Robin besteht darin, dass jedes Team einer Gruppe gegen jedes andere Team dieser Gruppe eine Wettfahrt segelt.

(d) Eine Knockout-Stufe besteht aus einer oder mehreren Runden, in denen jedes Team ein Match segelt. Ein Match ist eine oder mehrere Wettfahrten zwischen zwei Teams.

D4.2 Event Format

(a) The sailing instructions shall state the format and stages of the event, and any special scoring rules.

(b) In order to conclude an event, the race committee may change or terminate any part of the format at any reasonable time taking into account the entries, weather, time constraints and other relevant factors.

D4.3 Scoring a Round-Robin Stage

(a) Teams in a round-robin group shall be ranked in order of number of race wins, highest first. If the teams have not completed an equal number of races, they shall be ranked in order of the percentage of races won, highest first.

(b) However, if a round-robin is terminated when fewer than 80% of its scheduled races have been completed, its race results shall not be included, but shall be used to break ties between teams in the group who all sailed each other in the terminated round-robin.

(c) Results from a previous round-robin stage shall only be carried forward if stated in the sailing instructions.

D4.4 Round-Robin Tie Breaks

Ties in a round-robin stage shall be broken using results from that stage only.

(a) If the tied teams have all sailed each other at least once in the stage, the tie shall be broken in the order below.

(1) Percentage of races won in all races between the tied teams, highest first;

(2) Average points per race in all races between the tied teams, lowest first;

(3) If two teams remain tied, the winner of the last race between them;

(4) Average points per race in all races against common opponents, lowest first;

(5) A sail-off if possible, otherwise a game of chance.

(b) Otherwise, the tie shall be broken using only steps (4) and (5) above.

D4.2 Veranstaltungsformat

(a) Die Segelanweisungen müssen das Format und die Stufen einer Veranstaltung festlegen und alle besonderen Wertungsregeln.

(b) Um eine Veranstaltung zu Ende zu bringen, kann das Wettfahrtkomitee zu jedem vernünftigen Zeitpunkt jeden Teil des Formats unter Berücksichtigung der Meldungen, des Wetters, zeitlicher Einschränkungen und anderer wesentlicher Faktoren ändern oder beenden.

D4.3 Wertung einer Round-Robin-Stufe

(a) In einer Round-Robin-Gruppe müssen Teams in der Reihenfolge der Anzahl der Wettfahrtsiege platziert werden, die höchste zuerst. Wenn die Teams nicht die gleiche Anzahl Wettfahrten abgeschlossen haben, müssen sie in der Reihenfolge des Prozentsatzes der gewonnenen Wettfahrten platziert werden, der höchste zuerst.

(b) Wird jedoch eine Round-Robin beendet, wenn weniger als 80% der geplanten Wettfahrten abgeschlossen sind, darf das Ergebnis nicht gewertet werden, muss aber verwendet werden, um Gleichstände zwischen Teams in der Gruppe aufzulösen, in der alle in der beendeten Round-Robin gegeneinander gesegelt sind.

(c) Ergebnisse früherer Round-Robin-Stufen dürfen nur übernommen werden, wenn dies in den Segelanweisungen festgelegt ist.

D4.4 Round-Robin Gleichstandsauflösungen

Gleichstände in einer Round-Robin-Stufe müssen unter Verwendung der Ergebnisse ausschließlich dieser Stufe aufgelöst werden.

(a) Wenn die Teams mit Gleichstand alle mindestens einmal in der Stufe gegeneinander gesegelt haben, muss der Gleichstand in der folgenden Reihenfolge aufgelöst werden.

  (1) Prozentsatz aller Wettfahrtsiege in allen Wettfahrten zwischen den Teams mit Gleichstand, der höchste zuerst;

  (2) Durchschnittspunkte pro Wettfahrt in an allen Wettfahrten zwischen den Teams mit Gleichstand, die niedrigsten zuerst;

  (3) Wenn der Gleichstand zwischen zwei Teams bleibt, der Gewinner der letzten Wettfahrt zwischen den beiden;

  (4) Durchschnittspunkte pro Wettfahrt in allen Wettfahrten gegen gemeinsame Gegner, die niedrigsten zuerst.

  (5) ein Aussegeln wenn möglich, sonst eine Losentscheidung.

(b) Ansonsten muss der Gleichstand unter Anwendung nur der vorgenannten Schritte (4) und (5) aufgelöst werden.

(c) When a tie is partially broken by one of the above, the remaining tie shall be broken in accordance with D4.4(a) or (b) as appropriate.

D4.5 Scoring a Knock-Out Stage

(a) A round shall not be scored unless at least one race has been completed in each match in that round. The final and petit-final are separate rounds.

(b) The winner of a match shall be the first team to score the number of race wins stated in the sailing instructions. If a match is terminated, the winner shall be the team with the higher number of race wins in that match or, if this is a tie, the team that won the last race of the match.

(c) (1) Teams that win in a round shall be ranked ahead of those that lose.

(2) Teams that lose in a round and do not sail again shall be equally ranked.

(3) In a round that is not scored, teams shall be ranked in order of their places in the previous stage of the event, with teams from different groups ranked separately.

D5 BREAKDOWNS WHEN BOATS ARE SUPPLIED BY THE ORGANIZING AUTHORITY

D5.1 Rule D5 applies when boats are supplied by the organizing authority.

D5.2 When a boat suffers a breakdown in the racing area, she may request a score change by displaying a red flag at the first reasonable opportunity after the breakdown until it is acknowledged by the race committee or by an umpire. If possible, she shall continue *racing.*

D5.3 The race committee shall decide requests for a score change in accordance with rules D5.4 and D5.5. It may take evidence in any way it considers appropriate and may communicate its decision orally.

D5.4 When the race committee decides that the team's finishing position was made significantly worse, that the breakdown was through no fault of the crew, and that in the same circumstances a reasonably competent crew

(c) Wird der Gleichstand mit Hilfe des Vorgenannten teilweise gebrochen, muss der verbleibende Gleichstand in Übereinstimmung mit D4.4(a) oder (b) gebrochen werden, je nachdem was zutrifft.

D4.5 Wertung einer Knockout-Stufe

(a) Eine Runde darf nicht gewertet werden, außer wenn mindestens eine Wettfahrt in jedem Match dieser Runde abgeschlossen wurde. Das Finale und das kleine Finale sind separate Runden.

(b) Der Gewinner eines Matches ist das erste Team, das die in den Segelanweisungen festgelegten Anzahl Wettfahrtsiege erzielt hat. Wenn ein Match beendet ist, ist der Sieger das Team, mit der höhere Anzahl Wettfahrtsiege in diesem Match oder bei Gleichstand, das Team, das die letzte Wettfahrt des Matches gewonnen hat.

(c) (1) Teams, die in einer Runde gewinnen müssen vor jenen gewertet werden, die verlieren.

(2) Teams, die in einer Runde verlieren und nicht mehr segeln, müssen gleich platziert werden.

(3) In einer Runde, die nicht gewertet wird, müssen Teams in der Reihenfolge ihrer Plätze in der vorherigen Stufen der Veranstaltung platziert werden, wobei Teams aus unterschiedlichen Gruppen separat zu platzieren sind.

D5 Technische Ausfälle, wenn Boote durch den Veranstalter gestellt werden

D5.1 Regel D5 gilt, wenn Boote durch den Veranstalter gestellt werden.

D5.2 Wenn ein Boot einen technischen Ausfall im Wettfahrtgebiet hat, kann es eine Änderung der Wertung beantragen, indem es bei der ersten zumutbaren Gelegenheit nach dem technischen Ausfall eine rote Flagge solange zeigt, bis dies vom Wettfahrtkomitee oder einem Umpire bestätigt wird. Wenn möglich, muss es die *Wettfahrt* fortsetzen.

D5.3 Das Wettfahrtkomitee muss Anträge auf Änderung der Wertung in Übereinstimmung mit den Regeln D5.4 und D5.5 entscheiden. Es kann Beweise auf jede ihm angemessen erscheinende Weise erheben und seine Entscheidung mündlich mitteilen.

D5.4 Entscheidet das Wettfahrtkomitee, dass die Zieldurchgangsposition eines Teams erheblich beeinträchtigt wurde, dass der technische Ausfall nicht auf ein Verschulden der Besatzung zurückzuführen war und dass eine verhältnis-

would not have been able to avoid the breakdown, it shall make as equitable a decision as possible. This may be to *abandon* and resail the race or, when the boat's finishing position was predictable, award her points for that position. Any doubt about a boat's position when she broke down shall be resolved against her.

D5.5 A breakdown caused by defective supplied equipment or a breach of a *rule* by an opponent shall not normally be determined to be the fault of the crew, but one caused by careless handling, capsizing or a breach by a boat on the same team shall be. If there is doubt, it shall be presumed that the crew are not at fault.

mäßig sachkundige Besatzung den technischen Ausfall unter den gegebenen Umständen nicht hätte vermeiden können, muss sie eine Entscheidung so gerecht wie möglich treffen. Das kann sein, die Wettfahrt *abzubrechen* und erneut zu segeln oder, falls die Zieldurchgangsposition des Bootes absehbar war, ihm die dieser Position entsprechenden Punkte zuzuweisen. Ist die Position des Bootes zum Zeitpunkt des technischen Ausfalls zweifelhaft, so ist zu Ungunsten des Bootes zu entscheiden.

D5.5 Ein technischer Ausfall infolge schadhaften gestellten Materials oder aufgrund eines Verstoßes gegen eine *Regel* durch einen Konkurrenten ist normalerweise nicht als Verschulden der Besatzung anzusehen, während ein technischer Ausfall infolge Nachlässigkeit, Kenterung oder eines Verstoßes gegen eine *Regel* durch ein Boot des gleichen Teams anzulasten ist. Bestehen Zweifel, muss angenommen werden, dass die Besatzung nicht schuld war.

APPENDIX E
RADIO SAILING RACING RULES

Radio sailing races shall be sailed under The Racing Rules of Sailing as changed by this appendix.

Note: A Test Rule for Umpired Radio Sailing is available at the World Sailing website.

E1 CHANGES TO THE DEFINITIONS, TERMINOLOGY AND THE RULES OF PARTS 1, 2 AND 7

E1.1 Definitions

Add to the definition *Conflict of Interest*:

However, an observer does not have a *conflict of interest* solely by being a competitor.

In the definition *Zone* the distance is changed to four hull lengths.

Add new definition:

Disabled

A boat is *disabled* while she is unable to continue in the heat.

E1.2 Terminology

The Terminology paragraph of the Introduction is changed so that:

(a) 'Boat' means a sailboat controlled by radio signals and having no crew. However, in the rules of Part 1 and Part 5, rule E6 and the definitions *Party* and *Protest*, 'boat' includes the competitor controlling her.

(b) 'Competitor' means the person designated to control a boat using radio signals.

(c) In the racing rules, but not in its appendices, replace the noun 'race' with 'heat'. In Appendix E a race consists of one or more heats and is completed when the last heat in the race is completed.

E1.3 Rules of Parts 1, 2 and 7

(a) Rule 1.2 is deleted.

(b) Hails under rules 20.1 and 20.3 shall include the words 'room' and 'tack' and the sail number of the hailing boat, in any order.

(c) Rule 22 is changed to: 'If possible, a boat shall avoid a boat that is *disabled*.'

Anhang E
Radio Sailing Wettfahrtregeln

Radio Sailing Wettfahrten müssen nach den Wettfahrtregeln Segeln mit den Änderungen dieses Anhangs gesegelt werden.

Anmerkung: Eine Versuchsregel für Umpired Radio Sailing ist auf der World Sailing Webseite verfügbar.

E1 Änderung der Definitionen, Begriffsbestimmungen und den Regeln von Teil 1, 2 und 7

E1.1 Definitionen

Ergänze zu Definition *Interessenkonflikt*:

Jedoch hat ein Beobachter nur aufgrund seines Status als Teilnehmer keinen Interessenkonflikt.

In der Definition *Zone* ist der Abstand auf vier Rumpflängen geändert.

Füge neue Definition hinzu:

Manövrierunfähig

Ein Boot ist *manövrierunfähig*, wenn es einen Heat nicht fortsetzen kann.

E1.2 Terminologie

Der Abschnitt Begriffsbestimmungen in der Einleitung ist so geändert, dass:

(a) „Boot“ bedeutet ein Segelboot, das funkgesteuert ist und keine Besatzung an Bord hat. In den Regeln von Teil 1 und Teil 5 sowie in Regel E6 und den Definitionen *Partei* und *Protest*, schließt jedoch der Begriff „Boot“ auch den Teilnehmer ein, der es funksteuert.

(b) „Teilnehmer“ bedeutet die ausgewiesene Person, die ein Boot unter Verwendung von Funksignalen steuert.

(c) In den Wettfahrtregeln Segeln aber nicht in den Anhängen ist das Wort „Wettfahrt“ durch das Wort „Heat“ zu ersetzen. In Anhang E besteht eine „Wettfahrt“ aus einem oder mehreren „Heats“ und ist abgeschlossen, wenn der letzte Heat innerhalb der Wettfahrt abgeschlossen ist.

E1.3 Regeln der Teile 1, 2 und 7

(a) Regel 1.2 ist gelöscht.

(b) Die Rufe und Antworten gemäß Regeln 20.1 und 20.3 müssen die Worte „Raum“ und „Wende“ sowie die Segelnummer des rufenden Bootes, egal in welcher Reihenfolge, beinhalten.

(c) Regel 22 ist geändert in: „Wenn möglich, soll ein Boot einem Boot das *manövrierunfähig* ist ausweichen.“

(d) Rule 90.2(c) is changed to:
Changes to the sailing instructions may be communicated orally to all affected competitors before the warning signal of the relevant race or heat. When appropriate, changes shall be confirmed in writing.

E2 ADDITIONAL RULES WHEN RACING

*Rule E2 applies only while boats are **racing**.*

E2.1 Hailing Requirements

(a) A hail shall be made and repeated as appropriate so that the competitors to whom the hail is directed might reasonably be expected to hear it.

(b) When a *rule* requires a boat to hail or respond, the hail shall be made by the competitor controlling the boat.

(c) The individual digits of a boat's sail number shall be hailed; for example 'one five', not 'fifteen'.

E2.2 Giving Advice

A competitor shall not give tactical or strategic advice to a competitor controlling a boat that is *racing*.

E2.3 Boat Out of Radio Control

A competitor who loses radio control of his boat shall promptly hail '(The boat's sail number) out of control' and the boat shall retire.

E2.4 Transmitter Aerials

If a transmitter aerial is longer than 200mm when extended, the extremity shall be adequately protected.

E2.5 Radio Interference

Transmission of radio signals that cause interference with the control of other boats is prohibited. A competitor that has broken this rule shall not *race* again until permitted to do so by the race committee.

E3 CONDUCT OF A RACE

E3.1 Control Area

Unless the sailing instructions specify a control area, it shall be unrestricted. Competitors shall be in this area when controlling boats that are *racing*, except briefly to handle and then release or relaunch the boat.

(d) Regel 90.2(c) ist geändert in:
Änderung der Segelanweisungen können mündlich allen betroffenen Teilnehmer vor dem Ankündigungssignal der maßgeblichen Wettfahrt oder des Heats mitgeteilt werden. Falls angebracht müssen Änderungen schriftlich bestätigt werden.

E2 Zusätzliche Regeln während der Wettfahrt

Regel E2 gilt nur, wenn Boote ***in einer Wettfahrt*** *sind.*

E2.1 Erfordernisse bei Zurufen

(a) Ein Zuruf muss so gemacht und falls notwendig wiederholt werden, dass man erwarten kann, dass der Teilnehmer, an den der Ruf gerichtet ist, ihn auch hören kann.

(b) Wenn eine *Regel* verlangt, dass ein Boot einen Zuruf macht oder antwortet, so muss der Zuruf vom dem Teilnehmer gemacht werden, der das Boot kontrolliert.

(c) Die einzelnen Ziffern der Segelnummer eines Bootes müssen gerufen werden; z.B. „Eins Fünf" und nicht Fünfzehn.

E2.2 Ratschläge geben

Ein Teilnehmer darf keine taktischen oder strategischen Ratschläge an einen Teilnehmer geben, der ein Boot *in einer Wettfahrt* kontrolliert.

E2.3 Boot außer Funkkontrolle

Ein Teilnehmer, der die Funkkontrolle über sein Boot verliert, muss unverzüglich „(die Segelnummer des Bootes) außer Kontrolle" rufen und das Boot muss aufgeben.

E2.4 Sendeantennen

Wenn eine Sendeantenne im ausgezogenen Zustand länger als 200 mm ist, muss das Ende von Sendeantennen angemessen geschützt sein.

E2.5 Funkstörung

Das Senden von Funksignalen, die die Kontrolle anderer Boote stört, ist verboten. Ein Teilnehmer, der gegen diese Regel verstoßen hat, darf nicht wieder an *einer Wettfahrt teilnehmen*, bis das Wettfahrtkomitee es ihm erlaubt.

E3 Durchführung einer Wettfahrt

E3.1 Kontrollbereich

Außer wenn die Segelanweisungen einen Kontrollbereich festlegen, gibt es keine Einschränkung. Teilnehmer müssen, während sie ein Boot *in einer Wettfahrt* kontrollieren, im Kontrollbereich bleiben, außer kurz um ihr Boot in die Hand zu nehmen und wieder loszulassen oder wieder einzusetzen.

E3.2 Launching Area
Unless the sailing instructions specify a launching area and its use, it shall be unrestricted.

E3.3 Course Board
When the sailing instructions require a course board to be displayed, it shall be located in or adjacent to the control area.

E3.4 Starting and Finishing
Rule 26 is changed to:

(a) Heats shall be started using warning, preparatory and starting signals at one-minute intervals. During the minute before the starting signal, additional sound or oral signals shall be made at ten-second intervals, and during the final ten seconds at onesecond intervals. Each signal shall be timed from the beginning of its sound.

(b) The starting and finishing lines shall be between the course sides of the starting and finishing *marks*.

E3.5 Individual Recall
Rule 29.1 is changed to:
When at a boat's starting signal any part of her hull is on the course side of the starting line or when she must comply with rule 30.1, the race committee shall promptly hail 'Recall (sail numbers)'. If rule 30.3 or 30.4 applies this rule does not.

E3.6 General Recall
Rule 29.2 is changed to:
When at the starting signal the race committee is unable to identify boats that are on the course side of the starting line or to which rule 30 applies, or there has been an error in the starting procedure, the race committee may hail 'General recall' and make two loud sounds. The warning signal for a new start will normally be made shortly thereafter.

E3.7 U Flag and Black Flag Rules
When the race committee informs a boat that she has broken rule 30.3 or 30.4, the boat shall immediately leave the course area.

E3.8 Other Changes to the Rules of Part 3

(a) Rules 30.2 and 33 are deleted.

(b) All race committee signals shall be made orally or by other sounds. No visual signals are required unless specified in the sailing instructions.

E3.2 Einsetzbereich
Außer wenn die Segelanweisungen einen Einsatzbereich und seine Nutzung festlegen, gibt es keine Einschränkung.

E3.3 Bahntafel
Wenn die Segelanweisungen vorschreiben, dass die Bahn auf einer offiziellen Tafel angezeigt wird, muss diese im oder in der Nähe des Kontrollbereichs sein.

E3.4 Starten und Zieldurchgang
Regel 26 ist geändert in:

(a) Beim Start eines Laufs sind in Ein-Minuten-Abständen das Ankündigungssignal, das Vorbereitungssignal und das Startsignal zu geben. Während der Minute vor dem Startsignal werden zusätzlich Schall oder mündliche Signale in Zehn-Sekunden-Abständen und während der letzten zehn Sekunden in Ein-Sekunden-Abständen gegeben. Bei jedem Signal gilt der Beginn des Schallsignals als Zeit.

(b) Die Start- und Ziellinien müssen zwischen den Bahnseiten von Start- und Ziel-*Bahnmarken* liegen.

E3.5 Einzelrückruf
Regel 29.1 ist geändert in:
Wenn beim Startsignal eines Bootes irgend ein Teil des Rumpfes auf der Bahnseite der Startlinie ist oder wenn das Boot Regel 30.1 einhalten muss, muss das Wettfahrtkomitee unverzüglich, „Rückruf (Segelnummern)" rufen. Wenn die Regeln 30.3 oder 30.4 gelten, gilt diese Regel nicht.

E3.6 Allgemeiner Rückruf
Regel 29.2 ist geändert in:
Wenn das Wettfahrtkomitee beim Startsignal Boote, die auf der Bahnseite der Startlinie sind oder für die Regel 30 gilt, nicht identifizieren kann oder wenn ein Fehler im Startverfahren vorgekommen ist, kann das Wettfahrtkomitee ‚Allgemeiner Rückruf' rufen und zwei laute Schallsignale geben. Das Ankündigungssignal für einen neuen Start wird normalerweise kurz danach gegeben.

E 3.7 U Flagge und Schwarze Flaggen Regel
Wenn das Wettfahrtkomitee ein Boot informiert, dass es gegen Regel 30.3 oder 30.4 verstoßen hat, muss das Boot unverzüglich das Wettfahrtgebiet verlassen.

E3.8 Andere Änderungen der Regeln von Teil 3

(a) Die Regeln 30.2 und 33 sind gelöscht.

(b) Alle Signale des Wettfahrtkomitees müssen mündlich oder durch andere Schallsignale gemacht werden. Optische Signale sind nicht erforderlich, außer es ist in den Segelanweisungen festgelegt.

(c) Courses shall not be shortened.

(d) Rule 32.1(a) is changed to: 'because of foul weather or thunderstorms,'.

E3.9 Disabled Competitors
The race committee may make or permit reasonable arrangements to assist disabled competitors to compete on as equal terms as possible. A boat or the competitor controlling her that receives any such assistance, including help from a *support person*, does not break rule 41.

E4 RULES OF PART 4

E4.1 Deleted Rules in Part 4
Rules 40, 44.3, 45, 48, 49, 50, 52, 54, 55 and 56 are deleted.

E4.2 Outside Help
Rule 41 is changed to:
A boat or the competitor controlling her shall not receive help from any outside source, except

(a) help needed as a direct result of a competitor becoming ill, injured or in danger;

(b) when the boat is entangled with another boat, help from the other competitor;

(c) when the boat is *disabled* or in danger, help from the race committee;

(d) help in the form of information freely available to all competitors;

(e) unsolicited information from a disinterested source. A competitor is not a disinterested source unless acting as an observer.

E4.3 Taking a Penalty
Rule 44.1 is changed to:
A boat may take a One-Turn Penalty when she may have broken one or more rules of Part 2, or rule 31, in an incident while *racing*. However,

(a) when she may have broken a rule of Part 2 and rule 31 in the same incident she need not take the penalty for breaking rule 31;

(b) if the boat gained an advantage in the heat or race by her breach despite taking a penalty, her penalty shall be additional One-Turn Penalties until her advantage is lost;

(c) Bahnen dürfen nicht abgekürzt werden.

(d) Regel 32.1(a) ist geändert zu: „wegen schlechten Wetters oder Gewitters".

E 3.9 Behinderte Teilnehmer

Das Wettfahrtkomitee kann Regelungen veranlassen oder erlauben, um einem behinderten Teilnehmer die Teilnahme unter gleichen Bedingungen zu ermöglichen. Ein Boot oder der Teilnehmer, der das Boot kontrolliert, und eine solche Unterstützung erhält, einschließlich der Hilfe von einer *unterstützenden Person*, verstößt nicht gegen Regel 41.

E4 Regeln von Teil 4

E4.1 Gelöschte Regeln

Die Regeln 40, 43, 44.3, 45, 48, 49, 50, 52, 54, 55 und 56 sind gelöscht.

E4.2 Hilfe von außen

Regel 41 ist geändert in:

Ein Boot oder der Teilnehmer der es kontrolliert darf keine Hilfe von außen aus beliebiger Quelle erhalten, außer

(a) Hilfe die als direkte Folge einer Krankheit, Verletzung oder Gefahr eines Teilnehmers notwendig ist;

(b) wenn das Boot mit einem anderen Boot verfangen ist, Hilfe durch den anderen Teilnehmer;

(c) wenn das Boot *manövrierunfähig* oder in Gefahr ist, Hilfe vom Wettfahrtkomitee;

(d) Hilfe in Form von Informationen, die für alle Teilnehmer frei zugänglich sind.

(e) unverlangte Informationen aus einer nicht interessierten Quelle. Ein Teilnehmer ist keine nicht interessierte Quelle, außer wenn er als Beobachter tätig ist.

E4.3 Annahme einer Strafe

Regel 44.1 ist geändert in:

Ein Boot kann eine Eine-Drehung-Strafe annehmen, wenn es *in einer Wettfahrt befindlich* gegen eine oder mehrere Regeln von Teil 2 oder Regel 31 verstoßen haben könnte. Jedoch,

(a) wenn ein Boot bei demselben Vorfall möglicherweise gegen eine Regel von Teil 2 und gegen Regel 31 verstoßen hat, muss es die Strafe für den Verstoß gegen Regel 31 nicht ausführen;

(b) wenn das Boot durch seinen Verstoß trotz Ausführen einer Strafe einen Vorteil in dem Heat oder der Wettfahrtserie erlangt hat, muss es solange Eine-Drehung-Strafen ausführen, bis ihr Vorteil wieder aufgehoben ist;

(c) if the boat caused serious damage, or as a result of breaking a rule of Part 2 she caused another boat to become *disabled* and retire, her penalty shall be to retire.

E4.4 Person in Charge

Rule 46 is changed to:

'The member or organization that entered the boat shall designate the competitor. See rule 75.'

E5 RACING WITH OBSERVERS AND UMPIRES

E5.1 Observers

(a) The race committee may appoint observers, who may be competitors.

(b) Observers shall hail the sail numbers of boats that make contact with a *mark* or another boat.

(c) At the end of a heat, observers shall report to the race committee all unresolved incidents, and any failure to *sail the course.*

E5.2 Rules for Observers and Umpires

Observers and umpires shall be located in the control area. They shall not use any aid or device that gives them a visual advantage over competitors.

E6 PROTESTS AND REQUESTS FOR REDRESS

E6.1 Right to Protest

Rule 60.1 is changed to:

A boat may

(a) protest another boat, but not for an alleged breach of a rule of Part 2, 3 or 4 unless she was scheduled to sail in that heat; or

(b) request redress.

However, a boat or competitor may not protest for an alleged breach of rules E2 or E3.7.

E6.2 Protest for a Rule Broken by a Competitor

When a race committee, protest committee or technical committee learns that a competitor may have broken a *rule*, it may protest the boat controlled by that competitor.

(c) wenn das Boot ernsthaften Schaden verursacht oder es als Folge eines Verstoßes gegen eine Regel von Teil 2 die Maövreierunfähigkeit und das Aufgeben eines anderen Bootes verursacht hat, muss seine Strafe das Aufgeben der Wettfahrt sein.

E4.4 Verantwortliche Person

Regel 46 ist geändert in:
„Die Person oder Organisation, die das Boot gemeldet hat, muss den Teilnehmer bestimmen. Siehe Regel 75."

E5 Wettfahrten mit Beobachtern und Umpires

E5.1 Beobachter

(a) Das Wettfahrtkomitee kann Beobachter, die auch Teilnehmer sein können, einsetzen.

(b) Beobachter müssen die Segelnummern von Booten, die eine *Bahnmarke* oder ein anderes Boot berühren rufen.

(c) Am Ende eines Heats müssen die Beobachter alle nicht gelösten Vorfälle und alle Fehler beim *Absegeln der Bahn* dem Wettfahrtkomitee berichten.

E5.2 Regeln für Beobachter und Umpires

Beobachter und Umpires müssen sich im Kontrollbereich aufhalten. Sie dürfen keine Hilfsmittel oder Geräte verwenden, die ihnen gegenüber den Teilnehmern einen Beobachtungsvorteil verschaffen.

E6 Proteste und Anträge auf Wiedergutmachung

E6.1 Recht zu protestieren

Regel 60.1 ist geändert in:
Ein Boot darf

(a) gegen ein anderes Boot protestieren, aber nicht wegen eines vorgeworfenen Verstoßes gegen eine Regel von Teil 2, 3 oder 4, außer es war in diesem Heat zum Segeln eingeteilt.

(b) Wiedergutmachung beantragen

Jedoch darf ein Teilnehmer nicht wegen eines vorgeworfenen Verstoßes gegen die Regel E2 oder E3.7 protestieren.

E6.2 Protest wegen des Regelverstoßes eines Teilnehmers

Wenn das Wettfahrtkomitee, das Protestkomitee oder das technische Komitee in Erfahrung bringt, dass ein Teilnehmer eventuell gegen eine *Regel* verstoßen hat, kann es gegen das Boot, das durch den Teilnehmer kontrolliert wird, protestieren.

E6.3 Informing the Protestee

Rule 61.1(a) is changed to:

The protesting boat shall inform the other boat at the first reasonable opportunity. When her *protest* concerns an incident in the racing area, she shall hail '(Her own sail number) protest (the sail number of the other boat)'.

E6.4 Informing the Race Committee

The boat protesting or requesting redress about an incident while *racing* shall inform the race committee as soon as reasonably possible after *finishing* or retiring.

E6.5 Time Limits

A *protest*, request for redress or request for reopening shall be delivered to the race committee no later than ten minutes after the last boat in the heat *finishes* or after the relevant incident, whichever is later.

E6.6 Redress

Add to rule 62.1:

(e) external radio interference acknowledged by the race committee, or

(f) becoming *disabled* because of the action of a boat that was breaking a rule of Part 2 or of a vessel not *racing* that was required to keep clear.

E6.7 Right to Be Present

In rule 63.3(a) 'the representatives of boats shall have been on board' is changed to 'the representative of each boat shall be the competitor designated to control her'.

E6.8 Taking Evidence and Finding Facts

Add new rule 63.6(e):

(e) When the *protest* concerns an alleged breach of a rule of Part 2, 3 or 4, any witness shall have been in the control area at the time of the incident. If the witness is a competitor who was not acting as an observer, he shall also have been scheduled to race in the relevant heat.

E6.9 Decisions on Redress

Add to rule 64.3:

If a boat is given redress because she was damaged, her redress shall include reasonable time, but not more than 30 minutes, to make repairs before her next heat.

E6.3 Benachrichtigen des Protestgegners

Regel 61.1a ist geändert in:

Das protestierende Boot muss das andere Boot bei der ersten zumutbaren Gelegenheit informieren. Betrifft der *Protest* einen Vorfall im Wettfahrtgebiet, muss es rufen „(die eigene Segelnummer) protestiert gegen (die Segelnummer des anderen Bootes)".

E6.4 Benachrichtigung des Wettfahrtkomitees

Das protestierende Boot oder das Boot, das einen Antrag auf Wiedergutmachung bezüglich eines Vorfalls im Wettfahrtgebiet stellt, während es sich *in der Wettfahrt befindet*, muss das Wettfahrtkomitee so bald wie vernünftigerweise möglich informieren, nachdem es *durchs Ziel gegangen* ist oder aufgegeben hat.

E6.5 Protestfrist

Ein *Protest*, ein Antrag auf Wiedergutmachung oder ein Antrag auf Wiederaufnahme muss spätestens zehn Minuten, nachdem das letzte Boot im Heat *durchs Ziel gegangen* ist oder nach dem entsprechenden Vorfall, je nachdem was später ist, dem Wettfahrtkomitee übergeben werden.

E6.6 Wiedergutmachung

Füge zu Regel 62.1 hinzu:

(e) eine durch das Wettfahrtkomitee anerkannte Funkstörung von außen, oder

(f) *Manövrierunfähigkeit* auf Grund einer Handlung eines Bootes, das gegen eine Regel des Teils 2 verstieß, oder eines nicht *in einer Wettfahrt* befindlichen Fahrzeugs, das sich freihalten musste.

E6.7 Recht auf Anwesenheit

In Regel 63.3(a) ist „die Vertreter des Bootes an Bord gewesen sein" in „die Vertreter jedes Bootes die Teilnehmer sein, die es kontrolliert haben" geändert.

E6.8 Beweiserhebung und Ermittlung des Sachverhalts

Füge neue Regel 63.6(e) hinzu:

(e) Wenn ein *Protest* einen vorgeworfenen Verstoß gegen eine Regel der Teile 2, 3 und 4 betrifft, muss jeglicher Zeuge zum Zeitpunkt des Vorfalls innerhalb des Kontrollbereichs gewesen sein. Wenn der Zeuge ein Teilnehmer war, der nicht als Beobachter handelte, muss er ebenfalls für den Lauf eingeteilt gewesen sein.

E6.9 Entscheidungen bei Wiedergutmachung

Füge zu Regel 64.3 hinzu:

Wenn ein Boot, dem Wiedergutmachung gewährt wird, weil es beschädigt wurde, muss die Wiedergutmachung eine angemessene Frist, aber nicht mehr als 30 Minuten beinhalten, um Reparaturen vor dem nächsten Lauf zu ermöglichen.

E7 PENALTIES

When a protest committee decides that a boat that is a *party* to a protest hearing has broken a *rule* other than a rule of Part 2, 3 or 4, it shall either

(a) disqualify her or add any number of points (including zero and fractions of points) to her score. The penalty shall be applied, if possible, to the heat or race in which the *rule* was broken; otherwise it shall be applied to the next heat or race for that boat. When points are added, the scores of other boats shall not be changed; or

(b) require her to take one or more One-Turn Penalties that shall be taken as soon as possible after the starting signal of her next heat that is started and not subsequently recalled or *abandoned*.

However, if the boat has broken a rule in Appendix G or rule E8, the protest committee shall act in accordance with rule G4.

E8 CHANGES TO APPENDIX G, IDENTIFICATION ON SAILS

Rule G1, except the table of National Sail Letters, is changed to:

G1 WORLD SAILING AND IRSA CLASS BOATS

This rule applies to every boat of a class administered or recognised by World Sailing or by the International Radio Sailing Association (IRSA).

G1.1 Identification

(a) A boat of a World Sailing or IRSA Class shall display her class insignia, national letters and sail number as specified in rule G1, unless her class rules state otherwise.

(b) At world and continental championships, sails shall comply with these rules. At other events they shall comply with these rules or the rules applicable at the time of their initial certification.

G1.2 National Letters

At all international events, a boat shall display national letters in accordance with the table of National Sail Letters denoting:

(a) when entered under rule 75(a), the national authority of the nationality, place of residence, or affiliation of the owner or the member.

(b) when entered under rule 75(b), the national authority of the organisation which entered her.

E7 Strafen

Entscheidet ein Protestkomitee, dass ein Boot, das *Partei* einer Protest-Anhörung war gegen eine *Regel*, die nicht eine Regel von Teil 2, 3 oder 4 ist, verstoßen hat, muss es entweder

(a) das Boot disqualifizieren oder ihm eine Anzahl von Punkten (einschließlich Null oder Teile von ganzen Punkten) zu seiner Wertung addieren. Die Strafe soll wenn möglich für den Heat oder die Wettfahrt gelten, in der gegen die *Regel* verstoßen wurde, anderenfalls soll er für den nächsten Heat oder Wettfahrt des Bootes gelten. Wenn Punkte addiert werden, dürfen die Punkte der anderen Boote nicht geändert werden; oder

(b) es verpflichten, in seinem nächsten Lauf, der gestartet und nicht hinterher zurückgerufen oder *abgebrochen* wird, so bald wie möglich nach dem Startsignal eine oder mehrere Eine-Drehung-Strafen auszuführen.

Wenn das Boot jedoch gegen eine Regel von Anhang G oder Regel E8 verstoßen hat, muss das Protestkomitee gemäß Regel G4 handeln.

E8 Änderungen zu Anhang G – Kennzeichnung auf Segeln

Regel G1 mit Ausnahme der Tabelle mit den Nationalitätsbuchstaben ist geändert in:

G1 World Sailing und IRSA Klassen Boote

Diese Regel gilt für alle Boote einer von World Sailng oder der International Radio Sailing Association (IRSA) anerkannten Klasse.

G1.1 Kennzeichnung

(a) Ein Boot einer World Sailing oder IRSA Klasse muss sein Klassenzeichen, seine Nationalitätsbuchstaben und Segelnummern wie in Regel G1 festgelegt zeigen, außer seine Klassenregeln legen etwas anderes fest.

(b) In Welt- und Kontinentalmeisterschaften müssen Segel diesen Regeln entsprechen. Bei anderen Veranstaltungen müssen sie diesen Regeln oder den Regeln, die zum Zeitpunkt ihrer Erst-Zertifizierung galten, entsprechen.

G1.2 Nationalitätsbuchstaben

Bei allen internationalen Veranstaltungen muss ein Boot Nationalitätsbuchstaben in Übereinstimmung mit der Tabelle für Nationalitätsbuchstaben zeigen, die kennzeichnen:

(a) wenn gemäß Regel 75(a) gemeldet, den nationalen Verband der Nationalität, des Wohnortes oder der Angliederung des Eigners oder Teilnehmers.

(b) wenn gemäß Regel 75(b) gemeldet, den nationalen Verband der Organisation, die gemeldet hat.

For the purposes of this rule, international events are world and continental championships and events described as international events in their notices of race and sailing instructions.

Note: An up-to-date version of the National Sail Letters table is available on the World Sailing website.

G1.3 Sail numbers

(a) The sail number shall be the last two digits of the boat's registration number or the competitor's or owner's personal number, allotted by the relevant issuing authority.

(b) When there is conflict between sail numbers, or when a sail number may be misread, the race committee shall require that the sail numbers of one or more boats be changed to numeric alternatives.

G1.4 Specifications

(a) National letters and sail numbers shall be in capital letters and Arabic numerals, clearly legible and of the same colour. Commercially available typefaces giving the same or better legibility than Helvetica are acceptable.

(b) The height and spacing of letters and numbers shall be as follows:

Dimension	*Minimum*	*Maximum*
Height of sail numbers	100 mm	110 mm
Spacing of adjacent sail numbers	20 mm	30 mm
Height of national letters	60 mm	70 mm
Spacing of adjacent national letters	13 mm	23 mm

G1.5 Positioning

(a) Class insignia, sail numbers and national letters shall be positioned

(1) on both sides of the sail;

(2) with those on the starboard side uppermost;

(3) approximately horizontally;

(4) with no less than 40 mm vertical spacing between numbers and letters on opposite sides of the sail;

Im Sinne dieser Regel gelten als internationale Veranstaltungen Welt- und Kontinentalmeisterschaften und Veranstaltungen, die in ihrer Ausschreibung und den Segelanweisungen als internationale Veranstaltungen beschrieben sind.

Anmerkung: Eine aktuelle Version der Tabelle mit den Nationalitätsbuchstaben ist auf der World Sailing Website verfügbar.

G1.3 Segelnummern

(a) Die Segelnummer muss die beiden letzten Ziffern der Boots-Registriernummer oder der persönlichen Nummer des Teilnehmers oder Eigentümers sein, die ihm von der für die Vergabe zuständigen Stelle zugewiesen wurde.

(b) Wenn Konflikte zwischen Segelnummern bestehen oder eine Segelnummer falsch gelesen werden könnte, muss das Wettfahrtkomitee fordern, dass die Segelnummern von einem oder mehreren Booten zu einer alternativen Nummer geändert werden.

G1.4 Spezifikationen

(a) Nationalitätsbuchstaben und Segelnummern müssen aus Großbuchstaben und arabischen Ziffern bestehen, deutlich lesbar und von gleicher Farbe. Kommerziell erhältliche Schriftzeichen, die die gleiche oder bessere Lesbarkeit als Helvetia ergeben sind zulässig.

(b) Die Höhe und der Abstand von Buchstaben und Nummern muss wie folgt sein:

Dimension	***Minimum***	***Maximum***
Höhe der Segelnummern	100 mm	110 mm
Abstand benachbarter Segelnummern	20 mm	30 mm
Höhe der Nationalitätsbuchstaben	60 mm	70 mm
Abstand benachbarter Nationalitätsbuchstaben	13 mm	23 mm

G1.5 Positionierung

(a) Klassenzeichen, Segelnummern und Nationalitätsbuchstaben müssen positioniert sein

(1) auf beiden Seiten des Segels;

(2) die auf der Steuerbordseite höher;

(3) nahezu horizontal;

(4) mit nicht weniger als 40 mm vertikalem Abstand zwischen Nummern und Buchstaben auf unterschiedlichen Segelseiten;

(5) with no less than 20 mm vertical spacing between class insignia on opposite sides of the sail.

However, symmetrical or reversed class insignia may be positioned back to back.

(b) On a mainsail, sail numbers shall be positioned

(1) below class insignia;

(2) above the line perpendicular to the luff through the quarter leech point;

(3) above national letters;

(4) with sufficient space in front of the sail number for a prefix '1'.

G1.6 Exceptions

(a) Where the size of the sail prevents compliance with rule G1.2, National Letters, then exceptions to rules G1.2, G1.4, and G1.5 shall be made in the following order of precedence. National letters shall

(1) be spaced vertically below sail numbers by less than 30 mm, but no less than 20 mm;

(2) be spaced on opposite sides of the sail by less than 30 mm, but no less than 20 mm;

(3) be reduced in height to less than 45 mm, but no less than 40 mm;

(4) be omitted.

(b) Where the size of the sail prevents compliance with rule G1.3, Sail Numbers, then exceptions to rules G1.4 and G1.5 shall be made in the following order of precedence. Sail numbers shall

(1) extend below the specified line;

(2) be spaced on opposite sides of the sail by less than 30 mm, but no less than 20 mm apart;

(3) be reduced in height to less than 90 mm, but no less than 80 mm;

(4) be omitted on all except the largest sail;

(5) be reduced in height until they do fit on the largest sail.

(5) mit nicht weniger als 20 mm vertikalem Abstand zwischen Klassenzeichen auf unterschiedlichen Segelseiten.

Jedoch können symmetrische oder umgedrehte Klassenzeichen Rücken an Rücken positioniert sein.

(b) Auf dem Großsegel müssen Segelnummern positioniert sein
   (1) unterhalb des Klassenzeichens;
   (2) oberhalb der Linie die senkrecht zum Vorliek durch den Viertelpunkt des Achterlieks verläuft;
   (3) oberhalb der Nationalitätsbuchstaben;
   (4) mit ausreichend Abstand vor der Segelnummer um dort eine „1" davor setzen zu können.

G1.6 Ausnahmen

(a) Wo die Größe des Segels die Einhaltung von Regel G1.2, Nationalitätsbuchstaben, verhindert, müssen Ausnahmen von den Regeln G1.2, G1.4 und G1.5 in der folgenden Prioritätsfolge gemacht werden. Nationalitätsbuchstaben müssen
   (1) weniger als 30 mm aber nicht weniger als 20mm senkrecht unterhalb der Segelnummern angebracht werden;
   (2) auf unterschiedlichen Seiten des Segels weniger als 30 mm aber nicht weniger als 20 mm voneinander entfernt angebracht werden;
   (3) in der Höhe auf weniger als 45 mm aber nicht weniger als 40 mm verringert werden;
   (4) weggelassen werden.

(b) Wo die Größe eines Segels es nicht zulässt, Regel G1.3, Segelnummern, einzuhalten, müssen Ausnahmen der Regel G1.4 und G1.5 in der folgenden Prioritäts-Reihenfolge erfolgen. Segelnummern müssen
   (1) über die festgelegte Linie hinausreichen;
   (2) auf unterschiedlichen Seiten des Segels weniger als 30 mm aber nicht weniger als 20 mm voneinander entfernt angebracht werden;
   (3) in der Höhe auf weniger als 90 mm aber nicht weniger als 80 mm verringert werden;
   (4) auf allen außer auf dem größten Segel weggelassen werden;
   (5) in der Höhe soweit verkleinert werden, bis sie in das größte Segel passen.

APPENDIX F
KITEBOARDING RACING RULES

Kiteboarding course races shall be sailed under The Racing Rules of Sailing as changed by this appendix. The term 'boat' elsewhere in the racing rules means 'kiteboard' or 'boat' as appropriate.

Note: Rules for other kiteboarding racing formats (such as Short Track, Kitecross, Slalom, Boarder X) or other kiteboarding competitions (such as Freestyle, Wave, Big Air, Speed) are not included in this appendix. Links to current versions of these rules can be found on the World Sailing website.

CHANGES TO THE DEFINITIONS

The definitions *Clear Astern* and *Clear Ahead*; *Overlap*, *Finish*, *Keep Clear*, *Leeward* and *Windward*, *Mark-Room*, *Obstruction*, *Start*, *Tack*, *Starboard* or *Port* and *Zone* are changed to:

Clear Astern and Clear Ahead; Overlap

One kiteboard is *clear astern* of another when her hull is behind a line abeam from the aftermost point of the other kiteboard's hull. The other kiteboard is *clear ahead*. They *overlap* when neither is *clear astern*. However, they also *overlap* when a kiteboard between them *overlaps* both. If there is reasonable doubt that two kiteboards are *overlapped*, it shall be presumed that they are not. These terms always apply to kiteboards on the same *tack*. They apply to kiteboards on opposite *tacks* only when both kiteboards are sailing more than ninety degrees from the true wind.

Finish

A kiteboard *finishes* when, after *starting*, while the competitor is in contact with the hull, any part of her hull, or the competitor, crosses the finishing line from the course side. However, she has not *finished* if after crossing the finishing line she

(a) takes a penalty under rule 44.2,

(b) corrects an error in *sailing the course* made at the line, or

(c) continues to *sail the course*.

Anhang F
Kiteboarding Wettfahrtregeln

Kiteboard Kursrennen oder Kurswettfahrten müssen nach den Wettfahrtregeln Segeln wie in diesem Anhang geändert gesegelt werden. Der Ausdruck „Boot“ an anderen Stellen der Wettfahrtregeln bedeutet „Kiteboard“ oder „Boot“ entsprechend der Sachlage.

Anmerkung: Regeln für andere Kiteboard-Wetfahrtformate (z.B. Short Track, Kitecross, Slalom, Boarder X) oder andere Kiteboard Regatten (z.B. Freestyle, Wellenreiten, Big Air, Speed) sind nicht in diesem Anhang enthalten. Verweise zu aktuellen Versionen dieser Regeln können auf der World Sailing Website gefunden werden.

Änderungen von Definitionen

Die Definitionen *Klar achteraus* und *Klar voraus; Überlappen, Zieldurchgang, Freihalten, Lee* und *Luv, Bahnmarken-Raum, Hindernis, Starten, Schlag, Steuerbord* oder *Backbord* und *Zone* sind geändert in:

Klar achteraus und klar voraus; Überlappen

Ein Kiteboard ist *klar achteraus* eines anderen, wenn sich sein Rumpf hinter einer geraden Linie befinden, die querab zum achterlichsten Punkt des Rumpfes des anderen Kiteboards verläuft. Das andere Kiteboard ist dann *klar voraus*. Sie *überlappen*, wenn keines von ihnen *klar achteraus* ist. Sie *überlappen* außerdem, wenn ein zwischen ihnen liegendes Kiteboard beide *überlappt*. Gibt es berechtigten Zweifel, dass zwei Kiteboards *überlappen*, ist anzunehmen, dass sie nicht *überlappen*. Diese Begriffe gelten immer für Kiteboards auf gleichem *Schlag*. Sie gelten nicht zwischen Kiteboards auf entgegengesetztem *Schlag*, sofern nicht beide Kiteboards tiefer als 90 Grad zum wahren Wind segeln.

Zieldurchgang:

Ein Kiteboard *geht durchs Ziel*, wenn nachdem es *gestartet ist*, ein beliebiger Teil seines Boards oder der Teilnehmer die Ziellinie von der Bahnseite kommend überquert, während der Teilnehmer in Kontakt mit dem Board ist. Jedoch ist ein Kiteboard nach Überqueren der Ziellinie nicht *durchs Ziel gegangen*, wenn es

(a) eine Strafe gemäß Regel 44.2 ausführt,

(b) einen Fehler an der Ziellinie im *Absegeln der Bahn* korrigiert, oder

(c) fortfährt, die *Bahn abzusegeln*.

Keep Clear

A kiteboard *keeps clear* of a right-of-way kiteboard

(a) if the right-of-way kiteboard can sail her course with no need to take avoiding action and,

(b) when the kiteboards are *overlapped*, if the right-of-way kiteboard can also change course in both directions or move her kite in any direction without immediately making contact.

Leeward and Windward

A kiteboard's *leeward* side is the side that is or, when she is head to wind, was away from the wind. However, when sailing by the lee or directly downwind, her *leeward* side is the side on which her kite lies. The other side is her *windward* side. When two kiteboards on the same *tack overlap*, the one whose hull is on the *leeward* side of the other's hull is the *leeward* kiteboard. The other is the *windward* kiteboard.

Mark-Room

Room for a kiteboard to sail her *proper course* to round or pass the *mark* on the required side.

Obstruction

An object that a kiteboard could not pass without substantially changing her course or the position of her kite, if she were sailing directly towards it and 10 metres from it. An object that can be safely passed on only one side and an object, area or line so designated by the sailing instructions are also *obstructions*. However, a kiteboard *racing* is not an *obstruction* to other kiteboards unless they are required to *keep clear* of her or, if rule 22 applies, avoid her. A vessel under way, including a kiteboard racing, is never a continuing *obstruction*.

Start

A kiteboard *starts* when, her hull and the competitor having been entirely on the pre-start side of the starting line at or after her starting signal, and having complied with rule 30.1 if it applies, any part of her hull or the competitor crosses the starting line from the prestart side to the course side.

Freihalten:

Ein Kiteboard *hält sich frei* von einem Wegerecht-Kiteboard,

(a) wenn das Wegerecht-Kiteboard seinen Kurs ohne Ausweichmaßnahmen zu ergreifen segeln kann und,

(b) wenn die Kiteboards *überlappen*, das Wegerecht-Kiteboard seinen Kurs ebenfalls in beide Richtungen ändern oder seinen Kite in jede Richtung bewegen kann, ohne dass es sofort zu einer Berührung kommt.

Lee und Luv

Die *Leeseite* eines Kiteboards ist die Seite, die vom Wind abgewandt ist oder, wenn es im Wind ist, abgewandt war. Segelt es jedoch direkt vor dem Wind oder tiefer, ist die *Leeseite* die Seite, auf der sich sein Kite befindet, die andere Boardseite ist seine *Luvseite*. Wenn zwei Kiteboards auf gleichem *Schlag überlappen*, so ist das Kiteboard, dessen Board auf der *Leeseite* des anderen Kiteboards liegt, das *Lee*-Kiteboard. Das andere ist das *Luv*-Kiteboard.

Bahnmarken-Raum

Bahnmarken-Raum ist der *Raum* für ein Kiteboard, um seinen *richtigen Kurs* zum Runden oder Passieren der *Bahnmarke* auf der vorgeschriebenen Seite zu segeln.

Hindernis

Ein Gegenstand, den ein Kiteboard nicht ohne erhebliche Kursänderung oder Änderung der Position des Kites passieren könnte, wenn es direkt darauf zu segeln würde und 10 Meter davon entfernt wäre. Ein Gegenstand, der nur an einer Seite sicher passiert werden kann und ein in den Segelanweisungen so beschriebener Gegenstand, Gebiet oder Linie sind ebenfalls *Hindernisse*. Jedoch ist ein *in einer Wettfahrt* befindliches Kiteboard kein *Hindernis* für andere Kiteboards, außer wenn diese verpflichtet sind, sich von ihm *frei zu halten* oder ihm auszuweichen, wenn Regel 23 gilt. Ein in Fahrt befindliches Fahrzeug, einschließlich eines *in einer Wettfahrt* befindlichen Kiteboards, ist niemals ein ausgedehntes *Hindernis*.

Starten

Ein Kiteboard *startet*, wenn irgendein Teil des Boards oder des Teilnehmers die Startlinie von der Vorstartseite auf die Bahnseite überquert, nachdem es bei oder nach seinem Startsignal vollständig auf der Vorstartseite der Startlinie war und bei Gültigkeit von Regel 30.1 diese befolgt hat.

Tack, Starboard or Port

A kiteboard is on the tack, *starboard* or *port*, corresponding to the competitor's hand that would be forward if the competitor were in normal riding position (riding heel side with both hands on the control bar and arms not crossed). A kiteboard is on *starboard tack* when the competitor's right hand would be forward and is on the *port tack* when the competitor's left hand would be forward.

Zone

The area around a *mark* within a distance of 30 metres. A kiteboard is in the *zone* when any part of her hull is in the *zone*.

Add the following definitions:

Capsized

A kiteboard is *capsized* if

(a) her kite is in the water, or

(b) her lines are tangled with another kiteboard's lines.

Jumping

A kiteboard is *jumping* when her hull, its appendages and the competitor are clear of the water.

Recovering

(a) A kiteboard is *recovering* from the time she loses steerage way until she regains it, unless she is *capsized*.

(b) A kiteboard is *recovering* from the time her kite is out of the water until she has steerage way.

F1 CHANGES TO THE RULES OF PART 1

[No changes.]

F2 CHANGES TO THE RULES OF PART 2

PART 2 — PREAMBLE

In the second sentence of the preamble, 'injury or serious damage' is changed to 'injury, serious damage or a tangle'.

13 WHILE TACKING

Rule 13 is deleted.

Schlag, Steuerbord oder Backbord

Ein Kiteboard ist auf dem *Schlag, Steuerbord* (Wind von Steuerbord) oder *Backbord* (Wind von Backbord), entsprechend der Seite, in der der Teilnehmer die vordere Hand in normaler Fahrposition mit den Fersen zur Luvseite und mit beiden, nicht gekreuzten Armen an der Steuerstange hat. Ein Kiteboard segelt mit *Steuerbordschlag* (Wind von Steuerbord) wenn die rechte Hand des Teilnehmers vorne wäre und mit *Backbordschlag* (Wind von Backbord) wenn die linke Hand des Teilnehmers vorne wäre.

Zone

Der Bereich um eine *Bahnmarke* innerhalb eines Abstandes von 30 Metern. Ein Kiteboard ist in der *Zone*, wenn ein Teil seines Rumpfes in der *Zone* ist.

Füge die folgenden Definitionen hinzu:

Gekentert

Ein Kiteboard ist *gekentert*, wenn
(a) sein Kite im Wasser ist oder
(b) seine Steuerleinen mit denen eines anderen Kiteboards verfangen sind.

Springen

Ein Kiteboard *springt*, wenn das Board, dessen Anhänge und der Teilnehmer von der Wasseroberfläche frei sind.

Wiederaufrichten

(a) Ein Kiteboard ist beim *Wiederaufrichten* von dem Zeitpunkt, da es die Fahrtkontrolle verloren hat bis es wieder Fahrtkontrolle hat, außer es ist *gekentert*.
(b) Ein Kiteboard ist beim *Wiederaufrichten*, sobald der Kite aus dem Wasser ist, bis es wieder Fahrtkontrolle hat.

F1 Änderungen von Regeln in Teil 1
[Keine Änderungen]

F2 Änderungen von Regeln in Teil 2

Teil 2 – Vorwort
Im zweiten Satz des Vorwortes zu Teil 2 ist „Verletzung oder ernsthafter Schaden“ geändert in „Verletzung, ernsthafter Schaden oder ein Verfangen“.

13 Während des Wendens
Regel 13 ist gelöscht.

16 **CHANGING COURSE OR KITE POSITION**
Rule 16 is changed to:

16.1 When a right-of-way kiteboard changes course or the position of her kite, she shall give the other kiteboard *room* to continue *keeping clear.*

16.2 In addition, on a beat to windward when a *port-tack* kiteboard is *keeping clear* by sailing to pass to leeward of a *starboard-tack* kiteboard, the *starboard-tack* kiteboard shall not bear away or change the position of her kite if as a result the *port-tack* kiteboard must change course or the position of her kite immediately to continue *keeping clear.*

17 **ON THE SAME TACK; PROPER COURSE**
Rule 17 is deleted.

18 **MARK-ROOM**
Rule 18 is changed to:

18.1 When Rule 18 Applies
Rule 18 applies between kiteboards when they are required to leave a *mark* on the same side and at least one of them is in the *zone*. However, it does not apply

(a) between a kiteboard approaching a *mark* and one leaving it, or

(b) between kiteboards on opposite *tacks*.

Rule 18 no longer applies between kiteboards when *mark-room* has been given.

18.2 Giving Mark-Room
(a) When the first kiteboard reaches the *zone*,

(1) if kiteboards are *overlapped*, the outside kiteboard at that moment shall thereafter give the inside kiteboard *mark-room*.

(2) if kiteboards are not *overlapped*, the kiteboard that has not reached the *zone* shall thereafter give *mark-room*.

(b) If the kiteboard entitled to *mark-room* leaves the *zone*, the entitlement to *mark-room* ceases and rule 18.2(a) is applied again if required based on the relationship of the kiteboards at the time rule 18.2(a) is re-applied.

16 Ändern von Kurs oder Kite Position
Regel 16 ist geändert in:

16.1 Wenn ein Kiteboard mit Wegerecht seinen Kurs oder die Position seines Kites ändert, muss es dem anderen Kiteboard weiterhin *Raum* zum *Freihalten* geben

16.2 Außerdem gilt: wenn auf einem Schlag nach Luv ein Kiteboard auf *Backbordschlag* (Wind von Backbord) sich dadurch *freihält*, dass es ein Kiteboard auf *Steuerbordschlag* (Wind von Steuerbord) achteraus passieren will, darf das Kiteboard auf *Steuerbordschlag* (Wind von Steuerbord) weder abfallen noch die Position seines Kites ändern, wenn dadurch das Kiteboard auf *Backbordschlag* (Wind von Backbord) seinen Kurs oder die Position seins Kites sofort ändern muss, um sich weiterhin *freizuhalten.*

17 Auf gleichem Schlag, richtiger Kurs
Regel 17 ist gelöscht

18 Bahnmarken-Raum
Regel 18 ist geändert in:

18.1 Geltungsbereich der Regel 18
Regel 18 gilt zwischen Kiteboards, wenn sie eine *Bahnmarke* auf derselben Seite lassen müssen und mindestens eines von ihnen in der *Zone* ist. Sie gilt jedoch nicht

(a) zwischen einem Kiteboard, das sich der *Bahnmarke* nähert und einem, das sich von ihr entfernt, oder

(b) zwischen Kiteboards auf entgegengesetztem *Schlag.*

Regel 18 hört auf zwischen Kiteboards zu gelten, wenn *Bahnmarken-Raum* gegeben wurde.

18.2 Bahnmarken-Raum geben

(a) Wenn das erste Kiteboard die *Zone* erreicht,

 (1) und die Kiteboards *überlappen*, muss das zu diesem Zeitpunkt außen liegende dem innen liegenden Kiteboard danach *Bahnmarken-Raum* geben.

 (2) und die Kiteboards nicht *überlappen*, muss das Kiteboard, das die *Zone* noch nicht erreicht hat, danach *Bahnmarken-Raum* geben.

(b) Wenn das Kiteboard mit Anspruch auf *Bahnmarken-Raum* die *Zone* verlässt, endet der Anspruch auf *Bahnmarken-Raum* und Regel 18.2(a) gilt wieder, falls notwendig bezogen auf die gegenseitige Lage der Kiteboards zu dem Zeitpunkt, ab dem Regel 18.2(a) wieder gilt.

(c) If a kiteboard obtained an inside *overlap* and, from the time the *overlap* began, the outside kiteboard is unable to give *mark-room*, she is not required to give it.

18.3 Tacking and Gybing

When an inside *overlapped* right-of-way kiteboard must change *tack* at a *mark* to sail her *proper course*, until she changes tack she shall sail no farther from the *mark* than needed to sail that course. Rule 18.3 does not apply at a gate *mark* or a finishing *mark* and a kiteboard shall not be penalized for breaking this rule unless the course of another kiteboard was affected by the breach of this rule.

20 ROOM TO TACK AT AN OBSTRUCTION

Rule 20.1(a) is changed to:

(a) she is approaching an *obstruction*, and, to avoid it safely, will soon need to make a substantial change of her course or the position of her kite, and

Add new rule 20.5:

20.5 Arm Signals

The following arm signals are required in addition to the hails

(a) for *room* to tack, repeatedly and clearly circling one hand over the head; and

(b) for 'You tack', repeatedly and clearly pointing at the other kiteboard and waving the arm to windward.

SECTION D — PREAMBLE

The preamble to Section D is changed to:

When rule 21 or 22 applies between two kiteboards, Section A and C rules do not.

21 STARTING ERRORS; TAKING PENALTIES; JUMPING

Rule 21.3 is changed and new rule 21.4 is added:

21.3 During the last minute before her starting signal, a kiteboard that stops, slows down significantly, or one that is not making significant forward progress shall *keep clear* of all others unless she is accidentally *capsized*.

21.4 A kiteboard that is *jumping* shall *keep clear* of one that is not.

(c) Wenn ein Kiteboard eine innere *Überlappung* erlangt und das außen liegende Kiteboard ist ab dem Zeitpunkt, ab dem die *Überlappung* begann, nicht in der Lage *Bahnmarken-Raum* zu geben, dann braucht es diesen nicht geben.

18.3 Wenden und Halsen

Wenn ein innen *überlappendes* Kiteboard mit Wegerecht den *Schlag* an einer *Bahnmarke* wechseln muss, um seinen *richtigen Kurs* zu segeln, darf es bis zum Wechsel des *Schlags* nicht weiter an der *Bahnmarke* vorbeisegeln, als für das Segeln dieses Kurses notwendig. Regel 18.3 gilt nicht an einer Tor-*Bahnmarke* oder an einer Ziel-*Bahnmarke* und ein Kiteboard darf nicht für einen Verstoss gegen diese Regel bestraft werden, außer wenn der Kurs eines anderen Kiteboards durch den Verstoß gegen diese Regel beeinflusst war.

20 Raum zum Wenden an einem Hindernis

Regel 20.1(a) ist geändert in:

(a) es sich einem *Hindernis* nähert und, um ihm sicher auszuweichen, es bald nötig sein wird eine wesentliche Änderung des Kurses oder der Position des Kites vorzunehmen, und

Füge neue Regel 20.5 ein:

20.5 Armzeichen

Die folgenden Armzeichen sind zusätzlich zu den Zurufen erforderlich:

(a) Für „*Raum* zum Wenden", wiederholtes und deutliches Kreisen einer Hand über dem Kopf; und

(b) Für „Wenden Sie", wiederholtes und deutliches Zeigen auf das andere Kiteboard und Winken mit dem Arm nach Luv.

Abschnitt D – Vorwort

Das Vorwort zur Abschnitt D ist geändert in:

Wenn Regel 21 oder 22 zwischen zwei Kiteboards gilt, gelten die Regeln der Abschnitte A und C nicht.

21 Startfehler; Ausführen einer Strafe; Springen

Regel 21.3 ist geändert und die neue Regel 21.4 wird hinzugefügt:

21.3 Ein Kiteboard, dass während der letzten Minute vor seinem Startsignal anhält, erheblich langsamer wird oder keine erhebliche Vorwährtsfahrt macht, muss sich von anderen Kiteboards *freihalten*, außer es ist unverschuldet *gekentert*.

21.4 Ein Kiteboard, das *springt*, muss sich von anderen *freihalten*, die dies nicht tun.

22 CAPSIZED; RECOVERING; AGROUND; RESCUING
Rule 22 is changed to:

22.1 If possible, a kiteboard shall avoid a kiteboard that is *capsized*, is aground, or is trying to help a person or vessel in danger.

22.2 A kiteboard that is *recovering* shall *keep clear* of a kiteboard that is not.

F3 CHANGES TO THE RULES OF PART 3

26 STARTING RACES
Rule 26 is changed to:
Races shall be started by using the following signals. Times shall be taken from the visual signals; the absence of a sound signal shall be disregarded.

Minutes before starting signal	*Visual signal*	*Sound signal*	*Means*
3	Class flag	One	Warning signal
2	U or black flag	One	Preparatory signal
1	U or black flag removed	One long	One minute
0	Class flag removed	One	Starting signal

29 RECALLS
Rule 29.1 is deleted.

30 STARTING PENALTIES
Rules 30.1 and 30.2 are deleted.
In rules 30.3 and 30.4, 'hull' is changed to 'hull or competitor'.
In rule 30.4, 'sail number' is changed to 'competitor number'.

31 TOUCHING A MARK
Rule 31 is changed to:
While *racing*, a kiteboard shall not touch a windward *mark*.

22 Gekentert; Wiederaufrichtend; auf Grund gelaufen; Hilfe leistend
Regel 22 ist geändert in:

22.1 Wenn es dazu in der Lage ist, muss ein Kiteboard einem anderen Kiteboard ausweichen, das *gekentert* ist, aufgelaufen ist oder das versucht, einer Person oder einem Fahrzeug in Gefahr zu helfen.

22.2 Ein *sich wiederaufrichtendes* Kiteboard muss sich von einem anderen Kiteboard *freihalten*, das dies nicht tut.

F3 Änderungen von Regeln in Teil 3

26 Starten von Wettfahrten
Regel 26 ist geändert in:
Wettfahrten müssen unter Verwendung der folgenden Signale gestartet werden. Die Zeitgebung erfolgt durch die optischen Signale. Das Ausbleiben eines Schallsignals ist nicht zu beachten.

Minuten vor Startsignal	*Optisches Signal*	*Schall-signal*	*Bedeutung*
3	Klassenflagge	ein	Ankündigungssignal
2	U oder schwarze Flagge	ein	Vorbereitungssignal
1	U oder schwarze Flagge entfernt	ein langes	Eine Minute
0	Klassenflagge entfernt	ein	Startsignal

29 Rückrufe
Regel 29.1 ist gelöscht.

30 Startstrafen
Regeln 30.1 und 30.2 sind gelöscht.
In Regel 30.3 und 30.4 wird „Rumpf“ geändert in „Rumpf oder Teilnehmer“.
In Regel 30.4 wird „Segelnummer“ geändert in „Teilnehmernummer“.

31 Berühren einer Bahnmarke
Regel 31 ist geändert in:
In einer Wettfahrt befindlich darf ein Kiteboard eine Luv-*Bahnmarke* nicht berühren.

36 RACES RESTARTED OR RESAILED

Rule 36(b) is changed to:

(b) cause a kiteboard to be penalized except under rule 2, 30.2, 30.4 or 69 or under rule 14 when she has caused injury, serious damage or a tangle.

F4 CHANGES TO THE RULES OF PART 4

41 OUTSIDE HELP

Add new rules 41(e) and 41(f):

(e) help from another competitor in the same race to assist a relaunch;

(f) help to change equipment, but only in the launching area.

42 PROPULSION

Rule 42 is changed to:

42.1 Basic Rule

Except when permitted in rule 42.2, a kiteboard shall compete by using only the wind and water to increase, maintain or decrease her speed.

42.2 Exceptions

(a) A kiteboard may be propelled by unassisted actions of the competitor on the kiteboard.

(b) A competitor may swim, walk or paddle while *capsized* or *recovering*, provided that the kiteboard does not gain a significant advantage in the race.

(c) Any means of propulsion may be used to help a person or another vessel in danger.

43 EXONERATION

Rule 43.1(c) is changed to:

(c) A right-of-way kiteboard, or one sailing within the *room* or *mark-room* to which she is entitled, is exonerated for breaking rule 14 if the contact does not cause damage, injury or a tangle.

Add new rule 43.1(d):

(d) When a kiteboard breaks rule 15 and there is no contact, she is exonerated for her breach.

36 Wieder zu startende oder wieder zu segelnde Wettfahrten

Regel 36(b) ist geändert in:

(b) veranlassen ein Kiteboard zu bestrafen außer nach Regel 2, 30.2, 30.4 oder 69 oder nach Regel 14, wenn es eine Verletzung, ernsthaften Schaden oder ein Verfangen verursacht hat.

F4 Änderungen von Regeln in Teil 4

41 Hilfe von außen

Füge neue Regeln 41(e) und 41(f) hinzu:

(e) Hilfe durch einen anderen Teilnehmer in der selben Wettfahrt zur Unterstützung beim Wiederstarten des Kites;

(f) Hilfe beim Wechseln der Ausrüstung, aber nur in der Startzone für Kites.

42 Vortrieb:

Regel 42 ist geändert in:

42.1 Grundregel

Außer wenn es nach Regel 42.2 erlaubt ist, darf ein Kiteboard nur Wind und Wasser nutzen, um seine Geschwindigkeit zu erhöhen, beizubehalten oder zu verringern.

42.2 Ausnahmen

(a) Ein Kiteboard darf durch Handlungen des Teilnehmer, der sich auf dem Kiteboard befindet und die nicht von außen unterstützt werden, Vortrieb erhalten.

(b) Ein Teilnehmer kann schwimmen, gehen oder paddeln, während das Kiteboard *gekentert* ist oder *wiederaufgerichtet* wird, sofern das Kiteboard dadurch keinen erheblichen Vorteil in einer Wettfahrt erlangt.

(c) Jedes Mittel zum Vortrieb darf benutzt werden, um einer Person oder einem anderen Fahrzeug in Gefahr zu helfen.

43 Entlastung

Regel 43.1(c) ist geändert in:

(c) Ein Kiteboard, das Wegerecht hat oder das innerhalb des ihm zustehenden *Raums* oder *Bahnmarken-Raums* segelt, ist für einen Verstoß gegen Regel 14 entlastet, wenn die Berührung keinen Schaden, Verletzung oder Verfangen verursacht.

Füge neue Regel 43.1(d) hinzu:

(d) Verletzt ein Kiteboard Regel 15 und es gibt keinen Kontakt zwischen den Kiteboards, so ist das Kiteboard für seinen Verstoß entlastet.

44 PENALTIES AT THE TIME OF AN INCIDENT

Rules 44.1 and 44.2 are changed to:

44.1 Taking a Penalty

A kiteboard may take a One-Turn Penalty when she may have broken one or more rules of Part 2 or rule 31 in an incident while *racing*. Alternatively, the notice of race or sailing instructions may specify the use of the Scoring Penalty or some other penalty, in which case the specified penalty shall replace the One-Turn Penalty. However,

(a) when a kiteboard may have broken a rule of Part 2 and rule 31 in the same incident she need not take the penalty for breaking rule 31; and

(b) if the kiteboard caused injury, damage or a tangle or, despite taking a penalty, gained a significant advantage or caused significant disadvantage to the other kiteboard in the race or series by her breach, her penalty shall be to retire.

44.2 One-Turn Penalty

After getting well clear of other kiteboards as soon after the incident as possible, a kiteboard takes a One-Turn Penalty by promptly making one turn with her hull appendage in the water. The turn shall include one completed tack and one completed gybe. When a kiteboard takes the penalty at or near the finishing line, her hull and competitor shall be completely on the course side of the line before she *finishes*.

50 COMPETITOR CLOTHING AND EQUIPMENT

Rule 50.1(a) is changed to:

(a) Competitors shall not wear or carry clothing or equipment for the purpose of increasing their weight. However, a competitor may wear a drinking container that shall have a capacity of at least one litre and weigh no more than 1.5 kilograms when full.

PART 4 RULES DELETED

Rules 45, 48, 49, 50.2, 51, 52, 54, 55 and 56.1 are deleted.

44 Strafen zum Zeitpunkt eines Vorfalls

Regel 44.1 und 44.2 sind geändert in:

44.1 Annahme einer Strafe

Ein Kiteboard kann eine Eine-Drehung-Strafe annehmen, wenn es *in einer Wettfahrt befindlich* gegen eine oder mehrere Regeln von Teil 2 oder Regel 31 verstoßen haben könnte. Alternativ können die Ausschreibung oder Segelanweisungen den Gebrauch der Wertungsstrafe oder anderer Strafen festlegen. In diesem Fall ersetzt die festgelegte Strafe die Eine-Drehung-Strafe. Wenn jedoch

(a) ein Kiteboard in einem Vorfall sowohl gegen eine Regel von Teil 2 als auch gegen Regel 31 verstoßen hat, muss es die Strafe für den Verstoß gegen Regel 31 nicht annehmen; und

(b) das Kiteboard durch seinen Verstoß eine Verletzung, Schaden oder ein Verfangen verursacht hat oder trotz Annahme einer Strafe einen erheblichen Vorteil oder verursacht einen erheblichen Nachteil für das andere Kiteboard in der Wettfahrt oder Wettfahrtserie erlangt hat, muss seine Strafe das Aufgeben der Wettfahrt sein.

44.2 Eine-Drehung-Strafe

Nachdem sich ein Kiteboard so bald wie möglich nach dem Vorfall von anderen Kiteboards freigesegelt hat, nimmt es eine Eine-Drehung-Strafe an, indem es unverzüglich eine Drehung mit dem Board im Wasser durchführt. Die Drehung muss eine abgeschlossene Wende und eine abgeschlossene Halse enthalten. Wenn ein Kiteboard die Strafe auf oder in der Nähe der Ziellinie ausführt, müssen das Kiteboard und der Teilnehmer vollständig auf der Bahnseite der Linie sein, bevor es *durchs Ziel geht*.

50 Kleidung und Ausrüstung der Teilnehmer

Regel 50.1(a) ist geändert in:

(a) Teilnehmer dürfen keine Kleidung oder Ausrüstung zur Erhöhung ihres Gewichtes tragen oder mitführen. Ein Teilnehmer darf jedoch einen Trinkbehälter mitführen mit einem Volumen von mindestens einem Liter und einem Gewicht von nicht mehr als 1,5kg wenn gefüllt.

Gelöschte Regeln in Teil 4

Die Regeln 45, 48, 49, 50.2, 51, 52, 54, 55 und 56.1 sind gelöscht.

F5 CHANGES TO THE RULES OF PART 5

61 PROTEST REQUIREMENTS

Rule 61.1(a) is changed to:

(a) The protesting kiteboard shall inform the other kiteboard at the first reasonable opportunity. When her *protest* will concern an incident in the racing area, she shall hail 'Protest' at the first reasonable opportunity. However,

(1) if the other kiteboard is beyond hailing distance, the protesting kiteboard need not hail but she shall inform the other kiteboard at the first reasonable opportunity;

(2) no red flag need be displayed;

(3) if the incident was an error by the other kiteboard in *sailing the course*, she need not hail but she shall inform the other kiteboard before that kiteboard *finishes* or at the first reasonable opportunity after she *finishes*;

(4) if at the time of the incident it is obvious to the protesting kiteboard that either competitor is in danger, or that injury, serious damage or a tangle resulted, the requirements of this rule do not apply to her, but she shall attempt to inform the other kiteboard within the time limit of rule 61.3.

63 HEARINGS

For a race of an elimination series that will qualify a kiteboard to compete in a later stage of an event, rules 61.2 and 65.2 are deleted and rule 63.6 is changed to:

63.6 *Protests* and requests for redress need not be in writing; they shall be made orally to a member of the protest committee as soon as reasonably possible following the race. The protest committee may take evidence in any way it considers appropriate and may communicate its decision orally.

64 DECISIONS

Add new rule 64.2(c):

(c) if a kiteboard has broken a *rule* and, as a result, caused a tangle for the second or subsequent time during the event, her penalty shall be a disqualification that is not excludable.

Rules 64.4(a) and 64.4(b) are changed to:

(a) When the protest committee finds that deviations in excess of

F5 Änderungen von Regeln in Teil 5

61 Protesterfordernisse

Regel 61.1(a) ist geändert in:

(a) Das protestierende Kiteboard muss das andere Kiteboard bei der ersten zumutbaren Gelegenheit informieren. Betrifft sein *Protest* einen Vorfall im Wettfahrtgebiet, muss es „Protest" bei der ersten zumutbaren Gelegenheit rufen. Jedoch

(1) braucht das protestierende Kiteboard nicht rufen, wenn das andere außerhalb der Rufweite ist, muss es aber bei der ersten zumutbaren Gelegenheit informieren;

(2) muss keine rote Flagge gezeigt werden;

(3) wenn der Vorfall darin besteht, dass das andere Kiteboard einen Fehler beim *Absegeln der Bahn* gemacht hat, muss es nicht Protest rufen, aber es muss das andere Kiteboard entweder vor dessen *Zieldurchgang* oder bei der ersten zumutbaren Gelegenheit nach seinem *Zieldurchgang* informieren;

(4) wenn zum Zeitpunkt des Vorfalls für das protestierende Kiteboard offensichtlich ist, dass entweder ein Teilnehmer in Gefahr ist, oder es eine Verletzung, ernsthaften Schaden oder ein Verfangen gab, gelten für dieses die Erfordernisse dieser Regel nicht, aber es muss versuchen, das andere Kiteboard innerhalb der Frist nach Regel 61.3 zu informieren.

63 Anhörungen

Für Wettfahrten als Teil einer Ausscheidungsserie, die ein Kiteboard für die Teilnahme in einer späteren Stufe einer Veranstaltung qualifiziert, sind die Regeln 61.2 und 65.2 gelöscht, und Regel 63.6 ist geändert in:

63.6 *Proteste* und Anträge auf Wiedergutmachung brauchen nicht schriftlich, sondern müssen so schnell wie vernünftigender Weise möglich nach einer Wettfahrt mündlich gegenüber einem Mitglied des Protestkomitees gemacht werden. Das Protestkomitee kann Beweise auf jede ihm angenemessen erscheinenden Weise erheben und seine Entscheidung mündlich mitteilen.

64 Entscheidungen

Füge neue Regel 64.2(c) hinzu:

(c) Wenn ein Kiteboard eine *Regel* verletzt hat und dabei zum zweiten oder wiederholten Mal in einer Wettfahrtserie ein Verfangen erzeugt hat, muss seine Strafe eine nicht streichbare Disqualifikation sein.

Regel 64.4(a) und 64.4(b) sind geändert in:

(a) Ermittelt das Protestkomitee, dass Abweichungen über akzeptable

acceptable manufacturing tolerances were caused by damage or normal wear and do not improve the performance of the kiteboard, it shall not penalize her. However, the kiteboard shall not *race* again until the deviations have been corrected, except when the protest committee decides there is or has been no reasonable opportunity to do so.

(b) When the protest committee is in doubt about any matter concerning the measurement of a kiteboard, the interpretation of a class rule, or a matter involving damage to a kiteboard, it shall refer its questions, together with therelevant facts, to an authority responsible for interpreting the rule. In making its decision, the committee shall be bound by the reply of the authority.

70 APPEALS AND REQUESTS TO A NATIONAL AUTHORITY
Add new rule 70.7:

70.7 Appeals are not permitted in disciplines and formats with elimination series.

F6 CHANGES TO THE RULES OF PART 6
[No changes.]

F7 CHANGES TO THE RULES OF PART 7

90 RACE COMMITTEE; SAILING INSTRUCTIONS; SCORING
The last sentence of rule 90.2(c) is changed to: 'Oral instructions may be given only if the procedure is stated in the sailing instructions.'

F8 CHANGES TO APPENDIX A

A1 NUMBER OF RACES; OVERALL SCORES
Rule A1 is changed to:
The number of races scheduled and the number required to be completed to constitute a series shall be stated in the notice of race or sailing instructions. If an event includes more than one discipline or format, the notice of race or sailing instructions shall state how the overall scores are to be calculated.

Bau-Toleranzen hinaus durch Schaden oder normale Abnutzung verursacht wurden und die Leistung des Kiteboards nicht verbessern, darf es das Kiteboard nicht bestrafen. Jedoch darf das Kiteboard nicht wieder *an Wettfahrten teilnehmen*, bis die Abweichungen korrigiert wurden, außer das Protestkomitee stellt fest, dass es keine zumutbare Gelegenheit gibt oder gegeben hat, das zu tun.

(b) Hat das Protestkomitee Zweifel in einer Angelegenheit bezüglich der Vermessung eines Kiteboards, der Auslegung einer Klassenregel oder einem Vorfall mit einem Schaden an einem Kiteboard, muss es seine Fragen zusammen mit den entsprechenden Sachverhalten einer für die Auslegung der Regel zuständigen Stelle unterbreiten. Das Protestkomitee ist bei seiner Entscheidung an die Antwort der zuständigen Stelle gebunden.

70 Berufungen und Anträge an den nationalen Verband

Füge neue Regel 70.7 hinzu:

70.7 Berufungen sind in Disziplinen und Formaten mit Ausscheidungs-Serien nicht zugelassen.

F6 Änderungen von Regeln in Teil 6

[Keine Änderungen]

F7 Änderungen von Regeln in Teil 7

90 Wettfahrtkomitee; Segelanweisungen; Wertung

Der letzte Satz von Regel 90.2(c) ist geändert in:

„Mündliche Anweisungen dürfen nur gegeben werden, wenn das Verfahren dazu in den Segelanweisungen festgelegt ist."

F8 Änderungen von Anhang A

A1 Anzahl von Wettfahrten; Gesamtwertungen

Regel A1 ist geändert in:

Die Anzahl der vorgesehenen Wettfahrten und die für die Gültigkeit einer Wettfahrtserie notwendige Anzahl abgeschlossener Wettfahrten müssen in der Ausschreibung oder den Segelanweisungen festgelegt sein. Wenn eine Veranstaltung mehr als eine Disziplin oder Format einschließt, müssen die Ausschreibung oder Segelanweisungen festlegen, wie die Gesamtwertung zu berechnen ist.

A5 SCORES DETERMINED BY THE RACE COMMITTEE
Rule A5.2 is changed to:

A5.2 A kiteboard that did not *start*, did not *sail the course*, did not *finish*, retired or was disqualified shall be scored points for the finishing place one more than the number of kiteboards entered in the series or, in a race of an elimination series, the number of kiteboards in that heat. A kiteboard that is penalized under rule 30.2 shall be scored points as provided in rule 44.3(c).

A10 SCORING ABBREVIATIONS
Add to Rule A10:
DCT Disqualified after causing a tangle in an incident

F9 CHANGES TO APPENDIX G
Appendix G is changed to:

Appendix G — Identification

G1 Every kiteboard shall be identified as follows:

(a) Each competitor shall be provided with and wear a bib with a personal competition number of no more than three digits. The bib shall be worn as intended with the competition number clearly displayed.

(b) The numbers shall be displayed as high as possible on the front, back and sleeves of the bib. They should be at least 20 cm tall on the back and at least 6 cm tall on the front and the sleeves.

(c) The numbers shall be Arabic numerals, all of the same solid colour, clearly legible and in a commercially available typeface giving the same or better legibility as Helvetica. The colour of the numbers shall contrast with the colour of the bib.

A5 Wertung die vom Wettfahrtkomitee festgelegt werden

Regel A5.2 ist geändert in:

A5.2 Ein Kiteboard, das nicht *gestartet* ist, nicht die *Bahn abgesegelt* hat, nicht *durchs Ziel gegangen* ist, aufgegeben hat oder disqualifiziert wurde, erhält Punkte für den Zielplatz, der um eins größer ist als die Anzahl der für die Wettfahrtserie gemeldeten Kiteboards oder in einer Wettfahrt einer Ausscheidungsserie, der Anzahl der Kiteboards in diesem Heat. Ein Kiteboard, das nach Regel 30.2 bestraft wurde, erhält Punkte wie in Regel 44.3(c) vorgesehen.

A10 Wertungsabkürzungen

Füge in Regel A10 hinzu:

DCT Disqualifikation nach Verursachen eines Verfangens in einem Vorfall

F9 Änderungen von Anhang G

Anhang G ist geändert in:

Anhang G – Kennzeichnung

G1 Jedes Kiteboard muss wie folgt gekennzeichnet sein:

(a) Jeder Teilnehmer muss mit einem von ihm zu tragenden Trikot mit einer persönlichen Teilnehmernummer von nicht mehr als drei Stellen ausgestattet werden. Das Trikot muss mit der Teilnehmernummer deutlich sichtbar so getragen werden, wie es vorgesehen ist.

(b) Die Nummern müssen so hoch wie möglich auf Vorder-, Rückseite und den Armen des Trikots angebracht sein. Sie müssen mindestens 20cm hoch auf der Rückseite und mindestens 6cm hoch auf der Vorderseite und den Armen sein.

(c) Die Nummern müssen arabische Ziffern von gleicher Vollfarbe sein, deutlich lesbar und in einer kommerziell verfügbaren Schriftart mit der gleichen oder besseren Lesbarkeit wie Helvetica. Die Farbe der Nummern muss sich von der Farbe des Trikots deutlich abheben.

APPENDIX G
IDENTIFICATION ON SAILS

See rule 77.

G1 WORLD SAILING CLASS BOATS

G1.1 Identification

Every boat of a World Sailing Class shall carry on her mainsail and, as provided in rule G1.3(c) for letters and numbers only, on her spinnaker and headsail

(a) the insignia denoting her class;

(b) at all international events, except when the boats are provided to all competitors, national letters denoting her national authority from the table below. For the purposes of this rule, international events are World Sailing events, world and continental championships, and events described as international events in their notices of race and sailing instructions; and

(c) a sail number of no more than four digits allotted by her national authority or, when so required by the class rules, by the class association. The four-digit limitation does not apply to classes whose World Sailing membership or recognition took effect before 1 April 1997. Alternatively, if permitted in the class rules, an owner may be allotted a personal sail number by the relevant issuing authority, which may be used on all his boats in that class.

Sails measured before 31 March 1999 shall comply with rule G1.1 or with the rules applicable at the time of measurement.

Note: *An up-to-date version of the table below is available on the World Sailing website.*

Anhang G
Kennzeichnung auf Segeln

Siehe Regel 77

G1 Boote von World Sailing Klassen

G1.1 Kennzeichnung
Jedes Boot einer World Sailing Klasse muss in seinem Großsegel und, wie in Regel G1.3 (c) nur für Buchstaben und Zahlen vorgesehen, in seinem Spinnaker und Vorsegel führen:

(a) das Klassenzeichen seiner Klasse;

(b) die Nationalitätsbuchstaben, die seinen nationalen Verband gemäß der nachstehenden Auflistung kennzeichnen, bei allen internationalen Veranstaltungen, außer wenn die Boote für alle Teilnehmer zur Verfügung gestellt werden. Internationale Veranstaltungen im Sinne dieser Regel sind Veranstaltungen von World Sailing, Welt- und Kontinentalmeisterschaften und Veranstaltungen, die in ihrer Ausschreibung und den Segelanweisungen als internationale Veranstaltungen beschrieben sind; und

(c) eine Segelnummer aus nicht mehr als vier Ziffern, die ihm von seinem nationalen Verband oder – falls die Klassenregeln dies vorschreiben – durch seine Klassenvereinigung zugeteilt ist. Die Beschränkung auf vier Ziffern gilt nicht für Klassen, deren Mitgliedschaft bei oder Anerkennung durch World Sailing vor dem 1. April 1997 in Kraft trat. Alternativ, falls die Klassenregeln dies gestatten, kann die für die Vergabe zuständige Stelle einem Eigner eine persönliche Segelnummer zuteilen, die dann auf allen ihm gehörenden Booten der betreffenden Klasse geführt werden darf.

Vor dem 31. März 1999 vermessene Segel müssen der Regel G1.1 entsprechen oder den Regeln, die zum Zeitpunkt der Vermessung gültig waren.

Anmerkung: *Eine aktuelle Version der unten stehenden Tabelle ist auf der World Sailing Website verfügbar.*

Kennzeichen	*Nation*	*Land*
AHO	Netherlands Antilles	Niederländische Antillen
ALG	Algeria	Algerien
AND	Andorra	Andorra
ANG	Angola	Angola
ANT	Antigua	Antigua
ARG	Argentina	Argentinien
ARM	Armenia	Armenien
ARU	Aruba	Aruba
ASA	American Samoa	Amerikanisch-Samoa
AUS	Australia	Australien
AUT	Austria	Österreich
AZE	Azerbaijan	Aserbaidschan
BAH	Bahamas	Bahamas
BAR	Barbados	Barbados
BEL	Belgium	Belgien
BER	Bermuda	Bermuda
BIZ	Belize	Belize
BLR	Belarus	Weißrussland
BOT	Botswana	Botsuana
BRA	Brazil	Brasilien
BRN	Bahrain	Bahrain
BRU	Brunei Darussalam	Brunci Darussalam
BUL	Bulgaria	Bulgarien
CAN	Canada	Kanada
CAY	Cayman Islands	Kaiman-Inseln
CHI	Chile	Chile
CHN	China, PR	China
COK	Cook Islands	Cookinseln
COL	Colombia	Kolumbien
CRO	Croatia	Kroatien
CUB	Cuba	Kuba
CYP	Cyprus	Zypern

Kennzeichen	*Nation*	*Land*
CZE	Czech Republic	Tschechische Republik
DEN	Denmark	Dänemark
DJI	Djibouti	Dschibuti
DOM	Dominican Republic	Dominikanische Republik
ECU	Ecuador	Ecuador
EGY	Egypt	Ägypten
ESA	El Salvador	El Salvador
ESP	Spain	Spanien
EST	Estonia	Estland
FIJ	Fiji	Fidschi
FIN	Finland	Finnland
FRA	France	Frankreich
GBR	Great Britain	Großbritannien
GEO	Georgia	Georgien
GER	Germany	Deutschland
GRE	Greece	Griechenland
GRN	Grenada	Grenada
GUA	Guatemala	Guatemala
GUM	Guam	Guam
HKG	Hong Kong, China	Hong-Kong, China
HUN	Hungary	Ungarn
INA	Indonesia	Indonesien
IND	India	Indien
IRL	Ireland	Irland
IRN	Iran	Iran
IRQ	Iraq	Irak
ISL	Iceland	Island
ISR	Israel	Israel
ISV	US Virgin Islands	Amerikanische Jungferninseln
ITA	Italy	Italien
IVB	British Virgin Islands	Britische Jungferninseln
JAM	Jamaica	Jamaika

Kennzeichen	*Nation*	*Land*
JPN	Japan	Japan
KAZ	Kazakhstan	Kasachstan
KEN	Kenya	Kenia
KGZ	Kyrgyzstan	Kirgisistan
KOR	Korea, Republic of	Republik Korea
KOS	Kosovo	Kosovo
KSA	Saudi Arabia	Saudi Arabien
KUW	Kuwait	Kuwait
LAT	Latvia	Lettland
LBA	Libya	Libyen
LCA	St Lucia	St. Lucia
LIB	Lebanon	Libanon
LIE	Liechtenstein	Liechtenstein
LTU	Lithuania	Litauen
LUX	Luxembourg	Luxemburg
MAC	Macau, China	Macau, China
MAD	Madagascar	Madagaskar
MAR	Morocco	Marokko
MAS	Malaysia	Malaysia
MDA	Moldova	Moldawien
MEX	Mexico	Mexiko
MKD	North Macedonia	Nordmazedonien
MLT	Malta	Malta
MNE	Montenegro	Montenegro
MON	Monaco	Monaco
MNT	Montserrat	Monserrat
MOZ	Mozambique	Mosambik
MRI	Mauritius	Mauritius
MYA	Myanmar	Myanmar
NAM	Namibia	Namibia
NCA	Nicaragua	Nicaragua
NED	The Netherlands	Niederlande

Kennzeichen	*Nation*	*Land*
NGR	Nigeria	Nigeria
NOR	Norway	Norwegen
NZL	New Zealand	Neuseeland
OMA	Oman	Oman
PAK	Pakistan	Pakistan
PAN	Panama	Panama
PAR	Paraguay	Paraguay
PER	Peru	Peru
PHI	Philippines	Philippinen
PLE	Palestine	Palästina
PNG	Papua New Guinea	Papua-Neuguinea
POL	Poland	Polen
POR	Portugal	Portugal
PRK	Korea, DPR	Demokratische Volksrepublik Korea
PUR	Puerto Rico	Puerto Rico
QAT	Qatar	Katar
ROU	Romania	Rumänien
RSA	South Africa	Südafrika
RUS	Russia	Russland
SAM	Samoa	Samoa
SEN	Senegal	Senegal
SEY	Seychelles	Seychellen
SGP	Singapore	Singapur
SLO	Slovenia	Slowenien
SMR	San Marino	San Marino
SRB	Serbia	Serbien
SRI	Sri Lanka	Sri-Lanka
SKN	St Kitts & Nevis	St. Kitts & Nevis
SUD	Sudan	Sudan
SUI	Switzerland	Schweiz
SVK	Slovak Republic	Slowakische Republik

Kennzeichen	*Nation*	*Land*
SWE	Sweden	Schweden
TAH	Tahiti	Tahiti
TAN	Tanzania	Tansania
THA	Thailand	Thailand
TLS	Timore Leste	Timor Leste
TPE	Chinese Taipei	Taiwan
TTO	Trinidad & Tobago	Trinidad-Tobago
TUN	Tunisia	Tunesien
TUR	Turkey	Türkei
TKS	Turks & Caicos	Turks- & Caicos-Inseln

G1.2 Specifications

(a) National letters and sail numbers shall be:

(1) in capital letters and Arabic numerals,

(2) of the same colour,

(3) of a contrasting colour to the body of the sail, and

(4) of a sans-serif typeface.

In addition, the letters and numbers identifying the boat shall be clearly legible when the sail is set.

(b) The height of characters and space between adjoining characters on the same and opposite sides of the sail shall be related to the boat's overall length as follows:

Overall length	*Minimum height*	*Minimum space between characters and from edge of sail*
Under 3.5 m	230 mm	45 mm
3.5 m – 8.5 m	300 mm	60 mm
8.5 m – 11 m	375 mm	75 mm
Over 11 m	450 mm	90 mm

Kennzeichen	*Nation*	*Land*
UAE	United Arab Emirates	Vereinigte Arabische Emirate
UGA	Uganda	Uganda
UKR	Ukraine	Ukraine
URU	Uruguay	Uruguay
USA	United States of America	Vereinigte Staaten von Amerika
VAN	Vanuatu	Vanuatu
VEN	Venezuela	Venezuela
VIE	Vietnam	Vietnam
ZIM	Zimbabwe	Simbabwe

G1.2 Spezifikationen

(a) Nationalitätsbuchstaben und Segelnummern müssen

(1) aus Großbuchstaben und arabischen Ziffern,

(2) aus gleicher Farbe,

(3) aus einer sich vom Segelstoff abhebenden Farbe, und

(4) einer serifenlosen Schriftart bestehen.

Zudem müssen die Buchstaben und Nummern, die das Boot identifizieren, bei gesetztem Segel deutlich lesbar sein.

(b) Die Höhe der Schriftzeichen und der Abstand zwischen benachbarten Schriftzeichen auf der gleichen und der entgegengesetzten Seite des Segels müssen in folgendem Verhältnis zur Länge über Alles des Bootes stehen:

Länge über Alles	*Mindesthöhe*	*Mindestabstand zwischen den Zeichen und vom Segelliek*
unter 3,5 m	230 mm	45 mm
3,5 m – 8,5 m	300 mm	60 mm
8,5 m – 11 m	375 mm	75 mm
über 11 m	450 mm	90 mm

G1.3 Positioning

Class insignia, national letters and sail numbers shall be positioned as follows:

(a) General

(1) Class insignia, national letters and sail numbers, where applicable, shall be place on both sides and such that those on the starboard side are uppermost.

(2) National letters shall be placed above the sail numbers on each side of the sail.

(b) Mainsails

(1) The class insignia, national letters and sail numbers shall, if possible, be wholly above an arc whose centre is the head point and whose radius is 60% of the leech length.

(2) The class insignia shall be placed above the national letters. If the class insignia is of a design that it may be placed back to back, then it may be so placed.

(c) Headsails and Spinnakers

(1) National letters and sail numbers are only required on a headsail whose foot length is greater than 1.3 x foretriangle base.

(2) The national letters and sail numbers of headsails shall be displayed wholly below an arc whose centre is the head point and whose radius is 50% of the luff length and, if possible, wholly above an arc whose radius is 75% of the luff length.

(3) The national letters and sail number shall be displayed on the front side of a spinnaker but may be placed on both sides. They shall be displayed wholly below an arc whose centre is the head point and whose radius is 40% of the foot median and, if possible, wholly above an arc whose radius is 60% of the foot median.

G1.3 Anbringung

Klassenzeichen, Nationalitätsbuchstaben und Segelnummern müssen wie folgt angebracht sein:

(a) Allgemeines

(1) Klassenzeichen, Nationalitätsbuchstaben und Segelnummern müssen, sofern anwendbar, auf beiden Seiten des Segels angebracht sein, jene an der Steuerbordseite höher als jene an der Backbordseite.

(2) Nationalitätsbuchstaben müssen oberhalb der Segelnummern auf beiden Seiten des Segels angebracht werden.

(b) Großsegel

(1) Klassenzeichen, Nationalitätsbuchstaben und Segelnummern müssen möglichst vollständig oberhalb eines Kreisbogens angebracht werden, dessen Mittelpunkt der Kopf des Großsegels ist und dessen Radius 60% der Länge des Achterlieks beträgt.

(2) Die Klassenzeichen müssen oberhalb der Nationalitätsbuchstaben angebracht sein. Wenn die Klassenzeichen beim Aufeinanderlegen Rücken an Rücken identisch sind, dürfen sie so angebracht werden.

(c) Vorsegel und Spinnaker

(1) Nationalitätsbuchstaben und Segelnummern sind bei Vorsegeln nur dann erforderlich, wenn deren Unterliekslänge größer als der 1,3-fache Längsabstand zwischen der Vorderkante des vordersten Mastes und dem Schnittpunkt des vordersten Vorstags mit dem Deck ist.

(2) Die Nationalitätsbuchstaben und Segelnummern müssen auf beiden Seiten eines Vorsegels vollständig unterhalb eines Kreisbogens angebracht sein, dessen Mittelpunkt der Vorsegelkopf ist und dessen Radius 50% der Länge des Vorlieks beträgt, und möglichst ganz oberhalb eines Kreisbogens, dessen Radius 75% der Länge des Vorlieks beträgt.

(3) Die Nationalitätsbuchstaben und Segelnummern müssen auf der Vorderseite eines Spinnakers, können aber auch auf beiden Seiten angebracht werden. Sie müssen vollständig unterhalb eines Kreisbogens angebracht sein, dessen Mittelpunkt der Kopf des Spinnakers ist und dessen Radius 40% der Länge vom Kopf zur Mitte des Unterlieks beträgt, sowie falls möglich vollständig oberhalb eines Kreisbogens befinden, dessen Radius 60% der Länge vom Kopf zur Mitte des Unterlieks beträgt.

G2 OTHER BOATS

Other boats shall comply with the rules of their national authority or class association in regard to the allotment, carrying and size of insignia, letters and numbers. Such rules shall, when practicable, conform to the above requirements.

G3 CHARTERED OR LOANED BOATS

When so stated in the notice of race or sailing instructions, a boat chartered or loaned for an event may carry national letters or a sail number in contravention of her class rules.

G4 WARNINGS AND PENALTIES

When a protest committee finds that a boat has broken a rule of this appendix, it shall either warn her and give her time to comply or penalize her.

G5 CHANGES BY CLASS RULES

World Sailing Classes may change the rules of this appendix provided the changes have first been approved by World Sailing.

G2 Andere Boote

Andere Boote müssen den Vorschriften ihres nationalen Verbandes oder ihrer Klasse bezüglich Zuteilung, Führung und Größe der Klassenzeichen, Buchstaben und Ziffern entsprechen. Diese Vorschriften müssen, wenn möglich, mit den obigen Erfordernissen übereinstimmen.

G3 Gecharterte oder geliehene Boote

Wenn in der Ausschreibung oder den Segelanweisungen so festgelegt, darf ein für eine Veranstaltung gechartertes oder geliehenes Boot Nationalitätsbuchstaben oder Segelnummern führen, die den Klassenregeln nicht entsprechen.

G4 Verwarnungen und Strafen

Ermittelt ein Protestkomitee, dass ein Boot eine Regel dieses Anhangs verletzt hat, muss es entweder das Boot verwarnen und ihm Zeit geben, der Regel zu entsprechen, oder es bestrafen.

G5 Änderungen durch die Klassenregeln

World Sailing Klassen können Regeln dieses Anhangs ändern, wenn World Sailing vorher die Änderungen genehmigt hat.

APPENDIX H
WEIGHING CLOTHING AND EQUIPMENT

See rule 50. This appendix shall not be changed by the notice of race, sailing instructions or prescriptions of national authorities.

H1 Items of clothing and equipment to be weighed shall be arranged on a rack. After being saturated in water the items shall be allowed to drain freely for one minute before being weighed. The rack must allow the items to hang as they would hang from clothes hangers, so as to allow the water to drain freely. Pockets that have drain-holes that cannot be closed shall be empty, but pockets or items that can hold water shall be full.

H2 When the weight recorded exceeds the amount permitted, the competitor may rearrange the items on the rack and the member of the technical committee in charge shall again soak and weigh them. This procedure may be repeated a second time if the weight still exceeds the amount permitted.

H3 A competitor wearing a dry suit may choose an alternative means of weighing the items.

(a) The dry suit and items of clothing and equipment that are worn outside the dry suit shall be weighed as described above.

(b) Clothing worn underneath the dry suit shall be weighed as worn while *racing*, without draining.

(c) The two weights shall be added together.

Anhang H
Wiegen von Kleidung und Ausrüstung

Siehe Regel 50. Dieser Anhang darf nicht durch die Ausschreibung, Segelanweisungen oder Vorschriften der nationalen Verbände verändert werden.

H1 Die zu wiegenden Kleidungstücke und Ausrüstungsgegenstände müssen auf einem Wiegegestell angeordnet werden. Nachdem diese mit Wasser gesättigt wurden, müssen sie vor dem Wiegen eine Minute lang frei abtropfen können. Das Wiegegestell muss gewährleisten, dass die Teile wie auf Kleiderbügeln hängen, damit das Wasser frei abtropfen kann. Nicht verschließbare Taschen mit Abflusslöchern müssen leer sein; Taschen und Gegenstände, die Wasser aufnehmen können, müssen jedoch gefüllt sein.

H2 Wenn das festgestellte Gewicht den zulässigen Wert überschreitet, darf der Teilnehmer die Gegenstände auf dem Wiegegestell neu anordnen und das zuständige Mitglied des technischen Komitees muss diese erneut durchnässen und wiegen. Dieses Verfahren darf ein zweites Mal wiederholt werden, wenn das Gewicht den zulässigen Wert überschreitet.

H3 Ein Teilnehmer, der einen Trockenanzug trägt, kann ein alternatives Verfahren für das Wiegen der Gegenstände wählen.

(a) Der Trockenanzug sowie Kleidungsstücke und Ausrüstungsgegenstände, die über dem Trockenanzug getragen werden, müssen wie oben beschrieben gewogen werden.

(b) Alle unter dem Trockenanzug getragenen Kleidungsstücke müssen ohne Abtropfen so gewogen werden, wie sie *in einer Wettfahrt befindlich* getragen wurden.

(c) Beide ermittelten Gewichte müssen addiert werden.

APPENDIX J
NOTICE OF RACE AND SAILING INSTRUCTIONS

See rules 89.2 and 90.2. In this appendix, the term 'event' includes a race or series of races.

A rule in the notice of race need not be repeated in the sailing instructions.

Care should be taken to ensure that there is no conflict between rules in the notice of race, the sailing instructions or any other document that governs the event.

J1 NOTICE OF RACE CONTENTS

J1.1 The notice of race shall include the following:

(1) the title, place and dates of the event and name of the organizing authority;

(2) that the event will be governed by the rules as defined in *The Racing Rules of Sailing;*

(3) a list of any other documents that will govern the event (for example, *The Equipment Rules of Sailing,* to the extent that they apply), stating where or how each document or an electronic copy of it may be obtained;

(4) the classes to race, any handicap or rating system that will be used, and the classes to which it will apply; conditions of entry and any restrictions on entries;

(5) the procedures and times for registration or entry, including fees and any closing dates;

(6) the times of warning signals for the practice race, if one is scheduled, and the first race, and succeeding races if known.

J1.2 The notice of race shall include any of the following that will apply:

(1) times or procedures for equipment inspection or event measurement, or requirements for measurement or rating certificates;

Anhang J Ausschreibung und Segelanweisungen

Siehe Regeln 89.2 und 90.2. In diesem Anhang schließt der Ausdruck „Veranstaltung" eine Wettfahrt oder Wettfahrtserie ein.

Eine Regel aus der Ausschreibung muss in den Segelanweisungen nicht wiederholt werden.

Es sollte darauf geachtet werden, dass kein Widerspruch zwischen den Regeln in der Ausschreibung, in den Segelanweisungen oder in allen weiteren für die Veranstaltung geltenden Dokumente besteht.

J1 Inhalt der Ausschreibung

J1.1 Die Ausschreibung muss Folgendes enthalten:

(1) Name, Ort und Datum der Veranstaltung, Name des Veranstalters;

(2) dass die Veranstaltung nach den Regeln, wie sie in den *Wettfahrtregeln Segeln* definiert sind, durchgeführt wird;

(3) eine Auflistung aller weiteren für die Veranstaltung geltenden Dokumente (z.B. die *Equipment Rules of Sailing*, soweit diese gelten) mit der Angabe, wo oder wie jedes Dokument oder eine elektronische Kopie davon erhältlich ist;

(4) die teilnehmende(n) Klasse(n), verwendete Ausgleichs- oder Rennwertsysteme und die Klassen, für die sie gelten; Meldebedingungen sowie etwaige Meldebeschränkungen;

(5) die Verfahren und Zeiten für die Registrierung oder Meldung, einschließlich Meldegeldern und etwaiger Meldeschlüsse;

(6) die Zeiten für die Ankündigungssignale der Übungswettfahrt, falls eine geplant ist, und der ersten Wettfahrt und, falls bekannt, auch der folgenden Wettfahrten.

J1.2 Die Ausschreibung muss alle folgenden Angaben enthalten, wenn diese gelten:

(1) Zeiten oder Verfahren für Ausrüstungskontrollen oder Veranstaltungsvermessung oder Erfordernisse bezüglich Messbriefen oder Rennwertbescheinigungen;

(2) changes to the racing rules authorized by World Sailing under rule 86.2, referring specifically to each rule and stating the change (also include the statement from World Sailing authorizing the change);

(3) changes to class rules, as permitted under rule 87, referring specifically to each rule and stating the change;

(4) categorization or classification requirements that some or all competitors must satisfy;

  (a) for sailor categorization (see rule 79 and the World Sailing Sailor Categorization Code), or

  (b) for functional classification for Para World Sailing events (see World Sailing Para Classification Rules);

(5) that boats will be required to display advertising chosen and supplied by the organizing authority (see rule 6 and the World Sailing Advertising Code) and other information related to advertising;

(6) when entries from other countries are expected, any national prescriptions that may require advance preparation (see rule 88);

(7) prescriptions that will apply if boats will pass through the waters of more than one national authority while *racing*, and when they will apply (see rule 88.1);

(8) alternative communication required in place of hails under rule 20 (see rule 20.4(b));

(9) any change in the weight limit for a competitor's clothing and equipment permitted by rule 50.1(b);

(10) any requirements necessary for compliance with data protection egislation that applies in the venue of the event;

(11) an entry form, to be signed by the boat's owner or owner's representative, containing words such as 'I agree to be bound by *The Racing Rules of Sailing* and by all other *rules* that govern this event.';

(12) replacement of the rules of Part 2 with the right-of-way rules of the *International Regulations for Preventing Collisions at Sea* or other government right-of-way rules, the time(s) or place(s) they will apply, and any night signals to be used by the race committee.

(2) von World Sailing nach Regel 86.2 bewilligte Änderungen der Wettfahrtregeln, unter ausdrücklicher Bezugnahme auf die jeweilige Regel und Angabe der Änderung (einschließlich der Erklärung von World Sailing, die die Änderung bewilligt);

(3) Änderungen der Klassenregeln, wie nach Regel 87 zulässig, unter ausdrücklicher Bezugnahme auf die jeweilige Regel und Angabe der Änderung;

(4) Einstufungs- oder Kategorisierungserfordernisse, die einige oder alle Teilnehmer erfüllen müssen;

   (a) bezüglich der Einstufung von Seglern (siehe Regel 79 und den World Sailing Sailor Categorization Code), oder

   (b) bezüglich der die funktionelle Klassifizierung für Para World Sailing Veranstaltungen (siehe die World Sailing Para Classification Rules);

(5) dass Booten verpflichtet sind, vom Veranstalter ausgewählte und gestellte Werbung anzubringen (siehe Regel 6 und den World Sailing Advertising Code), sowie andere Informationen in Bezug auf Werbung;

(6) wenn Meldungen aus anderen Ländern erwartet werden, alle nationalen Vorschriften, die möglicherweise eine zusätzliche Vorbereitung erfordern (siehe Regel 88);

(7) Vorschriften, die gelten, wenn Boote, während sie sich *in einer Wettfahrt befinden*, die Gewässer von mehr als einem nationalen Verband passieren und wann diese gelten (siehe Regel 88.1);

(8) alternativ vorgeschriebene Kommunikation anstelle von Zurufen gemäß Regel 20 (siehe Regel 20.4(b));

(9) jede nach Regel 50.1(b) zulässige Änderung der Gewichtsbegrenzung für die Kleidung und Ausrüstung von Teilnehmern;

(10) alle Anforderungen, die zur Einhaltung der am Veranstaltungsort geltenden Datenschutzbestimmungen erforderlich sind;

(11) ein vom Bootseigner oder seinem Vertreter zu unterzeichnendes Meldeformular, das eine Formulierung enthält wie: „Ich stimme zu, an die *Wettfahrtregeln Segeln* sowie an alle anderen *Regeln*, nach denen diese Veranstaltung durchgeführt wird, gebunden zu sein.";

(12) Ersetzen der Regeln des Teil 2 durch die Ausweichregeln der *Internationalen Regeln zur Verhütung von Zusammenstößen auf See* (KVR, Kollisionsverhütungsregeln) oder anderer amtlicher Wegerechtsvorschriften unter Angabe von Zeit(en) und Ort(en) für deren Anwendung und alle vom Wettfahrtkomitee verwendete Nachtsignale;

J1.3 The notice of race shall include any of the following that will apply and that would help competitors decide whether to attend the event or that conveys other information they will need before the sailing instructions become available:

(1) changes to the racing rules permitted by rule 86, referring specifically to each rule and stating the change;

(2) changes to the national prescriptions (see rule 88.2);

(3) the time and place at which the sailing instructions will be available;

(4) a general description of the course, or type of courses, to be sailed;

(5) the scoring system, if different from the system in Appendix A, included by reference to class rules or other *rules* governing the event, or stated in full. State the number of races scheduled and the minimum number that must be completed to constitute a series. If appropriate, for a series where the number of starters may vary substantially, state that rule A5.3 applies;

(6) the penalty for breaking a rule of Part 2, other than the Two-Turns Penalty;

(7) the time after which no warning signal will be made on the last scheduled day of racing;

(8) denial of the right of appeal, subject to rule 70.5;

(9) for chartered or loaned boats, whether rule G3 applies;

(10) prizes.

J2 SAILING INSTRUCTION CONTENTS

J2.1 Unless included in the notice of race, the sailing instructions shall include the following:

(1) the information in rules J1.3(1), (2) and (5) and, when applicable, rules J1.3(6), (7), (8), (9) and (10);

(2) the schedule of races and the times of warning signals for each class;

(3) a complete description of the course(s) to be sailed, or a list of *marks* from which the course will be selected and, if relevant, how courses will be signalled;

J1.3 Die Ausschreibung muss alle nachstehenden Punkte enthalten, die gelten und den Teilnehmern bei der Entscheidung helfen, ob sie an der Veranstaltung teilnehmen, oder ihnen andere Informationen vermitteln, die sie benötigen, bevor die Segelanweisungen verfügbar sind:

(1) nach Regel 86 zulässige Änderungen der Wettfahrtregeln, unter ausdrücklicher Bezugnahme auf die jeweilige Regel und Angabe der Änderung;

(2) Änderungen der nationalen Vorschriften (siehe Regel 88.2);

(3) die Zeit und der Ort, an dem die Segelanweisungen zur Verfügung stehen;

(4) eine allgemeine Beschreibung des Bahnen oder der Art der Bahnen, die abgesegelt werden sollen;

(5) das Wertungssystem, falls abweichend von Anhang A, das durch Bezugnahme auf die Klassenregeln oder andere Regeln, nach denen die Veranstaltung durchgeführt wird, einbezogen oder vollständig angegeben wird. Legen Sie die Anzahl der geplanten Wettfahrten und die Mindestzahl abgeschlossener Wettfahren für eine gültige Serie fest. Legen Sie gegebenenfalls fest, dass für eine Serie, bei der die Anzahl der Starter erheblich variieren kann, Regel A5.3 gilt;

(6) eine andere Strafe als die Zwei-Drehungen-Strafe für einen Verstoß gegen eine Regel aus Teil 2;

(7) die Zeit, nach der am letzten geplanten Wettfahrttag kein Ankündigungssignal gegeben wird;

(8) Ausschluss des Rechts auf Berufung gemäß Regel 70.5;

(9) für gecharterte oder geliehene Boote, ob Regel G3 gilt;

(10) Preise.

J2 Inhalt der Segelanweisungen

J2.1 Außer wenn in der Ausschreibung enthalten, müssen Segelanweisungen Folgendes enthalten:

(1) die Informationen der Regeln J1.3(1), (2) und (5) sowie, wenn anwendbar, der Regeln J1.3(6), (7), (8), (9) und (10);

(2) der Wettfahrtzeitplan und die Zeiten der Ankündigungssignale für jede Klasse;

(3) eine vollständige Beschreibung der abzusegelnde(n) Bahn(en) oder eine Liste von *Bahnmarken*, aus denen die Bahn gewählt wird, sowie, wenn relevant, wie die Bahnen signalisiert werden;

(4) descriptions of *marks*, including starting and finishing *marks*, stating the order in which *marks* are to be passed and the side on which each is to be left and identifying all rounding *marks* (see the definition *Sail the Course*);

(5) descriptions of the starting and finishing lines, class flags and any special signals to be used;

(6) the race time limit, if any, for the first boat to *finish* (see rule 35);

(7) location(s) of official notice board(s) or address of online notice board; location of the race office.

J2.2 Unless included in the notice of race, the sailing instructions shall include those of the following that will apply:

(1) whether Appendix P will apply;

(2) when appropriate, at an event where entries from other countries are expected, a copy in English of the national prescriptions that will apply;

(3) procedure for changing the sailing instructions;

(4) procedure for giving oral changes to the sailing instructions on the water (see rule 90.2(c));

(5) safety requirements, such as requirements and signals for personal flotation devices, check-in at the starting area, and check-out and check-in ashore;

(6) signals to be made ashore and location of signal station(s);

(7) restrictions controlling changes to boats when supplied by the organizing authority;

(8) when and under what circumstances propulsion is permitted under rule 42.3(i);

(9) restrictions on use of *support person* vessels, plastic pools, radios, etc.; on trash disposal; on hauling out; and on outside assistance provided to a boat that is not *racing*;

(10) the racing area (a chart is recommended);

(11) location of the starting area and any restrictions on entering it;

(4) eine Beschreibung der *Bahnmarken*, einschließlich der Start- und der Ziel-*Bahnmarken*, mit Festlegung der Reihenfolge, in der die *Bahnmarken* zu passieren sowie an welcher Seite sie jeweils zu lassen sind, sowie eine Benennung aller zu rundenden *Bahnmarken* (siehe Definition die *Bahn absegeln*);

(5) eine Beschreibung der Start- und Ziellinie, der Klassenflaggen sowie weiterer spezieller verwendeter Signale;

(6) das Wettfahrtzeitlimit für den Zieldurchgang des ersten Bootes, falls vorhanden (siehe Regel 35);

(7) der (die) Ort(e) der offiziellen Tafel(n) für Bekanntmachungen oder die Adresse der Online-Tafel für Bekanntmachungen; der Ort des Wettfahrtbüros.

J2.2 Außer wenn in der Ausschreibung enthalten, müssen die Segelanweisungen diejenigen der folgenden Punkte enthalten, die gelten:

(1) ob Anhang P gilt;

(2) bei einer Veranstaltung, bei der Meldungen aus anderen Nationen erwartet werden, ggf. eine englische Fassung der geltenden nationalen Vorschriften;

(3) Verfahren für Änderungen der Segelanweisungen;

(4) Verfahren für mündliche Änderungen der Segelanweisungen auf dem Wasser (siehe Regel 90.2(c));

(5) Sicherheitsanforderungen wie Erfordernisse und Signale für persönliche Auftriebsmittel, Anmeldung im Startgebiet sowie Abmeldung und Rückmeldung an Land;

(6) Signale an Land, Standort der Signalanlage(n);

(7) Einschränkungen im Hinblick auf Änderungen an Booten, die durch den Veranstalter zur Verfügung gestellt werden;

(8) wann und unter welchen Umständen Vortrieb nach Regel 42.3(i) erlaubt ist;

(9) Einschränkungen hinsichtlich des Einsatzes von Fahrzeugen von *unterstützenden Personen*, Plastikbehältern, Funkgeräten usw.; Müllentsorgung, des „Aus-dem-Wasser-Nehmens“ und der Gewährung von Hilfe von außen für ein Boot, das sich nicht *in einer Wettfahrt befindet*;

(10) das Wettfahrtgebiet (eine Karte wird empfohlen);

(11) Lage des Startgebiets und eventuelle Einschränkungen beim Befahren desselben;

(12) any special procedures or signals for individual or general recall;

(13) approximate course length and approximate length of windward legs;

(14) any special procedures or signals for changing a leg of the course (see rule 33);

(15) description of any object, area or line designated by the race committee to be an *obstruction* (see the definition *Obstruction*), and any restriction on entering such an area or crossing such a line;

(16) boats identifying *mark* locations;

(17) any special procedures for shortening the course or for *finishing* a shortened course;

(18) the time limit, if any, for boats other than the first boat to *finish* and any other time limits or target times that apply while boats are *racing*;

(19) declaration requirements;

(20) time allowances;

(21) time limits, place of hearings, and special procedures for *protests*, requests for redress or requests for reopening;

(22) the national authority's approval of the appointment of an international jury, when required under rule 91(b);

(23) the time limit for requesting a hearing under rule N1.4(b), if not 30 minutes;

(24) when required by rule 70.3, the national authority to which appeals and requests are required to be sent;

(25) substitution of competitors;

(26) the minimum number of boats appearing in the starting area required for a race to be started;

(27) when and where races *postponed* or *abandoned* for the day will be sailed;

(28) tides and currents;

(29) other commitments of the race committee and obligations of boats.

(12) alle besonderen Verfahren oder Signale für Einzel- oder allgemeinen Rückruf;

(13) ungefähre Länge der Bahn und ungefähre Länge der Kreuzstrecken;

(14) alle besonderen Verfahren oder Signale für die Änderung eines Bahnschenkels (siehe Regel 33);

(15) Beschreibung aller vom Wettfahrtkomitee als *Hindernisse* gekennzeichneten Gegenstände, Gebiete oder Linien (siehe Definition *Hindernis*), und jegliche Beschränkungen solche Gebiete zu befahren oder eine solche Linie zu überqueren;

(16) Boote, die auf Lage von *Bahnmarken* hinweisen;

(17) besondere Verfahren für Bahnabkürzungen oder den *Zieldurchgang* nach Bahnabkürzung

(18) falls vorhanden, das Zeitlimit für den *Zieldurchgang* aller anderen Boote als das erste sowie alle anderen Zeitlimits oder Sollzeiten für Boote, die sich *in einer Wettfahrt* befinden;

(19) Erfordernisse von Erklärungen;

(20) Zeitvergütungen;

(21) Fristen, Ort von Anhörungen und spezielle Verfahren für *Proteste*, Anträge auf Wiedergutmachung oder Anträge auf Wiederaufnahme;

(22) die Zustimmung des nationalen Verbandes zur Benennung einer internationalen Jury, wenn nach Regel 91(b) vorgeschrieben;

(23) die Frist für die Beantragung einer Anhörung nach Regel N1.4(b), wenn nicht 30 Minuten

(24) sofern nach Regel 70.3 vorgeschrieben, der nationale Verband, an den Berufungen und Anträge zu übersenden sind;

(25) Ersetzen von Teilnehmern;

(26) die Mindestanzahl von Booten, die im Startgebiet erscheinen müssen, damit eine Wettfahrt gestartet wird;

(27) wann und wo um den Tag *verschobene* oder *abgebrochene* Wettfahrten gesegelt werden;

(28) Gezeiten und Strömungen;

(29) sonstige Verpflichtungen des Wettfahrtkomitees und Obliegenheiten der Boote.

NOTICE OF RACE GUIDE
Previously Appendix K

SAILING INSTRUCTIONS GUIDE
Previously Appendix L

These guides, updated to conform to the rules in this edition of The Racing Rules of Sailing, *are available, in various formats, at the World Sailing website at* sailing.org/racingrules/documents. *National authorities are encouraged to translate the guides, and World Sailing will make translated versions available at that website.*

The guides, which will have a two-letter designation starting with 'K' or 'L', may be downloaded either as PDF documents or as Word documents. This will enable users to easily and quickly create, using the tested wording in the guides, either the notice of race or the sailing instructions, or both, for a particular event.

Suggestions for improving these guides are welcome and should be sent to rules@sailing.org.

Leitfaden für Ausschreibungen Früher Anhang K

Leitfaden für Segelanweisungen Früher Anhang L

Diese Leitfäden, die auf den neuesten Stand gebracht wurden, um den Regeln dieser Ausgabe der Wettfahrtregeln Segeln *zu entsprechen, sind in verschiedenen Dateiformaten auf der Website von World Sailing unter* sailing.org/racingrules/documents *verfügbar. Nationale Verbände sind angehalten, diese Leitfäden zu übersetzen und World Sailing wird die übersetzten Fassungen auf besagter Website zur Verfügung stellen.*

Die Leitfäden, die eine mit „K“ oder „L“ beginnende zweibuchstabige Bezeichnung haben, können entweder als PDF- oder als Word-Dokumente heruntergeladen werden. Dies ermöglicht es den Benutzern, unter Verwendung der erprobten Formulierungen in den Leitfäden einfach und schnell entweder die Ausschreibung oder die Segelanweisungen oder beides für eine bestimmte Veranstaltung zu erstellen.

Vorschläge zur Verbesserung dieser Leitfäden sind willkommen und können an rules@sailing.org *geschickt werden.*

APPENDIX M
RECOMMENDATIONS FOR PROTEST COMMITTEES

Prescription DSV, OeSV and Swiss Sailing zu Appendix M: Unless the Racing Rules of Sailing or the relevant national prescriptions provide differently, these national authorities recommend for the appointment of an independent protest committee at least 3 judges. For events of national or international importance at least one judge should be a licensed National Judge, recognized by the respective national authority or an International Judge.

This appendix is advisory only; in some circumstances changing these procedures may be advisable. It is addressed primarily to protest committee chairmen but may also help judges, protest committee secretaries, race committees and others connected with protest and redress hearings.

In a protest or redress hearing, the protest committee should weigh all testimony with equal care; should recognize that honest testimony can vary, and even be in conflict, as a result of different observations and recollections; should resolve such differences as best it can; should recognize that no boat or competitor is guilty until a breach of a *rule* has been established to the satisfaction of the protest committee; and should keep an open mind until all the evidence has been heard as to whether a boat or competitor has broken a *rule*.

M1 PRELIMINARIES (may be performed by race office staff)

- Receive the *protest* or request for redress.
- Note on the form the time the *protest* or request is delivered and the protest time limit.
- Inform each *party*, and the race committee when necessary, when and where the hearing will be held.

M2 BEFORE THE HEARING

M2.1 Make sure that

- each *party* has a copy of or the opportunity to read the protest, request for redress or allegation and has had reasonable time to prepare for the hearing.

Anhang M
Empfehlungen für Protestkomitees

Vorschrift DSV, OeSV und Swiss Sailing zu Anhang M: Außer wenn die Wettfahrtregeln Segeln oder die jeweiligen nationalen Vorschriften Abweichendes vorsehen, empfehlen diese nationalen Verbände für die Benennung eines Protestkomitees mindestens 3 Schiedsrichter. Für Veranstaltungen nationaler oder internationaler Bedeutung sollte davon mindestens einer, ein vom jeweiligen nationalen Verband anerkannter, lizenzierter Nationaler Schiedsrichter oder ein Internationaler Schiedsrichter sein.

Dieser Anhang dient nur als Empfehlung; unter gewissen Umständen kann es ratsam sein, diese Verfahren zu ändern. Er richtet sich in erster Linie an Vorsitzende von Protestkomitees, kann aber auch Schiedsrichtern, Sekretären des Protestkomitees, Wettfahrtkomitees und anderen, die sich mit Anhörungen von Protesten und Anträgen auf Wiedergutmachung befassen, von Nutzen sein.

In einer Anhörung eines Protestes oder Antrags auf Wiedergutmachung sollte das Protestkomitee alle Aussagen mit gleicher Sorgfalt abwägen. Es sollte berücksichtigen, dass im guten Glauben getätigte Aussagen aufgrund unterschiedlicher Beobachtungen und Erinnerungen verschieden und sogar widersprüchlich sein können. Es sollte versuchen, solche unterschiedlichen Aussagen so gut wie möglich aufzuklären. Es sollte ferner anerkennen, dass kein Boot oder Teilnehmer schuldig ist, bis ein Verstoß gegen eine *Regel* zur Überzeugung des Protestkomitees festgestellt worden ist. Es sollte sich nicht festlegen, bis alle Beweismittel erhoben wurden, ob ein Boot oder ein Teilnehmer gegen eine *Regel* verstoßen hat.

M1 Vorbereitungen (können durch Mitarbeitende des Wettfahrtbüros erledigt werden)

- Nehmen Sie den *Protest* oder den Antrag auf Wiedergutmachung entgegen.
- Vermerken Sie die Eingangszeit des *Protestes* oder des Antrags und das Ende der Protestfrist auf dem Formular.
- Informieren Sie alle *Parteien* sowie ggf. das Wettfahrtkomitee über Zeit und Ort der Anhörung.

M2 Vor der Anhörung

M2.1 Stellen sie sicher, dass

- jede *Partei* eine Kopie des *Protestes*, des Antrags auf Wiedergutmachung oder des Vorwurfs besitzt oder Gelegenheit hatte, selbigen durchzulesen, sowie ausreichend Zeit zur Vorbereitung auf die Anhörung hatte.

- only one person from each boat (or *party*) is present unless an interpreter is needed.
- all boats and people involved are represented. If they are not, however, the committee may proceed under rule 63.3(b).
- boats' representatives were on board when required (rule 63.3(a)). When the *parties* were in different events, both organizing authorities must accept the composition of the *protest* committee (rule 63.8). In a protest concerning class rules, obtain the current class rules and identify the authority responsible for interpreting them (rule 64.4(b)).

M2.2 Determine if any members of the protest committee saw the incident. If so, require each of them to state that fact in the presence of the *parties* (rule 63.6(b)).

M2.3 *Assess conflicts of interest.*

- Ensure that all protest committee members declare any possible *conflicts of interest.* At major events this will often be a formal written declaration made before the event starts that will be kept with the protest committee records.

- At the start of any hearing, ensure that the *parties* are aware of any *conflicts of interest* of protest committee members. Ask the parties if they consent to the members. If a *party* does not object as soon as possible after a *conflict of interest* has been declared, the protest committee may take this as consent to proceed and should record it.

- If a *party* objects to a member, the remainder of the protest committee members need to assess whether the *conflict of interest* is significant. The assessment will consider the level of the event, the level of the conflict and the perception of fairness. It may be acceptable to balance conflicts between protest committee members. Guidance may be found on the World Sailing website. Record the decision and the grounds for that decision.

- In cases of doubt it may be preferable to proceed with a smaller protest committee. Except for hearings under rule 69, there is no minimum number of protest committee members required.
- When a request for redress is made under rule 62.1(a) and is based on an improper action or omission of a body other than the protest committee, a member of that body should not be a member of the protest committee.

- nur eine Person von jedem Boot (oder *Partei*) anwesend ist, außer es wird ein Übersetzer benötigt.
- alle betroffenen Boote und Personen vertreten sind. Wenn sie das jedoch nicht sind, kann das Komitee jedoch nach Regel 63.3(b) verfahren.
- die Vertreter der Boote an Bord waren, falls erforderlich (Regel 63.3(a)). Waren die *Parteien* in verschiedenen Veranstaltungen, müssen beide Veranstalter mit der Zusammensetzung des Protestkomitees einverstanden sein (Regel 63.8). In einem *Protest,* der sich auf Klassenregeln bezieht, sind die geltenden Klassenregeln zu beschaffen und die für ihre Auslegung zuständige Stelle zu bestimmen (Regel 64.4(b)).

M2.2 Stellen Sie fest, ob irgend ein Mitglied des Protestkomitees den Vorfall gesehen hat. Wenn dies der Fall ist, ist es erforderlich, dass jeder von ihnen diese Tatsache in Gegenwart der *Parteien* bekannt gibt (Regel 63.6(b)).

M2.3 Bewertung von *Interessenkonflikten*

- Stellen Sie sicher, dass alle Mitglieder des Protestkomitees jegliche *Interessenkonflikte* darlegen. Bei hochrangigen Veranstaltungen geschieht dies oft durch eine formale schriftliche Erklärung, die vor dem Beginn der Veranstaltung abgegeben wird und zusammen mit den Aufzeichnungen des Protestkomitees aufbewahrt wird.
- Stellen Sie zu Beginn jeder Anhörung sicher, dass den *Parteien* alle *Interessenkonflikte* von Mitgliedern des Protestkomitees bewusst sind. Fragen Sie die *Parteien*, ob sie mit der Zusammensetzung einverstanden sind. Wenn eine Partei nicht sobald wie möglich, nachdem der *Interessenkonflikt* offengelegt wurde, Einwände erhebt, kann das Protestkomitee dies als Zustimmung betrachten, fortzufahren und sollte dies protokollieren.
- Wenn eine *Partei* Einwände gegen ein Mitglied des Protestkomitees erhebt, müssen die übrigen Mitglieder des Protestkomitees beurteilen, ob der *Interessenkonflikt* erheblich ist. Die Beurteilung muss das Niveau der Veranstaltung, das Ausmaß des *Interessenkonfliktes* und das Empfinden von Fairness berücksichtigen. Es kann hinnehmbar sein, Konflikte zwischen Mitgliedern des Protestkomitees auszugleichen. Eine Anleitung dazu steht auf der World Sailing Webseite zur Verfügung. Protokollieren Sie die Entscheidung und die Gründe für diese Entscheidung.
- In Zweifelsfällen kann es vorzugswürdig sein, mit einem verkleinerten Protestkomitee fortzufahren. Außer für Anhörungen nach Regel 69 ist keine Mindestanzahl von Schiedsrichtern vorgeschrieben.
- Wenn ein Antrag auf Wiedergutmachung nach Regel 62.1(a) eingereicht wird und auf einer unsachgemäßen Handlung oder Unterlassung eines anderen Gremiums als dem Protestkomitee beruht, sollte ein Mitglied dieses Gremiums nicht Mitglied des Protestkomitees sein.

M3 THE HEARING

M3.1 Check the validity of the *protest* or request for redress.

- Are the contents adequate (rule 61.2 or 62)?
- Was it delivered in time? If not, is there good reason to extend the time limit (rule 61.3 or 62.2)?
- When required, was the protestor involved in or a witness to the incident (rule 60.1(a))?
- When necessary, was 'Protest' hailed and, if required, a red flag displayed correctly (rule 61.1(a))?
- When the flag or hail was not necessary, was the protestee informed?
- Decide whether the *protest* or request for redress is valid (rule 63.5).
- Once the validity of the *protest* or request has been determined, do not let the subject be introduced again unless truly new evidence is available.

M3.2 Take the evidence (rule 63.6).

- Ask the protestor and then the protestee to tell their stories. Then allow them to question one another. In a redress matter, ask the *party* to state the request.
- Make sure you know what facts each *party* is alleging before calling any witnesses. Their stories may be different.
- Allow anyone, including a boat's crew, to give evidence. It is the *party* who normally decides which witnesses to call, although the protest committee may also call witnesses (rule 63.6(a)). The question asked by a *party* 'Would you like to hear N?' is best answered by 'It is your choice.'
- Call each *party's* witnesses (and the protest committee's if any) one by one. Limit parties to questioning the witness(es). (They may wander into general statements.)
- Invite the protestee to question the protestor's witness first (and vice versa). This prevents the protestor from leading his witness from the beginning.
- Allow members of the protest committee who saw the incident to give evidence (rule 63.6(b)), but only while the *parties* are present. Members who give evidence may be questioned, should take care to

M3 Die Anhörung

M3.1 Prüfen Sie die Gültigkeit des *Protestes* oder Antrags auf Wiedergutmachung:

- Sind die Inhalte ausreichend (Regel 61.2 oder 62)?
- Wurde er rechtzeitig eingereicht? Gibt es Gründe, die Frist zu verlängern, wenn das nicht der Fall ist (Regel 61.3 oder 62.2)?
- War der Protestführer, wenn erforderlich, in den Vorfall verwickelt oder war er Zeuge des Vorfalls (Regel 60.1(a))?
- Wurde, wenn notwendig, „Protest" gerufen und, falls erforderlich, die Protestflagge korrekt gezeigt (Regel 61.1(a))?
- Wenn die Flagge oder der Zuruf nicht notwendig waren, wurde der Protestgegner informiert?
- Entscheiden Sie, ob der *Protest* oder der Antrag auf Wiedergutmachung gültig ist (Regel 63.5).
- Sobald die Gültigkeit des *Protestes* oder des Antrags auf Wiedergutmachung festgestellt wurde, sollten Sie dieses Thema nicht wiederaufkommen lassen, außer es liegen vollkommen neue Beweismittel vor.

M3.2 Beweiserhebung (Regel 63.6)

- Fragen Sie den Protestführer und danach den Protestgegner nach ihrer Darstellung. Erlauben Sie ihnen danach, sich gegenseitig zu befragen. Bitten Sie die Partei einer Wiedergutmachungssache, den Antrag zu erklären.
- Vergewissern Sie sich, dass Sie die von jeder *Partei* vorgeworfenen Tatsachen kennen, bevor Sie Zeugen aufrufen. Deren Darstellungen können davon abweichen.
- Erlauben Sie jedem, auch der Besatzung eines Bootes, eine Aussage zu tätigen. Es ist normalerweise die *Partei*, die entscheidet, welche Zeugen aufgerufen werden, wenngleich auch das Protestkomitee Zeugen aufrufen kann (Regel 63.6(a)) Die von einer *Partei* gestellte Frage: „Möchten Sie N hören?", wird am besten mit: „Es ist Ihre Entscheidung." beantwortet.
- Rufen Sie die Zeugen der *Parteien* (und ggf. des Protestkomitees) nacheinander auf. Beschränken Sie die *Parteien* auf die Befragung der Zeugen (sie könnten in allgemeine Erklärungen abschweifen).
- Fordern Sie zuerst den Protestgegner auf, den Zeugen des Protestierenden zu befragen (und umgekehrt). Dies verhindert, dass der Protestierende seinen Zeugen von Anfang an beeinflusst.
- Gestatten Sie es den Mitgliedern des Protestkomitees, die den Vorfall gesehen haben, auszusagen (Regel 63.6(b)), jedoch solange die *Parteien* anwesend sind. Mitglieder, die aussagen, dürfen befragt werden und

relate all they know about the incident that couldaffect the decision, and may remain on the protest committee (rule 63.3(a)).

- Try to prevent leading questions, but if that is impossible discount the evidence so obtained.
- The protest committee chairman should advise a *party* or a witness giving hearsay, repetitive or irrelevant evidence that the protest committee must give such evidence appropriate weight, which may be little or no weight at all.
- Accept written evidence from a witness who is not available to be questioned only if all *parties* agree. In doing so they forego their rights to question that witness (rule 63.6(c)).
- Ask one member of the committee to note down evidence, particularly times, distances, speeds, etc.
- Invite questions from protest committee members.
- Invite first the protestor and then the protestee to make a final statement of her case, particularly on any application or interpretation of the *rules*.

M3.3 Find the facts (rule 63.6(d)).

- Write down the facts; resolve doubts one way or the other.
- Call back *parties* for more questions if necessary.
- When appropriate, draw a diagram of the incident using the facts you have found.

M3.4 Decide the case (rule 64).

- Base the decision on the facts found. (If you cannot, find some more facts.)
- In redress cases, make sure that no further evidence is needed from boats that will be affected by the decision.

M3.5 Inform the *parties* (rule 65).

- Recall the *parties* and read them the facts found, conclusions and *rules* that apply, and the decision. When time presses it is permissible to read the decision and give the details later.

sollen darauf achten, dass sie alles über den Vorfall berichten, was die Entscheidung beeinflussen könnte, und sie können weiterhin im Protestkomitee bleiben (Regel 63.3(a)).

- Versuchen Sie, Suggestivfragen zu verhindern. Ist dies aber nicht möglich, sind die so erhaltenen Aussagen nicht zu berücksichtigen.
- Der Vorsitzende des Protestkomitees sollte *Parteien* oder einen Zeugen, die Beweise vom Hörensagen, wiederholende oder irrelevante Beweismittel vorbringt, darauf hinweisen, dass das Protestkomitee derartigen Beweismitteln angemessenes Gewicht beimessen muss, was ggf. wenig oder gar kein Gewicht sein kann.
- Lassen Sie schriftliche Aussagen eines Zeugen, der nicht erreichbar ist, um befragt zu werden, nur zu, wenn alle *Parteien* zustimmen. Wenn man dies tut, entfällt für die *Parteien* das Recht, diesen Zeugen zu befragen (Regel 63.6(c)).
- Fordern Sie ein Mitglied des Protestkomitees auf, die Aussagen zu protokollieren, insbesondere Zeiten, Abstände, Geschwindigkeiten usw.
- Bitten Sie die Mitglieder des Protestkomitees, Fragen zu stellen.
- Bitten Sie zuerst den Protestierenden, dann den Protestgegner, eine abschließende Erklärung zu seinem Fall abzugeben, insbesondere hinsichtlich der Anwendung oder Auslegung der *Regeln*.

M3.3 Feststellung des Sachverhalts (Regel 63.6(d))

- Schreiben Sie den Sachverhalt auf; lösen Sie Zweifel in die eine oder die andere Richtung auf.
- Falls notwendig, rufen Sie die die *Parteien* für weitere Fragen zurück.
- Falls zweckmäßig, erstellen Sie eine Skizze des Vorfalls unter Verwendung des ermittelten Sachverhalts.

M3.4 Entscheidung des Falls (Regel 64)

- Entscheiden Sie auf Grundlage des ermittelten Sachverhalts. (Ist dies nicht möglich, stellen Sie weitere Tatsachen fest.)
- Stellen Sie bei Wiedergutmachungsfällen sicher, dass keine weiteren Angaben von Booten benötigt werden, die durch die Entscheidung betroffen sein werden.

M3.5 Benachrichtung der Parteien (Regel 65)

- Rufen Sie die *Parteien* wieder zusammenzurufen und verlesen Sie den ermittelten Sachverhalt, die Schlussfolgerungen und die anwendbaren *Regeln* sowie die Entscheidung. Drängt die Zeit, ist es erlaubt, die Entscheidung zu verlesen und Einzelheiten später bekannt zu geben.

- Give any *party* a copy of the decision on request. File the *protest* or request for redress with the committee records.

M4 REOPENING A HEARING (rule 66)

M4.1 When a *party*, within the time limit, has asked for a hearing to be reopened, hear the *party* making the request, look at any video, etc., and decide whether there is any significant new evidence that might lead you to change your decision. Decide whether your interpretation of the *rules* may have been wrong; be open-minded as to whether you have made a mistake. If none of these applies refuse to reopen; otherwise schedule a hearing.

M4.2 Evidence is 'new'

- if it was not reasonably possible for the *party* asking for the reopening to have discovered the evidence before the originalhearing,
- if the protest committee is satisfied that before the original hearing the evidence was diligently but unsuccessfully sought bythe *party* asking for the reopening, or
- if the protest committee learns from any source that the evidence was not available to the *parties* at the time of the originalhearing.

M5 MISCONDUCT (rule 69)

M5.1 An action under this rule is not a *protest*, but the protest committee gives its allegations in writing to the competitor before the hearing. The hearing is conducted under rules similar to those governing a protest hearing but the protest committee must have at least three members (rule 69.2(a)). Use the greatest care to protect the competitor's rights.

M5.2 A competitor or a boat cannot protest under rule 69, but the hearing request form of a competitor who tries to do so may be accepted as a report to the protest committee, which can then decide whether or not to call a hearing.

M5.3 Unless World Sailing has appointed a person for the role, the protest committee may appoint a person to present the allegation. This per-

- Händigen Sie auf Anfrage jeder *Partei* eine Kopie der Entscheidung aus. Ordnen Sie den *Protest* oder Antrag auf Wiedergutmachung in die Aufzeichnungen des Protestkomitees ein.

M4 Wiederaufnahme einer Anhörung (Regel 66)

M4.1 Hat eine *Partei* innerhalb der Frist beantragt, eine Anhörung wiederaufzunehmen, hören Sie diese *Partei* an, die den Antrag stellt, sehen Sie jedes Video an usw. und entscheiden Sie, ob erhebliche neue Beweismittel vorliegen, die Sie zu dazu veranlassen könnten, Ihre Entscheidung zu ändern. Entscheiden Sie, ob die Auslegung der *Regeln* falsch gewesen sein könnte; seien Sie aufgeschlossen, ob Sie einen Fehler gemacht haben könnten. Trifft nichts davon zu, lehnen Sie die Wiederaufnahme ab; anderenfalls setzen Sie eine Anhörung an.

M4.2 Ein Beweismittel ist „neu",

- wenn es für die eine Wiederaufnahme beantragende *Partei* nicht vernünftigerweise möglich war, das Beweismittel bereits vor der ursprünglichen Anhörung aufzufinden,
- wenn das Protestkomitee überzeugt ist, dass das Beweismittel von der die Wiederaufnahme beantragenden *Partei* vor der ursprünglichen Anhörung sorgfältig, aber erfolglos gesucht wurde, oder
- wenn das Protestkomitee aus beliebiger Quelle erfährt, dass das Beweismittel den *Parteien* zum Zeitpunkt der ursprünglichen Anhörung nicht zur Verfügung stand.

M5 Fehlverhalten (Regel 69)

M5.1 Maßnahmen aufgrund dieser Regel stellen keinen *Protest* dar; jedoch teilt das Protestkomitee dem Teilnehmer den jeweiligen Vorwurf vor der Anhörung schriftlich mit. Die Anhörung wird nach ähnlichen Regeln wie bei einer Protestanhörung durchgeführt, wobei das Protestkomitee jedoch aus mindestens drei Mitgliedern bestehen muss (Regel 69.2(b)). Achten Sie besonders sorgfältig auf die Wahrung der Rechts des Teilnehmers.

M5.2 Ein Teilnehmer bzw. ein Boot kann nicht aufgrund von Regel 69 protestieren; das Formular für ein Antrag auf Durchführung einer Anhörung eines Teilnehmers, der dies versucht, kann jedoch als Mitteilung an das Protestkomitee behandelt werden, welches dann darüber entscheiden kann, ob es eine Anhörung anberaumt.

M5.3 Außer wenn World Sailing eine Person für diese Rolle benannt hat, kann das Protestkomitee eine Person benennen, die den Vorwurf präsentiert. Bei dieser

son might be a race official, the person making the allegation or other appropriate person. When no reasonable alternative person is available, a person who was appointed as a member of the protest committee may present the allegation.

M5.4 When it is desirable to call a hearing under rule 69 as a result of a Part 2 incident, it is important to hear any boat-vs.-boat *protest* in the normal way, deciding which boat, if any, broke which *rule*, before proceeding against the competitor under rule 69.

M5.5 Although action under rule 69 is taken against a competitor, boat owner or *support person*, and not a boat, a boat may also be penalized (rules 69.2(h)(2) and 64.5).

M5.6 When a protest committee upholds a rule 69 allegation it will need to consider if it is appropriate to report to either anational authority or World Sailing. Guidance on when to report may be found in the World Sailing Case Book. When the protestcommittee does make a report it may recommend whether or not further action should be taken.

M5.7 Unless the right of appeal is denied in accordance with rule 70.5, a *party* to a rule 69 hearing may appeal the decision of the protest committee.

M5.8 Further guidance for protest committees about misconduct may be found on the World Sailing website.

M6 APPEALS (rule 70 and Appendix R)

When decisions can be appealed,

- retain the papers relevant to the hearing so that the information can easily be used for an appeal. Is there a diagram endorsed or prepared by the protest committee? Are the facts found sufficient? (Example: Was there an *overlap?* Yes or No. 'Perhaps' is not a fact found.) Are the names of the protest committee members and other important information on the form?

- comments by the protest committee on any appeal should enable the appeals committee to picture the whole incident clearly; the appeals committee knows nothing about the situation.

Person kann es sich um einen Wettfahrtoffiziellen, die Person, die den Vorwurf erhoben hat oder eine andere geeignete Person handeln. Wenn keine angemessene andere Person zur Verfügung steht, kann eine Person, die als Mitglied des Protestkomitees benannt war, den Vorwurf präsentieren.

M5.4 Wenn es wünschenswert ist, in Folge eines Vorfalls nach Teil 2 eine Anhörung nach Regel 69 anzuberaumen, ist es wichtig, zunächst alle Boot-gegen-Boot-Proteste in normaler Weise anzuhören und zu entscheiden, welches Boot, wenn überhaupt, gegen welche Regel verstoßen hat, bevor gegen den Teilnehmer nach Regel 69 vorgegangen wird.

M5.5 Obwohl Maßnahmen nach Regel 69 gegen einen Teilnehmer, Bootseigner oder eine *unterstützende Person* und nicht gegen ein Boot gerichtet sind, kann auch ein Boot bestraft werden (Regel 69.2(h)(2) und 64.5).

M.5.6 Wenn das Protestkomitee einen Vorwurf nach Regel 69 aufrechterhält, muss es erwägen, ob es angemessen ist, entweder dem nationalen Verband oder World Sailing zu berichten. Eine Anleitung, wann ein Bericht zu erstatten ist, befindet sich im World Sailing Case Book. Wenn das Protestkomitee einen Bericht erstellt, kann es empfehlen, ob weitere Maßnahmen ergriffen werden sollten oder nicht.

M5.7 Außer wenn das Recht auf Berufung in Übereinstimmung mit Regel 70.5 ausgeschlossen ist, kann eine *Partei* einer Anhörung nach Regel 69 Berufung gegen die Entscheidung des Protestkomitees einlegen.

M5.8 Weitere Anleitungen für Protestkomitees bezüglich Fehlverhalten befinden sich auf der World Sailing Webseite.

M6 Berufungen (Regel 70 und Anhang R)

Wenn gegen Entscheidungen Berufung eingelegt werden kann,

- sollten Sie die die Anhörung betreffenden Unterlagen so aufbewahren, damit die Informationen ohne Schwierigkeiten für eine Berufung verwendet werden können. Gibt es eine vom Protestkomitee bestätigte oder angefertigte Skizze? Ist der ermittelte Sachverhalt ausreichend? (Beispiel: Gab es eine *Überlappung*? Ja oder Nein. „Vielleicht“ ist kein ermittelter Sachverhalt.) Sind die Namen der Mitglieder des Protestkomitees und weitere wichtige Informationen auf dem Formular vermerkt?
- sollten die Stellungnahmen des Protestkomitees zu jeder Berufung das Berufungskomitee in die Lage versetzen, sich ein klares Bild von dem gesamten Vorfall zu machen; das Berufungskomitee weiß nichts über die Situation.

M7 PHOTOGRAPHIC EVIDENCE

Photographs and videos can sometimes provide useful evidence but protest committees should recognize their limitations and note the following points:

- The *party* producing the photographic evidence is responsible for arranging the viewing.
- View the video several times to extract all the information from it.

- The depth perception of any single-lens camera is very poor; with a telephoto lens it is non-existent. When the camera views two *overlapped* boats at right angles to their course, it is impossible to assess the distance between them. When the camera views them head on, it is impossible to see whether an *overlap* exists unless it is substantial.

- Ask the following questions:
- Where was the camera in relation to the boats?
- Was the camera's platform moving? If so in what direction and how fast?
- Is the angle changing as the boats approach the critical point? Fast panning causes radical change.
- Did the camera have an unrestricted view throughout?

M7 Fotografische Beweismittel

Fotografien und Videos können manchmal nützliche Beweismittel darstellen, jedoch sollte das Protestkomitee ihre Grenzen kennen und die folgenden Punkte beachten:

- Die *Partei*, die fotografische Beweismittel beibringt, ist verantwortlich dafür, dass nötigenfalls ein Gerät zum Anschauen zur Verfügung steht.
- Sehen Sie sich das Video mehrfach an, um alle Informationen entnehmen zu können.
- Die räumliche Darstellung jeder Einlinsen-Kamera ist sehr beschränkt, bei einem Teleobjektiv ist sie nicht vorhanden. Sieht die Kamera zwei *überlappende* Boote im rechten Winkel zu ihrem Kurs, ist es unmöglich, den Abstand zwischen ihnen einzuschätzen. Sieht die Kamera sie frontal, ist es unmöglich zu sehen, ob eine *Überlappung* besteht, außer wenn sie wesentlich ist.
- Stellen Sie folgende Fragen:
- Wo war die Kamera in Relation zu den Booten?
- Bewegte sich die Unterlage der Kamera? Wenn ja, in welcher Richtung und wie schnell?
- Ändert sich der Winkel, wenn die Boote den kritischen Punkt erreichen? Schnelles Schwenken verursacht beträchtliche Änderung.
- Hatte die Kamera die ganze Zeit eine uneingeschränkte Sicht?

APPENDIX N
INTERNATIONAL JURIES

See rules 70.5 and 91(b). This appendix shall not be changed by the notice of race, sailing instructions or national prescriptions.

N1 COMPOSITION, APPOINTMENT AND ORGANIZATION

N1.1 An international jury shall be composed of experienced sailors with excellent knowledge of the racing rules and extensive protest committee experience. It shall be independent of and have no members from the race committee or the technical committee, and it shall be appointed by the organizing authority, subject to approval by the national authority if required (see rule 91(b)), or by World Sailing under rule 89.2(c).

N1.2 The jury shall consist of a chairman, a vice chairman if desired, and other members for a total of at least five. A majority shall be International Judges.

N1.3 No more than two members (three, in Groups M, N and Q) shall be from the same national authority.

N1.4 (a) The chairman of a jury may appoint one or more panels composed in compliance with rules N1.1, N1.2 and N1.3. This can be done even if the full jury is not composed in compliance with these rules.

(b) The chairman of a jury may appoint panels of at least three members each, of which the majority shall be International Judges. Members of each panel shall be from at least three different national authorities except in Groups M, N and Q, where they shall be from at least two different national authorities. If dissatisfied with a panel's decision, a *party* is entitled to a hearing by a panel composed in compliance with rules N1.1, N1.2 and N1.3, except concerning the facts found, if requested within 30 minutes or the time limit specified in the sailing instructions.

N1.5 When a full jury, or a panel, has fewer than five members, because of illness or emergency, and no qualified replacements are available, it remains properly constituted if it consists of at least three members and if at least two of them are International Judges. When there are three or four

Anhang N
Internationale Jurys

Siehe Regel 70.5 und 91(b). Dieser Anhang darf nicht durch Ausschreibung, Segelanweisungen oder nationale Vorschriften verändert werden.

N1 Zusammensetzung, Benennung und Tätigkeit

N1.1 Eine Internationale Jury muss sich aus erfahrenen Seglern mit ausgezeichneter Kenntnis der Wettfahrtregeln und weitreichender Protestkomiteeerfahrung zusammensetzen. Sie muss unabhängig vom Wettfahrtkomitee sein, und es dürfen ihr keine Mitglieder des Wettfahrtkomitees oder technischen Komitees angehören. Sie muss durch den Veranstalter benannt werden und, sofern vorgeschrieben, durch den nationalen Verband (siehe Regel 91(b)) oder durch World Sailing nach Regel 89.2(b) genehmigt werden.

N1.2 Die Jury besteht aus einem Vorsitzenden, wenn gewünscht einem stellvertretenden Vorsitzenden, wenn erwünscht, und weiteren Mitgliedern, insgesamt mindestens fünf. Die Mehrheit müssen Internationale Schiedsrichter sein.

N1.3 Höchstens zwei (drei in den Gruppen M, N und Q) Mitglieder dürfen vom gleichen nationalen Verband sein.

N1.4 (a) Der Vorsitzende der Jury kann ein oder mehrere Panels benennen, die in Übereinstimmung mit N1.1, N1.2 und N1.3 zusammengesetzt sind. Dies kann auch geschehen, wenn die gesamte Jury nicht in Übereinstimmung mit diesen Regeln zusammengesetzt ist.

(b) Der Vorsitzende einer Jury kann Panels aus mindestens je drei Mitgliedern benennen, von denen die Mehrheit internationale Schiedsrichter sein müssen. Die Mitglieder jedes Panels müssen aus mindestens drei verschiedenen nationalen Verbänden sein, außer in den Gruppen M, N und Q, wo sie aus mindestens zwei verschiedenen nationalen Verbänden sein müssen. Ist eine *Partei* mit der Entscheidung eines Panels nicht einverstanden, hat sie Anspruch auf eine Anhörung durch ein in Übereinstimmung mit den Regeln N1.1, N1.2 und N1.3 zusammengesetztes Panel, wenn sie dies innerhalb von 30 Minuten oder dem in den Segelanweisungen festgelegten Zeitlimit beantragt und sich nicht gegen den ermittelten Sachverhalt richtet.

N1.5 Hat eine vollständige Jury oder ein Panel durch Krankheit oder aufgrund eines Notfalls weniger als fünf Mitglieder und ist kein qualifizierter Ersatz verfügbar, bleibt sie ordnungsgemäß zusammengesetzt, wenn sie aus mindestens drei Mitgliedern besteht und mindestens zwei von ihnen sind

members they shall be from at least three different national authorities except in Groups M, N and Q, where they shall be from at least two different national authorities.

N1.6 When it is considered desirable that some members not participate in discussing and deciding a *protest* or request for redress, and no qualified replacements are available, the jury or panel remains properly constituted if at least three members remain and at least two of them are International Judges.

N1.7 In exception to rules N1.1 and N1.2, World Sailing may in limited circumstances (see World Sailing Regulation 25.8.13) authorize an international jury consisting of a total of only three members. All members shall be International Judges. The members shall be from three different national authorities (two, in Groups M, N and Q). The authorization shall be stated in a letter of approval to the organizing authority and in the notice of race or sailing instructions, and the letter shall be posted on the official notice board.

N1.8 When the national authority's approval is required for the appointment of an international jury (see rule 91(b)), notice of its approval shall be included in the sailing instructions or be posted on the official notice board.

N1.9 If the jury or a panel acts while not properly constituted, its decisions may be appealed.

N2 RESPONSIBILITIES

N2.1 An international jury is responsible for hearing and deciding all *protests*, requests for redress and other matters arising under the rules of Part 5. When asked by the organizing authority, the race committee or the technical committee, it shall advise and assist them on any matter directly affecting the fairness of the competition.

N2.2 Unless the organizing authority directs otherwise, the jury shall decide

(a) questions of eligibility, measurement or rating certificates; and

(b) whether to authorize the substitution of competitors, boats or equipment when a *rule* requires such a decision.

Internationale Schiedsrichter. Bei drei oder vier Mitgliedern müssen sie aus mindestens drei verschiedenen nationalen Verbänden sein, mit Ausnahme der Gruppen M, N und Q, wo sie aus mindestens zwei verschiedenen nationalen Verbänden sein müssen.

N1.6 Wird es für wünschenswert erachtet, dass einige Mitglieder an der Diskussion und Entscheidung eines *Protestes* oder eines Antrages auf Wiedergutmachung nicht teilnehmen, und ist kein qualifizierter Ersatz verfügbar, bleibt die Jury oder das Panel ordnungsgemäß zusammengesetzt, wenn mindestens drei Mitglieder verbleiben, von denen mindestens zwei Internationale Schiedsrichter sind.

N1.7 In Ausnahme von den Regeln N1.1 und N1.2 kann World Sailing kann unter bestimmten Umständen (siehe World Sailing Regulation 25.8.13) eine internationale Jury bewilligen, die insgesamt aus lediglich 3 Mitgliedern besteht. Alle Mitglieder müssen Internationale Schiedsrichter sein. Die Mitglieder müssen aus drei unterschiedlichen nationalen Verbänden sein (zwei in den Gruppen M, N und Q). Die Bewilligung muss in einem Genehmigungsschreiben an den Veranstalter, sowie in der Ausschreibung oder den Segelanweisungen angegeben werden und der Schreiben muss an der offiziellen Tafel für Bekanntmachungen veröffentlicht werden.

N1.8 Ist die Genehmigung eines nationalen Verbandes für die Benennung einer internationalen Jury vorgeschrieben (siehe Regel 91(b)), muss die Genehmigung in den Segelanweisungen enthalten sein oder an der offiziellen Tafel für Bekanntmachungen veröffentlicht werden.

N1.9 Wird die Jury oder ein Panel tätig, ohne ordnungsgemäß zusammengesetzt zu sein, so kann gegen ihre Entscheidungen Berufung eingelegt werden.

N2 Verantwortlichkeiten

N2.1 Eine internationale Jury ist verantwortlich für die Anhörung und Entscheidung aller *Proteste*, Anträge auf Wiedergutmachung und anderen Angelegenheiten, die sich aus den Regeln von Teil 5 ergeben. Wird sie durch den Veranstalter, das Wettfahrtkomitee oder das technische Komitee darum gebeten, muss sie diese bei jeder Angelegenheit, die die Fairness des Wettkampfes direkt beeinflusst, beraten und unterstützen.

N2.2 Außer bei anderer Anweisung durch den Veranstalter, muss die Jury

(a) Fragen bezüglich der Teilnahmeberechtigung, Messbriefen oder Rennwertbescheinigungen entscheiden; und

(b) über die Bewilligung des Ersetzens von Teilnehmern, Booten und Ausrüstung entscheiden, wenn eine *Regel* eine solche Entscheidung verlangt.

N2.3 The jury shall also decide matters referred to it by the organizing authority, the race committee or the technical committee.

N3 PROCEDURES

N3.1 Members shall not be regarded as having a significant *conflict of interest* (see rule 63.4) by reason of their nationality, club membership or similar. When otherwise considering a significant *conflict of interest* as required by rule 63.4, considerable weight must be given to the fact that decisions of an international jury cannot be appealed and this may affect the perception of fairness and lower the level of conflict that is significant. In case of doubt, the hearing should proceed as permitted by rule N1.6.

N3.2 If a panel fails to agree on a decision it may adjourn, in which case the chairman shall refer the matter to a properly constituted panel with as many members as possible, which may be the full jury.

N4 MISCONDUCT (Rule 69)

N4.1 The World Sailing Disciplinary Code contains procedures that apply to specific international events with regard to the appointment of a person to conduct any investigation. These procedures override any conflicting provision of this appendix.

N4.2 A person shall be responsible for presenting to the hearing panel any allegations of misconduct under rule 69. This person shall not be a member of the hearing panel but may be a member of the jury. Such a person shall be required to make full disclosure of all material that may come into his possession in the course of his investigation to the person subject to allegations of a breach of rule 69.

N4.3 Prior to a hearing, the hearing panel, to the extent practically possible, shall not act as an investigator of any allegations made under rule 69. However, during the hearing the panel shall be entitled to ask any investigative questions it may see fit.

N4.4 If the panel decides to call a hearing, all material disclosed to the panel in order for them to make that decision must be disclosed to the person subject to the allegations before the hearing begins.

N2.3 Die Jury muss ebenfalls Angelegenheiten entscheiden, die ihr vom Veranstalter, dem Wettfahrtkomitee oder dem technischen Komitee weitergeleitet werden.

N3 Verfahren

N3.1 Es darf nicht davon ausgegangen werden, dass die Mitglieder aufgrund ihrer Nationalität, Mitgliedschaft in einem Verein oder ähnlichem einen erheblichen *Interessenkonflikt* haben (siehe Regel 63.4). Wenn andererseits ein erheblicher *Interessenkonflikt* wie nach Regel 63.4 vorgeschrieben geprüft wird, muss die Tatsache, dass gegen Entscheidungen einer internationalen Jury keine Berufung eingelegt werden sowie dass dadurch das Empfinden von Fairness beeinträchtigt werden kann, besonders gewichtet werden, sodass ein kleinerer *Interessenkonflikt* schon als erheblich angesehen werden kann. Im Zweifelsfall sollte die Anhörung wie in N1.6 zugelassen fortgesetzt werden.

N3.2 Kommt es innerhalb eines Panels zu keiner Übereinstimmung über eine Entscheidung, kann es sich vertagen. In diesem Fall muss der Vorsitzende die Angelegenheit an ein ordnungsgemäß zusammengesetztes Panel mit möglichst vielen Mitgliedern, das auch die vollständige Jury sein kann, weiterleiten.

N4 Fehlverhalten (Regel 69)

N4.1 Der World Sailing Disciplinary Code enthält Verfahren, die für bestimmte internationale Veranstaltungen im Hinblick auf die Benennung einer Person für die Durchführung von Ermittlungen gelten. Diese Verfahren haben Vorrang vor jeder widersprechenden Vorschrift dieses Anhangs.

N4.2 Eine Person muss dafür verantwortlich sein, dem anhörenden Panel die Vorwürfe von Fehlverhalten nach Regel 69 vorzutragen. Diese Person darf nicht Mitglied des anhörenden Panels sein, darf aber Mitglied der Jury sein. Eine solche Person ist verpflichtet, sämtliches Material vollständig offenlegen, das im Lauf ihrer Untersuchungen bezüglich des Vorwurfs des Fehlverhaltens und des Verstoßes gegen Regel 69 der betreffenden Person in ihren Besitz gelangt ist.

N4.3 Vor einer Anhörung, darf das anhörende Panel, soweit dies praktisch möglich ist, nicht als Ermittler irgendwelcher Vorwürfe nach Regel 69 handeln. Während der Anhörung darf das Panel jedoch jegliche ermittelnden Fragen stellen, die ihm als passend erscheinen.

N4.4 Wenn das Panel entscheidet, eine Anhörung anzuberaumen, müssen alle Materialien, die dem Panel offengelegt wurden, um diese Entscheidung zu treffen, gegenüber der Person, gegen die sich der Vorwurf richtet, vor der Anhörung offengelegt werden.

APPENDIX P
SPECIAL PROCEDURES FOR RULE 42

All or part of this appendix applies only if the notice of race or sailing instructions so state.

P1 OBSERVERS AND PROCEDURE

P1.1 The protest committee may appoint observers, including protest committee members, to act in accordance with rule P1.2. A person with a significant *conflict of interest* shall not be appointed as an observer.

P1.2 An observer appointed under rule P1.1 who sees a boat breaking rule 42 may penalize her by, as soon as reasonably possible, making a sound signal, pointing a yellow flag at her and hailing her sail number, even if she is no longer *racing*. A boat so penalized shall not be penalized a second time under rule 42 for the same incident.

P2 PENALTIES

P2.1 First Penalty
When a boat is first penalized under rule P1.2 her penalty shall be a Two-Turns Penalty under rule 44.2. If she fails to take it she shall be disqualified without a hearing.

P2.2 Second Penalty
When a boat is penalized a second time during the event, she shall promptly retire. If she fails to do so she shall be disqualified without a hearing and her score shall not be excluded.

P2.3 Third and Subsequent Penalties
When a boat is penalized a third or subsequent time during the event, she shall promptly retire. If she does so her penalty shall be disqualification without a hearing and her score shall not be excluded. If she fails to do so her penalty shall be disqualification without a hearing from all races in the event, with no score excluded, and the protest committee shall consider calling a hearing under rule 69.2.

P2.4 Penalties Near the Finishing Line
If a boat is penalized under rule P2.2 or P2.3 and it was not reasonably possible for her to retire before *finishing*, she shall be scored as if she had retired promptly.

Anhang P
Besondere Verfahren für Regel 42

Dieser Anhang oder Teile davon gelten nur, wenn die Ausschreibung oder Segelanweisungen dies festlegen.

P1 Beobachter und Verfahren

P1.1 Das Protestkomitee kann Beobachter benennen, einschließlich Mitglieder des Protestkomitees, um nach Regel P1.2 zu handeln. Eine Person mit einem erheblichen *Interessenkonflikt* darf nicht als Beobachter benannt werden.

P1.2 Ein nach P1.1 benannter Beobachter, der ein Boot sieht, das gegen Regel 42 verstößt, kann es bestrafen, indem er sobald wie vernünftigerweise möglich ein Schallsignal gibt, mit einer gelben Flagge auf das Boot zeigt und seine Segelnummer ruft, selbst wenn sich das Boot nicht mehr *in einer Wettfahrt befindet*. Ein auf diese Weise bestraftes Boot darf für den gleichen Vorfall kein zweites Mal nach Regel 42 bestraft werden.

P2 Strafen

P2.1 Erste Strafe
Wird ein Boot zum ersten Mal nach Regel P1.2 bestraft, muss seine Strafe eine Zwei-Drehungen Strafe gemäß Regel 44.2 sein. Wenn es diese nicht annimmt, muss es ohne Anhörung disqualifiziert werden.

P2.2 Zweite Strafe
Wird ein Boot ein zweites Mal während der Veranstaltung bestraft, muss es unverzüglich die Wettfahrt aufgeben. Wenn es dies nicht tut, muss es ohne Anhörung disqualifiziert werden und seine Wertung darf nicht ausgenommen werden.

P2.3 Dritte und weitere Strafen
Wird ein Boot ein drittes oder weiteres Mal während einer Veranstaltung bestraft, muss es die Wettfahrt unverzüglich aufgeben. Wenn es dies tut, muss seine Strafe Disqualifikation ohne eine Anhörung sein und seine Wertung darf nicht ausgenommen werden. Wenn es dies nicht tut, muss seine Strafe die Disqualifikation ohne Anhörung in allen Wettfahrten der Veranstaltung sein, ohne dass eine Wertung ausgenommen wird, und das Protestkomitee muss die Ansetzung einer Anhörung nach Regel 69.2 erwägen.

P2.4 Strafen in der Nähe der Ziellinie
Wird ein Boot nach Regel P2.2 oder P2.3 bestraft und war es für das Boot nicht vernünftigerweise möglich, die Wettfahrt vor dem *Zieldurchgang* aufzugeben, muss es so gewertet werden, als ob es unverzüglich aufgegeben hätte.

P3 POSTPONEMENT, GENERAL RECALL OR ABANDONMENT

If a boat has been penalized under rule P1.2 and the race committee signals a *postponement*, general recall or *abandonment*, the penalty is cancelled, but it is still counted to determine the number of times she has been penalized during the event.

P4 REDRESS LIMITATION

A boat shall not be given redress for an action by a member of the protest committee or its designated observer under rule P1.2 unless the action was improper due to a failure to take into account a race committee signal or a class rule.

P5 FLAGS O AND R

P5.1 When Rule P5 Applies

Rule P5 applies if the class rules permit pumping, rocking and ooching when the wind speed exceeds a specified limit.

P5.2 Before the Starting Signal

(a) The race committee may signal that pumping, rocking and ooching are permitted, as specified in the class rules, by displaying flag O before or with the warning signal.

(b) If the wind speed becomes less than the specified limit after flag O has been displayed, the race committee may *postpone* the race. Then, before or with a new warning signal, the committee shall display either flag R, to signal that rule 42 as changed by the class rules applies, or flag O, as provided in rule P5.2(a).

(c) If flag O or flag R is displayed before or with the warning signal, it shall be displayed until the starting signal.

P5.3 After the Starting Signal

After the starting signal,

(a) if the wind speed exceeds the specified limit, the race committee may display flag O with repetitive sounds at a *mark* to signal that pumping, rocking and ooching are permitted, as specified in the class rules, after passing the *mark*;

(b) if flag O has been displayed and the wind speed becomes less than the specified limit, the race committee may display flag R with repetitive sounds at a *mark* to signal that rule 42, as changed by the class rules, applies after passing the *mark*.

P3 Verschiebung, Allgemeiner Rückruf oder Abbruch

Wurde ein Boot gemäß Regel P1.2 bestraft und signalisiert das Wettfahrtkomitee eine *Verschiebung*, einen Allgemeinen Rückruf oder *Abbruch*, wird die Strafe aufgehoben, aber dennoch mitgezählt, um festzulegen, wie oft das Boot während der Veranstaltung bestraft worden ist.

P4 Einschränkung der Wiedergutmachung

Einem Boot wird keine Wiedergutmachung gewährt aufgrund einer Handlung gemäß Regel P1.2 durch ein Mitglied des Protestkomitees oder eines von ihm benannten Beobachters, außer die Handlung war unsachgemäß, aufgrund eines Versäumnisses beim Berücksichtigen eines Signals des Wettfahrtkomitees oder einer Klassenregel.

P5 Flaggen O und R

P5.1 Geltungsbereich von Regel P5

Regel P5 gilt, wenn die Klassenregeln Pumpen, Rocking und Ooching erlauben, wenn die die Windgeschwindigkeit einen festgelegten Wert überschreitet.

P5.2 Vor dem Startsignal

(a) Das Wettfahrtkomitee kann durch Zeigen der Flagge O vor oder mit dem Ankündigungssignal signalisieren, dass Pumpen, Rocking und Ooching wie in den Klassenregeln festgelegt, erlaubt sind.

(b) Wenn die Windgeschwindigkeit den festgelegten Wert unterschreitet, nachdem Flagge O gezeigt wurde, kann das Wettfahrtkomitee die Wettfahrt *verschieben*. Danach muss das Wettfahrtkomitee vor oder mit einem neuen Ankündigungssignal entweder Flagge R zeigen, um zu signalisieren, dass Regel 42, wie durch die Klassenregeln geändert, oder Flagge O, wie in Regel P5.2(a) beschrieben, gelten.

(c) Wenn Flagge O oder Flagge R vor oder mit dem Ankündigungssignal gezeigt wird, muss sie bis zum Startsignal gezeigt bleiben.

P5.3 Nach dem Startsignal

Nach dem Startsignal,

(a) Wenn die Windgeschwindigkeit nach dem Startsignal den festgelegten Wert überschreitet, kann das Wettfahrtkomitee an einer *Bahnmarke* Flagge O mit wiederholten Schallsignalen zeigen, um zu signalisieren, dass Pumpen, Rocking und Ooching nach Passieren dieser *Bahnmarke* so erlaubt sind, wie es in den Klassenregeln festgelegt ist.

(b) Wenn Flagge O gezeigt worden ist und die Windgeschwindigkeit den festgelegte Wert unterschreitet, kann das Wettfahrtkomitee an einer *Bahnmarke* Flagge R mit wiederholten Schallsignalen zeigen, um zu signalisieren, dass Regel 42, wie durch die Klassenregeln geändert nach Passieren der *Bahnmarke* gilt.

APPENDIX R
PROCEDURES FOR APPEALS AND REQUESTS

See rule 70. A national authority may change this appendix by prescription, but it shall not be changed by the notice of race or sailing instructions.

R1 APPEALS AND REQUESTS

Appeals, requests by protest committees for confirmation or correction of their decisions, and requests for interpretations of the *rules* shall be made in compliance with this appendix.

R2 SUBMISSION OF DOCUMENTS

R2.1 To make an appeal,

(a) no later than 15 days after receiving the protest committee's written decision or its decision not to reopen a hearing, the appellant shall send an appeal and a copy of the protest committee's decision to the national authority. The appeal shall state why the appellant believes the protest committee's decision or its procedures were incorrect;

(b) when the hearing required by rule 63.1 has not been held within 30 days after a *protest* or request for redress was delivered, the appellant shall, within a further 15 days, send an appeal with a copy of the *protest* or request and any relevant correspondence. The national authority shall extend the time if there is good reason to do so;

(c) when the protest committee fails to comply with rule 65, the appellant shall, within a reasonable time after the hearing, send an appeal with a copy of the *protest* or request and any relevant correspondence.

If a copy of the *protest* or request is not available, the appellant shall instead send a statement of its substance.

Prescription DSV, OeSV and Swiss Sailing to appendix R2.1: An appeal's fee may be charged. If the fee is charged, it shall be paid to the respective national authority when the appeal is sent.

Anhang R
Verfahren für Berufungen und Anträge

Siehe Regel 70. Ein nationaler Verband kann diesen Anhang durch eine Vorschrift ändern, jedoch dürften die Ausschreibung oder Segelanweisungen ihn nicht ändern.

R1 Berufungen und Anträge

Berufungen, Anträge von Protestkomitees auf Bestätigung oder Berichtigung ihrer Entscheidungen und Anträge auf Auslegung der *Regeln* müssen in Übereinstimmung mit diesem Anhang erstellt werden.

R2 Vorlage von Unterlagen

R2.1 Um eine Berufung einzulegen,

(a) muss der Berufungsführer spätestens 15 Tage nach Erhalt der schriftlichen Entscheidung des Protestkomitees oder seiner Entscheidung, die Anhörung nicht wiederaufzunehmen, eine Berufung und eine Kopie der Entscheidung des Protestkomitees dem nationalen Verband übersenden. Die Berufung muss angeben, warum der Berufungsführer glaubt, dass die Entscheidung des Protestkomitees oder seine Verfahrensweise fehlerhaft waren;

(b) muss der Berufungsführer, wenn eine nach Regel 63.1 vorgeschriebene Anhörung nicht innerhalb von 30 Tagen, nachdem der *Protest* oder der Antrag auf Wiedergutmachung eingereicht wurde, stattgefunden hat, innerhalb weiterer 15 Tage eine Berufung zusammen mit einer Kopie des *Protestes* oder Antrags auf Wiedergutmachung und jeglichem relevanten Schriftverkehr übersenden. Der nationale Verband muss diese Frist verlängern, wenn es dafür gute Gründe gibt;

(c) muss der Berufungsführer, wenn das Protestkomitee Regel 65 nicht einhält, innerhalb einer zumutbaren Zeit nach der Anhörung eine Berufung zusammen mit einer Kopie des *Protestes* oder des Antrags auf Wiedergutmachung und jeglichen relevanten Schriftverkehrs versenden.

Wenn eine Kopie des *Protestes* oder Antrags nicht verfügbar ist, muss der Berufungsführer stattdessen eine Erklärung mit dessen Inhalt senden.

Vorschrift DSV, OeSV und Swiss Sailing zu Anhang R2.1: Es kann eine Berufungsgebühr erhoben werden. Wird die Gebühr erhoben, ist sie an den jeweiligen nationalen Verband zu zahlen, wenn die Berufung übersendet wird.

R2.2 The appellant shall also send, with the appeal or as soon as possible thereafter, all of the following documents that are available to her:

(a) the written *protest(s)* or request(s) for redress;

(b) a diagram, prepared or endorsed by the protest committee, showing the positions and tracks of all boats involved, the course to the next *mark* and the required side, the force and direction of the wind, and, if relevant, the depth of water and direction and speed of any current;

(c) the notice of race, the sailing instructions, any other documents governing the event, and any changes to them;

(d) any additional relevant documents; and

(e) the names, postal and email addresses, and telephone numbers of all *parties* to the hearing and the protest committee chairman.

R2.3 A request from a protest committee for confirmation or correction of its decision shall be sent no later than 15 days after the decision and shall include the decision and the documents listed in rule R2.2. A request for an interpretation of the *rules* shall include assumed facts.

R3 RESPONSIBILITIES OF NATIONAL AUTHORITY AND PROTEST COMMITTEE

Upon receipt of an appeal or a request for confirmation or correction, the national authority shall send to the *parties* and protest committee copies of the appeal or request and the protest committee's decision. It shall ask the protest committee for any relevant documents listed in rule R2.2 not sent by the appellant or the protest committee, and the protest committee shall promptly send them to the national authority. When the national authority has received them it shall send copies to the *parties*.

R4 COMMENTS AND CLARIFICATIONS

R4.1 The *parties* and protest committee may make comments on the appeal or request or on any of the documents listed in rule R2.2 by sending them in writing to the national authority.

R4.2 The national authority may seek clarifications of *rules* governing the event from organizations that are not *parties* to the hearing.

R2.2 Der Berufungsführer muss zusammen mit der Berufung oder sobald wie möglich danach zudem alle der folgenden Dokumente, die ihm zur Verfügung stehen, übersenden:

(a) den (die) schriftlichen *Protest(e)* oder Antrag (Anträge) auf Wiedergutmachung;

(b) eine vom Protestkomitee angefertigte oder bestätigte Skizze, die die Positionen und Kursverlauf aller beteiligten Boote, den Kurs zur nächsten *Bahnmarke* sowie an welcher Seite die *Bahnmarke* zu lassen ist, Windstärke und Windrichtung und, sofern dies von Bedeutung ist, die Wassertiefe und Richtung und Stärke jeglicher Strömung zeigt;

(c) die Ausschreibung, die Segelanweisungen und alle weiteren für die Veranstaltung geltenden Dokumente, sowie alle Änderung an diesen;

(d) alle zusätzlichen relevanten Dokumente;

(e) die Namen, Post- und E-Mail-Adressen und Telefonnummern aller *Parteien* der Anhörung sowie des Vorsitzenden des Protestkomitees.

R2.3 Der Antrag eines Protestkomitees auf Bestätigung oder Berichtigung seiner Entscheidung muss spätestens 15 Tage nach der Entscheidung übersendet werden und die Entscheidung und die in Regel R2.2 aufgeführten Dokumente enthalten. Ein Antrag auf Auslegung der *Regeln* muss den angenommenen Sachverhalt enthalten.

R3 Verantwortlichkeiten des nationalen Verbandes und des Protestkomitees

Nach Erhalt einer Berufung oder eines Antrags auf Bestätigung oder Berichtigung muss der nationale Verband den *Parteien* und dem Protestkomitee Kopien der Berufung oder des Antrags sowie die Entscheidung des Protestkomitees übersenden. Es muss das Protestkomitee um die in Regel R2.2 aufgeführten relevanten Dokumente ersuchen, die vom Berufungsführer oder vom Protestkomitee nicht übersendet wurden. Das Protestkomitee muss diese unverzüglich dem nationalen Verband übersenden. Wenn der nationale Verband diese erhalten hat, muss er Kopien an die *Parteien* übersenden.

R4 Stellungnahmen und Klarstellungen

R4.1 Die *Parteien* sowie das Protestkomitee können zur Berufung, dem Antrag oder allen in Regel R2.2 aufgeführten Dokumenten Stellung nehmen, indem sie diese schriftlich dem nationalen Verband übersenden.

R4.2 Der nationale Verband kann Organisationen, die nicht *Parteien* der Anhörung sind, um Klarstellungen zu für die Veranstaltung geltenden *Regeln* ersuchen.

R4.3 The national authority shall send copies of comments and clarifications received to the *parties* and protest committee as appropriate.

R4.4 Comments on any document shall be made no later than 15 days after receiving it from the national authority.

R5 INADEQUATE FACTS; REOPENING

The national authority shall accept the protest committee's finding of facts except when it decides they are inadequate. In that case it shall require the committee to provide additional facts or other information, or to reopen the hearing and report any new finding of facts, and the committee shall promptly do so.

R6 WITHDRAWING AN APPEAL

An appellant may withdraw an appeal before it is decided by accepting the protest committee's decision.

R4.3 Der nationale Verband muss ggf. Kopien der erhaltenen Stellungnahmen und Klarstellungen an die *Parteien* und das Protestkomitee übersenden.

R4.4 Stellungnahmen zu jeglichen Dokumenten müssen spätestens 15 Tage nach deren Erhalt vom nationalen Verband abgegeben werden.

R5 Unzureichender Sachverhalt; Wiederaufnahme

Der nationale Verband muss den vom Protestkomitee ermittelten Sachverhalt akzeptieren, außer wenn er entscheidet, dass dieser unzureichend ist. In diesem Fall muss er das Protestkomitee auffordern, zusätzliche Tatsachen oder andere Informationen zu liefern oder die Anhörung wiederaufzunehmen und über alle neuen Tatsachenfeststellungen zu berichten. Das Protestkomitee muss dies unverzüglich tun.

R6 Rücknahme einer Berufung

Ein Berufungsführer kann eine Berufung zurückziehen, bevor über diese entschieden wurde, indem er die Entscheidung des Protestkomitees anerkennt.

APPENDIX S
STANDARD SAILING INSTRUCTIONS

This appendix applies only if the notice of race so states.

These Standard Sailing Instructions may be used at an event in place of printed sailing instructions made available to each boat. To use them, state in the notice of race that 'The sailing instructions will consist of the instructions in RRS Appendix S, Standard Sailing Instructions, and supplementary sailing instructions that will be posted on the official notice board located at ______.'

The supplementary sailing instructions will include:

1. *The location of the race office and of the flag pole on which signals made ashore will be displayed (see SI 4.1 below).*
2. *A table showing the schedule of races, including the day and date of each scheduled day of racing, the number of races scheduled each day, the scheduled time of the first warning signal each day, and the latest time for a warning signal on the last scheduled day of racing (SI 5).*
3. *A list of the marks that will be used and a description of each one (SI 8). How new marks will differ from original marks (SI 10).*
4. *The time limits, if any, that are listed in SI 12.*
5. *Any changes or additions to the instructions in this appendix.*

A copy of the supplementary sailing instructions will be available to competitors on request.

SAILING INSTRUCTIONS

1 RULES

1.1 The event will be governed by the rules as defined in The Racing Rules of Sailing.

2 NOTICES TO COMPETITORS

2.1 Notices to competitors will be posted on the official notice board.

2.2 Supplementary sailing instructions (called 'the supplement' below) will be posted on the official notice board.

Anhang S
Standard Segelanweisungen

Dieser Anhang gilt nur, wenn die Ausschreibung dies so festlegt.

Diese Standard Segelanweisungen können anstelle der für jedes Boot zur Verfügung gestellten gedruckten Segelanweisungen verwendet werden. Um diese zu verwenden, geben Sie in der Ausschreibung an: „Die Segelanweisungen bestehen aus den Anweisungen in WR Anhang S, Standard Segelanweisungen, und ergänzenden Segelanweisungen, die an der offiziellen Tafel für Bekanntmachungen, die sich in .... befindet, veröffentlicht werden.“

Die ergänzenden Segelanweisungen werden enthalten:

1. *Den Ort des Wettfahrtbüros und des Flaggenmastes, an der Signale an Land gezeigt werden (siehe SI 4.1 unten).*
2. *Eine Tabelle, die den Wettfahrtzeitplan zeigt, einschließlich Tag und Datum jedes geplanten Wettfahrttages, die Anzahl der für jeden Tag geplanten Wettfahrten, die geplante Zeit für das erste Ankündigungssignal jedes Tages und die späteste Zeit für ein Ankündigungssignal am letzten geplanten Wettfahrttag (siehe SI 5 unten).*
3. *Eine Liste der verwendeten Bahnmarken und eine Beschreibung derselben (SI 8). Wie sich neue Bahnmarken von den ursprünglichen Bahnmarken unterscheiden (SI 10).*
4. *Die eventuellen Zeitlimits, die in SI 12 aufgelistet sind.*
5. *Alle Änderungen und Ergänzungen der Anweisungen in diesem Anhang.*

Eine Kopie der ergänzenden Segelanweisungen ist für die Teilnehmer auf Anfrage verfügbar.

Segelanweisungen

1 Regeln

1.1 Die Veranstaltung wird nach den Regeln, wie sie in den Wettfahrtregeln Segeln definiert sind, durchgeführt.

2 Bekanntmachungen für Teilnehmer

2.1 Bekanntmachungen für die Teilnehmer werden an der offiziellen Tafel für Bekanntmachungen veröffentlicht.

2.2 Ergänzende Segelanweisungen (im Folgenden als „Die Ergänzungen“ bezeichnet) werden an der Tafel für Bekanntmachungen veröffentlicht.

3 CHANGES TO SAILING INSTRUCTIONS

3.1 Any change to the sailing instructions will be posted before 0800 on the day it will take effect, unless this time is changed in the supplement. Any change to the schedule of races will be posted by 2000 on the day before it will take effect.

4 SIGNALS MADE ASHORE

4.1 Signals made ashore will be displayed from the flag pole. The supplement will state its location.

5 SCHEDULE OF RACES

5.1 The supplement will include a table showing the days, dates, number of races scheduled, the scheduled times of the first warning signal each day, and the latest time for a warning signal on the last scheduled day of racing.

5.2 To alert boats that a race or sequence of races will begin soon, the orange starting line flag will be displayed with one sound at least five minutes before a warning signal is made.

6 CLASS FLAGS

6.1 Each class flag will be the class insignia on a plain background or as stated in the supplement.

7 THE COURSES

7.1 No later than the warning signal, the race committee will designate the course, and it may also display the approximate compass bearing of the first leg.

7.2 The course diagrams are on the pages following SI 13. They show the courses, the order in which marks are to be passed, and the side on which each mark is to be left. The supplement may include additional courses.

8 MARKS

8.1 A list of the marks that will be used, including a description of each one, will be included in the supplement.

9 THE START

9.1 Races will be started by using RRS 26.

9.2 The starting line will be between a staff displaying an orange flag on the race committee vessel and the course side of the starting mark.

10 CHANGE OF THE NEXT LEG OF THE COURSE

10.1 To change the next leg of the course, the race committee will lay a new mark (or move the finishing line) and remove the original mark as soon

3 Änderungen der Segelanweisungen

3.1 Jede Änderung der Segelanweisungen wird vor 08:00 an dem Tag veröffentlicht, an dem sie gilt, außer wenn diese Zeit in den Ergänzungen geändert ist. Jede Änderung des Wettfahrtzeitplans wird bis spätestens 20:00 Uhr am Vortag veröffentlicht.

4 Signale an Land

4.1 Signale an Land werden am Flaggenmast gezeigt. Die Ergänzungen geben seinen Standort an.

5 Wettfahrtzeitplan

5.1 Die Ergänzungen enthalten eine Tabelle mit den Tagen, Daten, Anzahl der geplanten Wettfahrten, den geplanten Zeiten für das erste Ankündigungssignal jedes Tages und der spätesten Zeit für ein Ankündigungssignal am letzten geplanten Wettfahrttag.

5.2 Um die Boote darauf aufmerksam zu machen, dass eine Wettfahrt oder eine Abfolge von Wettfahrten zeitnah gestartet wird, wird mindestens fünf Minuten vor dem ersten Ankündigungssignal die orange Startlinienflagge mit einem akustischen Signal gesetzt.

6 Klassenflaggen

6.1 Jede Klassenflagge ist das Klassenzeichen auf einem einfarbigen Hintergrund oder so wie in den Ergänzungen festgelegt.

7 Bahnen

7.1 Spätestens mit dem Ankündigungssignal wird das Wettfahrtkomitee die Bahn festlegen und kann zudem den ungefähren Kompass-Kurs des ersten Schenkels anzeigen.

7.2 Die Bahndiagramme sind in Anschluss an SI 13 aufgeführt. Sie zeigen die Bahnen, die Reihenfolge, in der die Bahnmarken zu passieren sind und die Seite, an der jede Bahnmarke zu lassen ist. Die Ergänzungen können zusätzliche Bahnen aufführen.

8 Bahnmarken

8.1 Eine Liste der verwendeten Bahnmarken, einschließlich einer Beschreibung jeder Bahnmarke, befindet sich in den Ergänzungen.

9 Start

9.1 Die Wettfahrten werden unter Anwendung von WR 26 gestartet

9.2 Die Startlinie befindet sich zwischen einem Stab mit gezeigter orangener Flagge auf dem Fahrzeug des Wettfahrtkomitees und der Bahnseite der Startbahnmarke.

10 Änderung des nächsten Bahnschenkels

10.1 Um den nächsten Bahnschenkel zu ändern, wird das Wettfahrtkomitee eine neue Bahnmarke legen (oder die Ziellinie verlegen) und die ursprüngliche Bahnmarke

as practicable. When in a subsequent change a new mark is replaced, it will be replaced by an original mark.

11 THE FINISH

11.1 The finishing line will be between a staff displaying a blue flag on the race committee vessel and the course side of the finishing mark.

12 TIME LIMITS

12.1 The supplement will state which of the following time limits, if any, will apply and, for each, the time limit.

• Mark 1 Time Limit	Time limit for the first boat to pass Mark 1.
• Race Time Limit	Time limit for the first boat to start, sail the course and finish.
• Finishing Window	Time limit for boats to finish after the first boat starts, sails the course and finishes.

12.2 If no boat has passed Mark 1 within the Mark 1 Time Limit, the race shall be abandoned.

12.3 Boats failing to finish within the Finishing Window shall be scored Did Not Finish without a hearing. This changes RRS 35, A5.1 and A5.2.

13 PROTESTS AND REQUESTS FOR REDRESS

13.1 Hearing request forms are available at the race office. Protests and requests for redress or reopening shall be delivered there within the appropriate time limit.

13.2 For each class, the protest time limit is 60 minutes after the last boat has finished the last race of the day or the race committee signals no more racing today, whichever is later.

13.3 Notices will be posted no later than 30 minutes after the protest time limit to inform competitors of hearings in which they are parties or named as witnesses and where the hearings will be held.

13.4 Notices of protests by the race committee, technical committee or protest committee will be posted to inform boats under RRS 61.1(b).

schnellstmöglich entfernen. Wird bei einer weiteren Bahnänderung eine neue Bahnmarke ersetzt, wird diese durch die ursprüngliche Bahnmarke ersetzt.

11 Ziel

11.1 Die Ziellinie befindet sich zwischen einem Stab mit gezeigter blauer Flagge auf dem Fahrzeug des Wettfahrtkomitees und der Bahnseite der Zielbahnmarke.

12 Zeitlimits

12.1 In den Ergänzungen wird festgelegt, welche der folgenden Zeitlimits gegebenenfalls gelten und das jeweilige Zeitlimit festgelegt.

- Zeitlimit für Bahnmarke 1 — Zeitlimit innerhalb dessen das erste Boot die Bahnmarke 1 passieren muss.
- Wettfahrtzeitlimit — Zeitlimit innerhalb dessen das erste Boot starten, die Bahn absegeln und durchs Ziel gehen muss.
- Ziel-Zeitfenster — Zeitlimit innerhalb dessen andere Boote starten, die Bahn absegeln und durchs Ziel gehen müssen.

12.2 Wenn kein Boot innerhalb des Zeitlimits für Bahnmarke 1 die Bahnmarke 1 passiert hat, muss das Wettfahrtkomitee die Wettfahrt abbrechen.

12.3 Boote, die nicht innerhalb des Zielfensters durchs Ziel gehen, müssen ohne Anhörung als nicht durchs Ziel gegangen („DNF“) gewertet werden. Dies ändert WR 35, A5.1 und A5.2.

13 Proteste und Anträge auf Wiedergutmachung

13.1 Formulare für Anträge auf Durchführung einer Anhörung sind im Wettfahrtbüro erhältlich. Proteste und Anträge auf Wiedergutmachung oder Wiederaufnahme müssen innerhalb der entsprechenden Frist eingereicht werden.

13.2 Für jede Klasse beträgt die Protestfrist 60 Minuten nachdem das letzte Boot in der letzten Wettfahrt des Tages durchs Ziel gegangen ist oder das Wettfahrtkomitee angezeigt hat, dass keine weitere Wettfahrt an diesem Tag stattfindet, je nachdem was später ist.

13.3 Bekanntmachungen werden spätestens 30 Minuten nach Ende der Protestfrist veröffentlicht, um Teilnehmer über Anhörungen zu informieren, bei denen sie Partei sind oder als Zeuge benannt sind, und wo diese stattfinden.

13.4 Bekanntmachungen über Proteste des Wettfahrtkomitees, des technischen Komitees oder des Protestkomitees werden veröffentlicht, um Boote gemäß WR 61.1(b) zu informieren.

COURSE DIAGRAMS

Course L – Windward/Leeward Leeward Finish	
Signal	Mark Rounding Order
L2	Start – 1 – 2s/2p – 1 – Finish
L3	Start – 1 – 2s/2p – 1 – 2s/2p – 1 – Finish
L4	Start – 1 – 2s/2p – 1 – 2s/2p – 1 – 2s/2p – 1 – Finish

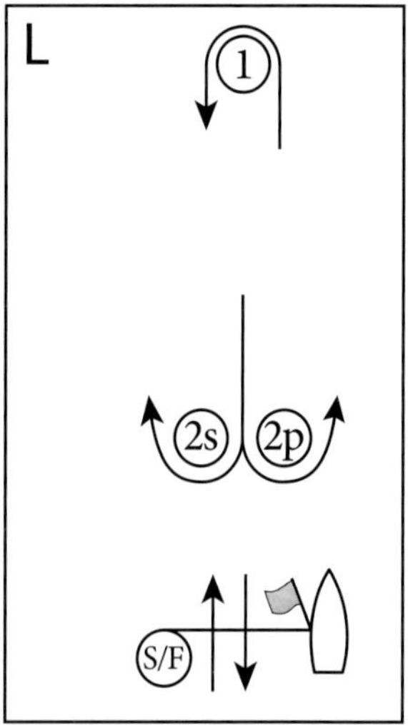

Course LA – Windward/Leeward with Offset Mark, Leeward Finish	
Signal	Mark Rounding Order
LA2	Start – 1 – 1a – 2s/2p – 1 – 1a – Finish
LA3	Start – 1 – 1a – 2s/2p – 1 – 1a – 2s/2p – 1 – 1a – Finish
LA4	Start – 1 – 1a – 2s/2p – 1 – 1a – 2s/2p – 1 – 1a – 2s/2p – 1 – 1a – Finish

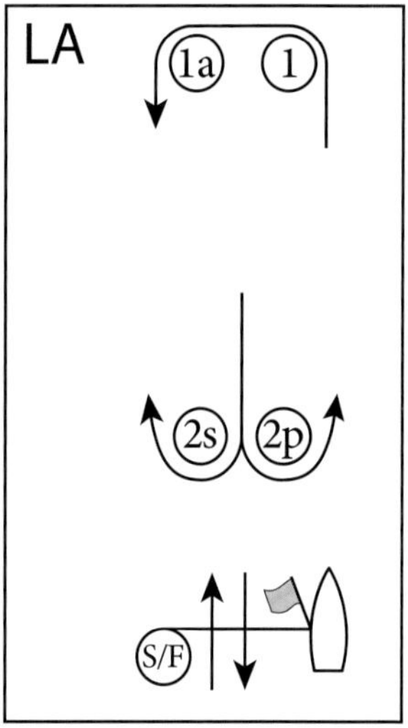

Bahn Diagramme

Bahn L – Luv/Lee Ziel in Lee	
Signal	Reihenfolge der Bahnmarken
L2	Start – 1 – 2s/2p – 1 – Ziel
L3	Start – 1 – 2s/2p – 1 – 2s/2p – 1 – Ziel
L4	Start – 1 – 2s/2p – 1 – 2s/2p – 1 – 2s/2p – 1 – Ziel

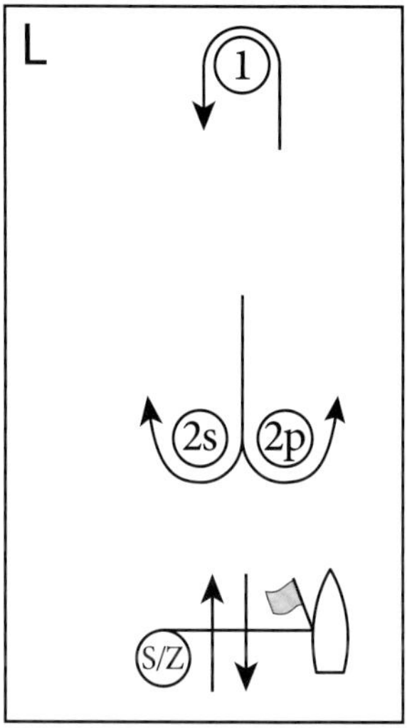

Bahn LA– Luv/Lee mit Ablaufbahnmarke Ziel in Lee	
Signal	Reihenfolge der Bahnmarken
LA2	Start – 1 – 1a – 2s/2p – 1 – 1a – Ziel
LA3	Start – 1 – 1a – 2s/2p – 1 – 1a – 2s/2p – 1 – 1a – Ziel
LA4	Start – 1 – 1a – 2s/2p – 1 – 1a – 2s/2p – 1 – 1a – 2s/2p – 1 – 1a – Ziel

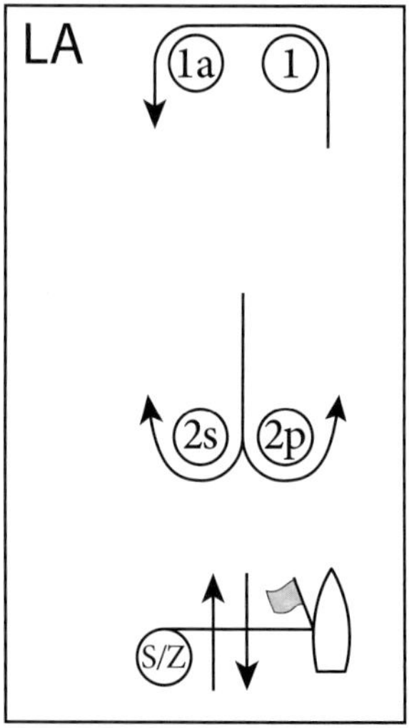

Course W – Windward/Leeward Windward Finish	
Signal	Mark Rounding Order
W2	Start – 1 – 2s/2p – Finish
W3	Start – 1 – 2s/2p – 1 – 2s/2p – Finish
W4	Start – 1 – 2s/2p – 1 – 2s/2p – 1 – 2s/2p – Finish

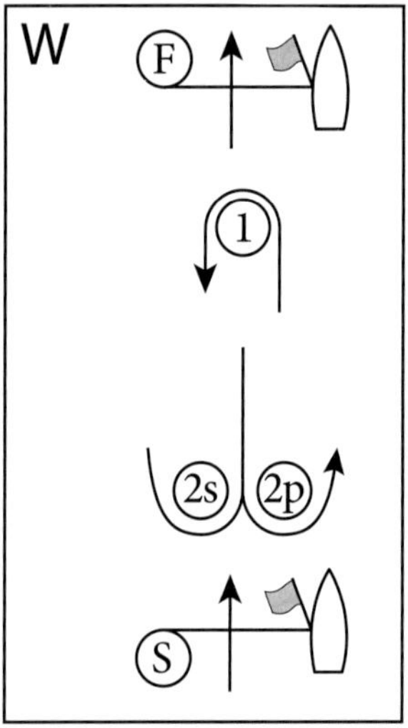

Course WA – Windward/Leeward with Offset Mark, Windward Finish	
Signal	Mark Rounding Order
WA2	Start – 1 – 1a – 2s/2p – Finish
WA3	Start – 1 – 1a – 2s/2p – 1 – 1a – 2s/2p – Finish
WA4	Start – 1 – 1a – 2s/2p – 1 – 1a – 2s/2p – 1 – 1a – 2s/2p – Finish

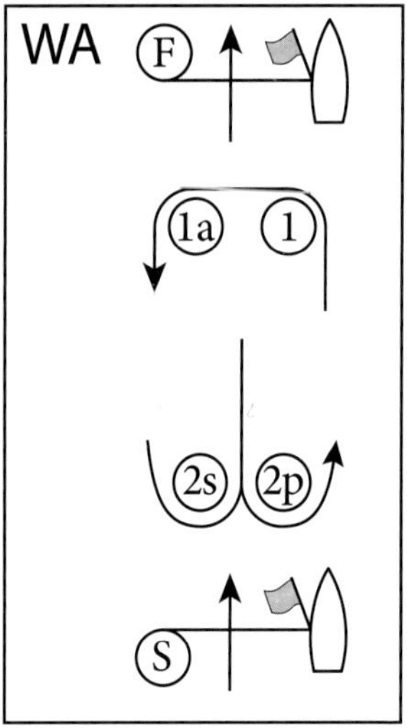

Bahn W – Luv/Lee Ziel in Lee	
Signal	Reihenfolge der Bahnmarken
W2	Start – 1 – 2s/2p – Ziel
W3	Start – 1 – 2s/2p – 1 – 2s/2p – Ziel
W4	Start – 1 – 2s/2p – 1 – 2s/2p – 1 – 2s/2p – Ziel

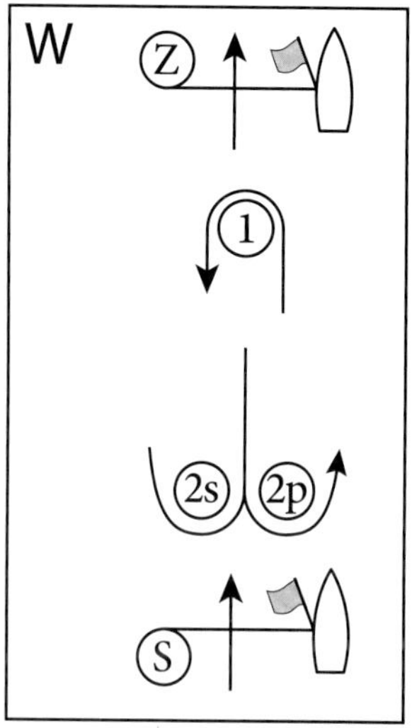

Bahn WA – Luv/Lee mit Ablaufbahnmarke Ziel in Luv	
Signal	Reihenfolge der Bahnmarken
WA2	Start – 1 – 1a – 2s/2p – Ziel
WA3	Start – 1 – 1a – 2s/2p – 1 – 1a – 2s/2p – Ziel
WA4	Start – 1 – 1a – 2s/2p – 1 – 1a – 2s/2p – 1 – 1a – 2s/2p – Ziel

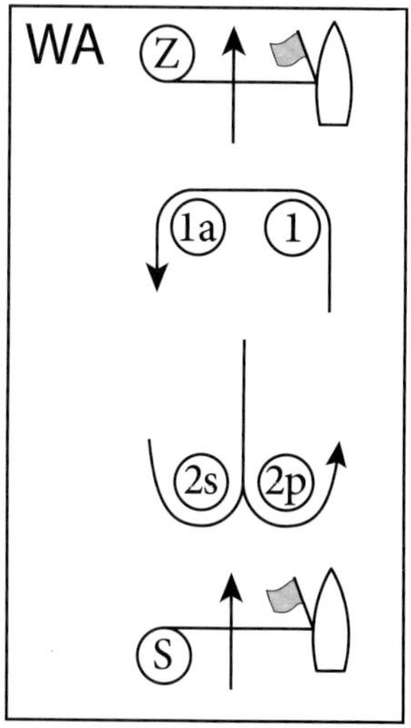

Course TL – Triangle Leeward Finish	
Signal	Mark Rounding Order
TL2	Start – 1 – 2 – 3 – 1 – Finish
TL3	Start – 1 – 2 – 3 – 1 – 3 – 1 – Finish
TL4	Start – 1 – 2 – 3 – 1 – 3 – 1 – 3 – 1 – Finish

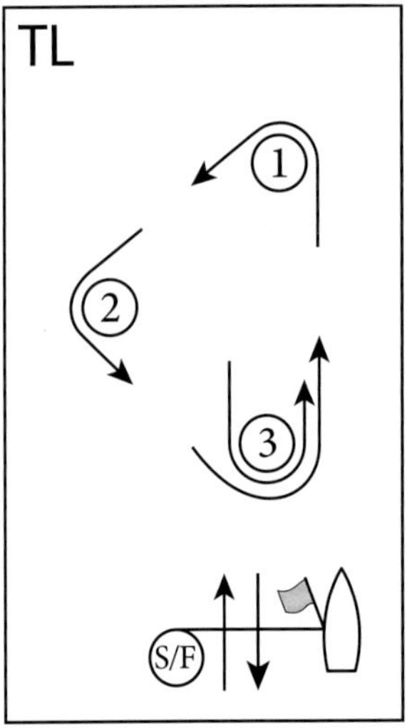

Course TL – Triangle Windward Finish	
Signal	Mark Rounding Order
TW2	Start – 1 – 2 – 3 – Finish
TW3	Start – 1 – 2 – 3 – 1 – 3 – Finish
TW4	Start – 1 – 2 – 3 – 1 – 3 – 1 – 3 – Finish

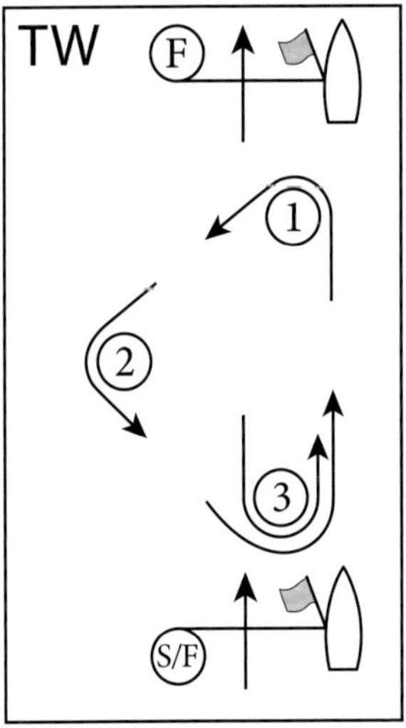

Bahn TL–Dreieck Ziel in Lee	
Signal	Reihenfolge der Bahnmarken
TL2	Start – 1 – 2 – 3 – 1 – Ziel
TL3	Start – 1 – 2 – 3 – 1 – 3 – 1 – Ziel
TL4	Start – 1 – 2 – 3 – 1 – 3 – 1 – 3 – 1 – Ziel

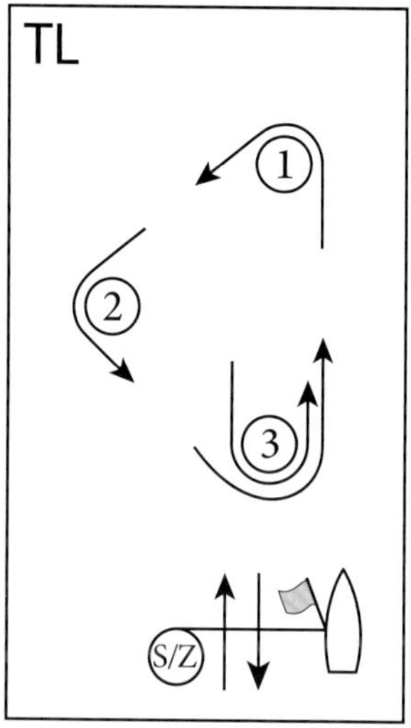

Bahn TW–Dreieck Ziel in Luv	
Signal	Reihenfolge der Bahnmarken
TW2	Start – 1 – 2 – 3 – Ziel
TW3	Start – 1 – 2 – 3 – 1 – 3 – Ziel
TW4	Start – 1 – 2 – 3 – 1 – 3 – 1 – 3 – Ziel

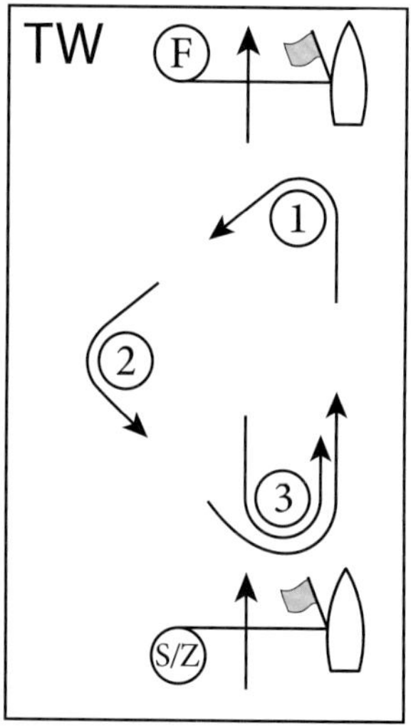

APPENDIX T ARBITRATION

This appendix applies only if the notice of race or sailing instructions so state.

Arbitration adds an extra step to the protest resolution process but can eliminate the need for some protest hearings, thus speeding up the process for events in which many protests are expected. Arbitration may not be appropriate for all events as it requires an additional knowledgeable person to act as the arbitrator. Further guidance on arbitration can be found in the World Sailing Judges Manual, *which can be downloaded from the World Sailing website.*

T1 POST-RACE PENALTIES

(a) Provided that rule 44.1(b) does not apply, a boat that may have broken one or more rules of Part 2 or rule 31 in an incident may take a Post-Race Penalty at any time after the race until the beginning of a protest hearing involving the incident.

(b) A Post-Race Penalty is a 30% Scoring Penalty calculated as stated in rule 44.3(c). However, rule 44.1(a) applies.

(c) A boat takes a Post-Race Penalty by delivering to the arbitrator or a member of the protest committee a written statement that she accepts the penalty and that identifies the race number and where and when the incident occurred.

T2 ARBITRATION MEETING

An arbitration meeting will be held prior to a *protest* hearing for each incident resulting in a protest by a boat involving one or more rules of Part 2 or rule 31, but only if each *party* is represented by a person who was on board at the time of the incident. No witnesses will be permitted. However, if the arbitrator decides that rule 44.1(b) may apply or that arbitration is not appropriate, the meeting will not be held, and if a meeting is in progress, it will be closed.

T3 ARBITRATOR'S OPINION

Based on the evidence given by the representatives, the arbitrator will offer an opinion as to what the protest committee is likely to decide:

(a) the *protest* is invalid,

(b) no boat will be penalized for breaking a *rule*, or

Anhang T
Schlichtung

Dieser Anhang gilt nur, wenn die Ausschreibung oder die Segelanweisungen dies festlegen.

Schlichtung fügt einen extra Schritt zum Protestlösungsprozess hinzu, kann aber die Notwendigkeit einiger Protestanhörungen vermeiden und so den Ablauf von Veranstaltungen, bei denen viele Proteste erwartet werden, beschleunigen. Schlichtung ist nicht für alle Veranstaltungen geeignet, da es einer zusätzlichen sachkundigen Person bedarf, die als Schlichter tätig ist. Das World Sailing Judges Manual, *das auf der Website von World Sailing runtergeladen werden kann, enthält weitere Anleitungen für Schlichtungen.*

T1 Strafen nach der Wettfahrt

(a) Vorausgesetzt Regel 44.1(b) gilt nicht, kann ein Boot, das in einem Vorfall möglicherweise gegen eine oder mehrere Regeln des Teils 2 oder Regel 31 verstoßen hat, nach der Wettfahrt bis zum Beginn einer Protestanhörung betreffend diesen Vorfall jederzeit eine Strafe annehmen.

(b) Eine Strafe nach der Wettfahrt ist eine 30%-Wertungs-Strafe berechnet wie in Regel 44.3(c) festgelegt. Es gilt jedoch Regel 44.1(a).

(c) Ein Boot nimmt eine Strafe nach der Wettfahrt an, indem es gegenüber dem Schlichter oder dem Mitglied des Protestkomitees eine schriftliche Erklärung abgibt, dass es die Strafe annimmt und angibt, in welcher Wettfahrt, wo und wann der Vorfall stattfand.

T2 Schlichtungstreffen

Ein Schlichtungstreffen wird vor einer Protestanhörung für jeden Vorfall abgehalten, der zu einem *Protest* eines Bootes bezüglich einer oder mehrerer Regeln des Teils 2 oder Regel 31 vorliegt, aber nur, wenn jede *Partei* durch eine Person vertreten ist, die zum Zeitpunkt des Vorfalls an Bord war. Es sind keine Zeugen erlaubt. Wenn jedoch der Schlichter entscheidet, dass eventuell Regel 44.1(b) gilt oder dass eine Schlichtung nicht angemessen ist, wird das Treffen nicht abgehalten oder geschlossen, wenn es bereits in Gang ist.

T3 Einschätzung des Schlichters

Auf Grund der von den Vertretern gemachten Aussagen, wird der Schlichter eine Einschätzung geben, wie das Protestkomitee vermutlich entscheiden würde:

(a) der *Protest* ist ungültig,

(b) kein Boot wird wegen eines Verstoßes gegen eine *Regel* bestraft; oder

(c) one or more boats will be penalized for breaking a *rule*, identifying the boats and the penalties.

T4 ARBITRATION MEETING OUTCOMES

After the arbitrator offers an opinion,

(a) a boat may take a Post-Race Penalty, and

(b) a boat may ask to withdraw her protest. The arbitrator may then act on behalf of the protest committee in accordance with rule 63.1 to allow the withdrawal.

Unless all *protests* involving the incident are withdrawn, a protest hearing will be held.

(c) ein oder mehrere Boote werden wegen eines Verstoßes gegen eine *Regel* bestraft; dabei sind die Boote und die Strafen zu bezeichnen.

T4 Ergebnis des Schlichtungstreffens

Nachdem der Schlichter seine Einschätzung geäußert hat,

(a) kann ein Boot eine Strafe nach der Wettfahrt annehmen, und

(b) kann ein Boot beantragen, seinen Protest zurückzuziehen. Der Schlichter kann dann im Namen des Protestkomitees handeln und gemäß mit Regel 63.1 das Zurückziehen gestatten.

Außer wenn alle den Vorfall betreffenden *Proteste* zurückgezogen wurden, wird eine Protestanhörung durchgeführt.